本书为教育部人文社会科学研究青年基金项目
"晚清民国时期意大利汉学家与中国社会"（17YJCZH051）研究成果，受该项目资助出版。

意大利汉学家罗声电研究

谷倩兮 ◎ 著

中国戏剧出版社
CHINA THEATRE PRESS

图书在版编目（CIP）数据

意大利汉学家罗声电研究 / 谷倩兮著 . -- 北京：
中国戏剧出版社 , 2023.6
ISBN 978-7-104-05341-5

Ⅰ . ①意… Ⅱ . ①谷… Ⅲ . ①罗声电—人物研究
Ⅳ . ① K835.465.81

中国国家版本馆 CIP 数据核字 (2023) 第 082368 号

意大利汉学家罗声电研究

责任编辑：赵宇欣
责任印制：冯志强

出版发行：	中国戏剧出版社
出 版 人：	樊国宾
社　　址：	北京市西城区天宁寺前街 2 号国家音乐产业基地 L 座
邮　　编：	100055
网　　址：	www.theatrebook.cn
电　　话：	010-63385980（总编室）　　010-63381560（发行部）
传　　真：	010-63381560

读者服务：010-63381560
邮购地址：北京市西城区天宁寺前街 2 号国家音乐产业基地 L 座

印　　刷：	三河市龙大印装有限公司
开　　本：	710mm×1000mm　1/16
印　　张：	12.5
字　　数：	185 千字
版　　次：	2023 年 6 月　北京第 1 版第 1 次印刷
书　　号：	ISBN 978-7-104-05341-5
定　　价：	88.00 元

版权专有，违者必究；如有质量问题，请与出版社联系调换。

目 录

序 言 ………………………………………………………… 1
 一、研究缘起 ……………………………………………… 1
 二、国内外研究现状 ……………………………………… 7
 三、本书采用的理论、思路和方法 …………………… 12

第一章 罗声电的生平和早期学术道路 ……………… 18
 一、生平概要 …………………………………………… 18
 二、学术养成 …………………………………………… 19

第二章 罗声电对中国语言和哲学的关注 …………… 28
 一、罗声电与《第一位汉学家——利玛窦神父》 …… 28
 二、罗声电与《康熙圣谕和雍正广训》 ……………… 36
 三、罗声电对汉语的研究 ……………………………… 45
 四、罗声电对中国伦理道德的研究 …………………… 51

第三章 罗声电的外交官经历：对于国际关系问题的研究 …… 56
 一、罗声电在华主要活动 ……………………………… 56
 二、罗声电的国际关系问题研究 ……………………… 63

第四章　罗声电的中国观：《在东亚——印象和游记》以及对于中国政治、社会、经济的研究 ……… 97
    一、晚清中国政治制度 ……………………………………… 98
    二、晚清中国社会现象 ……………………………………… 100
    三、晚清中国经济状况和近代化 …………………………… 110
    四、晚清中国城市面貌和民风民情 ………………………… 122
    五、罗声电的中国观 ………………………………………… 136

第五章　罗声电的学术组织活动和贡献 ……………………… 138
    一、罗声电在那不勒斯：东方学院及刊物《东方》 ……… 139
    二、罗声电在罗马 …………………………………………… 146

结　论 ………………………………………………………………… 168
    一、意大利汉学传统的优秀继承者 ………………………… 168
    二、意大利汉学研究新方向的杰出开创者 ………………… 169

参考文献 ……………………………………………………………… 174

附录一　罗声电所藏汉籍书目 ……………………………………… 188

附录二　罗声电藏书印 ……………………………………………… 193

附录三　《在东亚——印象和游记》（1894年）书影 …………… 194

附录四　《东方研究杂志》1907年创刊号封面和目录 ………… 195

序　言

一、研究缘起

路德维科·诺臣蒂尼（Lodovico Nocentini, 1849—1910），中文名"罗声电"①，是19—20世纪之交著名的意大利东方学家，汉语、朝鲜语、

---

① 路德维科·诺臣蒂尼的中文名以"罗声电"称，见于罗马大学东方学院图书馆中国杂纂 Misc.Cin.2.10.《藏书志》，书目首页写明"意大利国钦差入华便宜行事大臣翻译官罗声电编"，并且有"罗声电"的藏书印，可参见 F. Olivotto, Il catalogo di libri cinesi di Lodovico Nocentini e la sua raccolta nella Biblioteca di Studi orientali della Sapienza. In *Nuovi Annali della Scuola Speciale per Archivisti e Bibliotecari* Anno XXXII. Firenze: Leo S. Olschki Editore, 2018: 115-117. 该中文名也见于《申报》1884年6月28日第3页《西官拜会》的报道，其中写有"意大利领事罗声电"。但在《清季中外使领年表》（故宫博物院明清档案部、福建师范大学历史系合编，中华书局，1985年）中并未著录罗声电。现有为数不多的提及罗声电的关于意大利汉学或中意关系的论著中，均使用外文译名。

日语语言文学教授①，也是意大利王国②时期派驻清朝的早期外交官。作为东方学家，罗声电留下了丰富的学术遗产，其研究涉及中国文化、历史、社会、中国与西方列强关系等多个方面，成就卓著，是现代意大利汉学的代表人物，并带动了意大利汉学的复苏，在意大利汉学史上有着重要的承上启下的作用。

罗声电成长于一个民族理想澎湃的时代。在他出生的 1849 年，意大利人民为争取民族独立和国家统一进行了第一次独立战争，尽管这次战争失利，但意大利民族解放运动的洪流已不可阻挡。在 1861 年到 1871 年间，意大利完成民族复兴伟业并实现国家独立统一，建立了民族国家。为弥补同其他欧洲国家在经济发展上的差距，意大利强烈希望积极参与一切国际事务。与此同时，西方列强在中国争夺利益的活动加剧，通过 1858 年《天津条约》、1860 年《北京条约》，英、法、美、俄等国在中国攫取了大量侵略权益，这些不平等条约之下开放的通商口

---

① 罗声电精通汉语、日语，也掌握满语和朝鲜语，对日本历史和文化，朝鲜历史、地理、经济和民间文学有研究，写有相关论著。

② 此处指于 1861 年意大利统一后建立的国家，是意大利民族复兴运动的成果，于 1946 年终结。意大利王国（Regno d'Italia）这一名称可以用于指代历史上不同时期领土主权为意大利半岛的一部分或全部的三个王国。第一时期为 774—961 年。774 年，法兰克人打败伦巴第人，查理大帝取得伦巴第人统治的意大利北部地区［习惯称为伦巴第王国（Regno Longobardo）］，把它作为加洛林王朝的一个边境省。781 年，查理大帝封他的次子意大利丕平为意大利国王以管理伦巴第王国。888 年，法兰克王国分裂，伦巴第获得独立，先后经历五任国王，直到 961 年。同年德意志国王奥托一世进攻意大利，占领伦巴第，自封为意大利国王。962 年，奥托一世抵达罗马，并被教皇加冕为"罗马皇帝"，意大利北部和中部成为"日耳曼民族神圣罗马帝国"的一部分。12—13 世纪，神圣罗马帝国在意大利的统治逐步瓦解，意大利分裂成许多王国、公国、自治城市和小封建领地。第二时期为 1805—1815 年。1796 年，拿破仑率领法军进攻北意大利，灭亡由奥地利控制的米兰公国，随后建立奇萨尔皮纳共和国（Repubblica Cisalpina），作为法兰西第一共和国旗下的傀儡国。1805 年，奇萨尔皮纳共和国改制为意大利王国，为法兰西第一帝国统治下的傀儡国，拿破仑任国王。当拿破仑的统治于 1815 年结束时，意大利王国宣告灭亡，意大利北部地区再次受到奥地利控制，形成伦巴第-威尼托王国（Regno Lombardo-Veneto）。第三时期为 1861—1946 年。19 世纪 50 年代，撒丁王国（Regno di Sardegna）领导意大利统一大业；1861 年，意大利大部分地区实现统一，包括西西里岛和撒丁岛，撒丁王国改号为意大利王国，先后定都佛灵和佛罗伦萨。1870 年，意大利收回罗马，整个意大利半岛完全统一为一个国家，意大利王国于次年迁都罗马。经过第一次世界大战、墨索里尼领导的法西斯主义统治和第二次世界大战，意大利在 1946 年宣布成立共和国。

岸和形成的租界制度成为西方列强进行经济掠夺的工具，此后中国丧失了完整的主权，沦为半殖民地国家。意大利王国追随西方列强的脚步，于1866年迫使清政府签订了中意《通商条约》。条约规定，两国互派使臣驻扎都城，意可在中国通商口岸设立领事、副领事和翻译官。①1869年，意大利向中国派出了第一任驻华公使兼驻日本公使费三多（A. Fè d'Ostiani, 1825—1905）（常驻日本）。当时意大利对华的少量贸易在上海进行，并由意大利驻上海总领事馆负责。1883年到1888年间，罗声电受命来到上海担任意大利驻上海总领事馆的翻译官兼代理领事。

此前，罗声电在19世纪下半叶意大利东方学研究的中心、意大利汉学复兴的重要阵地佛罗伦萨皇家高等实践研究和进修学院（R. Istituto di Studi Superiori Pratici e di Perfezionamento di Firenze，以下简称佛罗伦萨高等研究院）学习和工作。意大利的汉学研究历史悠久，堪称在欧洲国家中之最为源远流长。蒙元时期意大利传教士和旅行家关于中国的记述成为欧洲了解中国的最早开端。天主教圣方济各会传教士柏朗嘉宾（G. da Pian del Carpine, 1180—1252）在1247年出版的《柏朗嘉宾蒙古行纪》②最早向欧洲传递了关于中国（契丹国）的信息，由威尼斯商人马可·波罗（M. Polo, 1254—1324）父叔侄三人在中国的经历而得的《马可·波罗行纪》更为欧洲后来的新航路开辟奠定了知识信息基础。16世纪以降，入华的早期耶稣会士、意大利人罗明坚（M. Ruggieri, 1543—1607）③、利玛窦（M. Ricci, 1552—1610）、龙华民（N. Longobardi, 1559—1654）、艾儒略（G. Aleni, 1582—1649）、利类思（L.

---

① 中意《通商条约》共五十五款，其中第二款规定："凡为大邦敦好睦邻，向有各遣钦差大臣通好之礼，今兹两国订约，亦可按照常例，彼此交派代国权大员，往来通好，以期永守和谊。"参见王铁崖《中外旧约章汇编》（第一册），三联书店1957年版，第247—249页。

② 原名《蒙古史》（*L'Ystoria Mongalorum*），全名《我们称为鞑靼的蒙古人的历史》（*Historia Mongalorum quos nos Tartaros appellamus*），通译《柏朗嘉宾蒙古行纪》，书中介绍了蒙古人所进行的战争、征服的地区、武器装备、风俗习惯等，是欧洲人对蒙古最古老的记录。柏朗嘉宾也是第一位尝试以编年体撰写蒙古历史的欧洲人。

③ 因为罗明坚生活的时代，他的故乡——意大利那不勒斯受到西班牙哈布斯堡王朝统治，故他实际上是西班牙公民，曾任西班牙法官。

Buglio, 1606—1682）、卫匡国（M. Martini, 1614—1661）、殷铎泽（P. Intorcetta, 1626—1696）、叶尊孝（B. Brollo, 1648—1704）、马国贤（M. Ripa, 1682—1746）、德西德里（I. Desideri, 1684—1733）等人的论著更是将意大利汉学推向了繁盛。但是意大利由于时局和环境的原因，汉学发展在19世纪遭遇衰落、曲折和困境，只有帕维亚大学（Università di Pavia）在1806年到1809年短暂地开过包括汉语在内的东方语言课程，比萨大学（Università di Pisa）在1849年到1851年设过汉语教席。直到1861年意大利大部分地区实现统一后，汉学研究才在佛罗伦萨高等研究院、那不勒斯皇家亚洲学院（Real Collegio Asiatico di Napoli）[①]和罗马大学（R. Università di Roma）逐渐恢复，其中佛罗伦萨高等研究院最先有了由塞韦里尼（A. Severini, 1828—1909）任职的汉语教授席位，并培养出了罗声电这位名垂意大利汉学史的杰出人物。

罗声电以外交官兼学者的双重身份亲历中国，见证中国的社会风貌，以学者的自觉将其观察和思考融入学术研究。1884年在上海期间，他被皇家亚洲文会北中国支会[②]（North China Branch of the Royal Asiatic Society）吸收为会员，成为该会的第一位意大利籍会员。[③]1888年回国后，他致力于远东语言的教学和对亚洲的研究工作，先后任教于那不勒斯皇家东方学院和罗马大学。在担任那不勒斯皇家东方学院学术委员会

[①] 即1732年由传教士马国贤创建的"圣家中华书院"（Collegio della Sacra Famiglia dei Cinesi），是欧洲最早的汉学和东方学学校。1868年，书院被意大利王国政府接管后更名为"那不勒斯皇家亚洲学院"，逐渐从教会学校转变为世俗学校，1888年短暂关闭后被改建为"那不勒斯皇家东方学院"（R. Istituto Orientale di Napoli），1925年升级为"那不勒斯东方大学"（Istituto Universitario Orientale）。

[②] 皇家亚洲文会北中国支会是中国近代一个重要的中外文化交流中心，也是远东地区最早的汉学机构。文会于1857年在上海成立，是1823年在伦敦成立的大不列颠及爱尔兰皇家亚细亚学会（The Royal Asiatic Society of Great Britain and Ireland）在亚洲所设的11个支会之一，其宗旨是调查研究中国，于1952年关闭。文会在存续期间开展了科学和文化诸多领域的活动，设有理事会、图书馆、博物院，并编辑出版会报。

[③] 参见T. Iannello, Il contributo di Angelo de Gubernatis agli studi estremo-orientalistici in Italia nella seconda metà dell'Ottocento. In *Angelo De Gubernatis: Europa e Oriente nell'Italia Umbertina*, a cura di M. Taddei e A. Sorrentino. Napoli: Istituto Universitario Orientale, IV, 2001: 344. 以及王毅《皇家亚洲文会北中国支会研究》，上海书店出版社2005年版，第338页。

（Direzione degli Studi）负责人期间，他为提升学院的学术实力并为将该校发展成为现代大学做了大量工作。到了罗马大学之后，按照意大利当代著名汉学家马西尼（F. Masini）的说法，他"在罗马建立了那种需要将对中国文化的热情与实际的语言知识结合起来的汉学传统"①。罗声电还是罗马大学东方学校（Scuola Orientale）②的创始人之一，东方学校的建立对汉语专业教学及研究起到了重要的推动作用。他还担任意大利地理学会（Società Geografica Italiana），意大利亚洲学会（Società Asiatica Italiana），意大利地理和殖民地研究学会（Società di Studi Geografici e Coloniali），国际中亚及远东历史、考古、人种和语言考察协会意大利委员会（Il Comitato Italiano per l'Esplorazione Storica, Archeologica, Etnografica e Linguistica dell'Asia Centrale e dell'Estremo Oriente），国际殖民地学会（Istituto Coloniale Internazionale）等学术机构的负责人或委员职务。罗声电以中国为主要研究对象，但同时他也关注日本、朝鲜、越南、暹罗③和中亚等国家和地区的文化、历史和政治，他在30多年的东方学研究生涯中出版、发表论著70余种④。

罗声电是意大利第一位亲历中国的汉学教授，在中国长时间的居住和工作使他尤为关注晚清中国的政治和经济，并且他将对中国语言和文学的研究与对政治、经济和社会的研究有机结合起来，以至于他的论著不仅会被东方语言学者学习借鉴，而且也被政治家们优先参考。如意大利著名的亚洲问题专家博尔萨（G. Borsa, 1912—2002）在他的代表作《19世纪的意大利和中国》（*Italia e Cina nel Secolo XIX*, 1961）中多次援引了罗声电论著中的观点。罗声电通过亲身的经验和第一手材料来深入研

---

①F. Masini, Giuliano Bertuccioli: la sinologia italiana fra modernità e tradizione. *Istituto Confucio*, No. 4 (2014): 20.

②即现在罗马大学意大利东方研究学院（Istituto Italiano di Studi Orientali，以下简称罗马大学东方学院）的最早雏形。

③暹罗是中国人对古代泰国的称呼，也是1856年至1939年6月和1945年2月至1949年5月期间泰国的正式国号。

④详见 C. Schiapparelli, Necrologia. *Rivista degli Studi Orientali*, Vol. 3, Fasc. 1 (1910): 2-5。

究中国，被意大利学者称为是"意大利（世俗）汉学研究无可争论的、决定性的一大进步"①。由于罗声电在中国从事外交工作之余广结各国学人，"在（19）世纪末的意大利东方学家之中与国际学界走得最近"②，因此他不遗余力地为意大利能够加入各种国际学术组织和参与学术会议而做出努力。他在那不勒斯和罗马先后推动创办并担任主编的《东方》（L'Oriente）和《东方研究杂志》（Rivista degli Studi Orientali）为东方学者发表学术成果提供了良好的平台，传递了学科信息，对当时的东方学研究有很大贡献。罗声电曾经负责过罗马维托里奥·埃马努埃莱二世图书馆（Biblioteca Vittorio Emanuele Ⅱ）③中有关东亚的材料的整理工作，他致信意大利外交部力求将意大利军队在 1900—1901 年入侵北京期间劫掠的大约 6000 册汉籍运回罗马，与图书馆原有藏书和他从罗马书市及私人处购得的书籍一起进行区分编目④，为图书馆留下一份巨额精神遗产，因此他被赋予"荣誉收藏者"的称号。他去世后其私人的藏书为现罗马大学意大利东方研究学院图书馆（Biblioteca del Dipartimento Istituto Italiano di Studi Orientali）奠定了基础。罗声电为意大利培养了汉语后继人才，他的学生中最有名的是威达雷（G. A. Vitale, 1872—1918）。后来威达雷也成了一名驻华外交官和汉语教授，名气甚至超过他的老师。除了学生，罗声电对后生晚学也十分关照。他与意大利数学

---

①F. Olivotto, Il catalogo di libri cinesi di Lodovico Nocentini e la sua raccolta nella Biblioteca di Studi orientali della Sapienza. In *Nuovi Annali della Scuola Speciale per Archivisti e Bibliotecari* Anno XXXII. Firenze: Leo S. Olschki Editore, 2018: 112.

②T. Iannello, Il contributo di Angelo de Gubernatis agli studi estremo-orientalistici in Italia nella seconda metà dell'Ottocento. In *Angelo De Gubernatis: Europa e Oriente nell'Italia Umbertina*, a cura di M. Taddei e A. Sorrentino. Napoli: Istituto Universitario Orientale, IV, 2001:344.

③即现罗马国立中央图书馆（Biblioteca Nazionale Centrale di Roma），意大利最大的图书馆，建于 1876 年，以耶稣会罗马寄宿学校（Collegio Romano）的建筑为馆址，接收了学校内耶稣会士图书馆的文献。1975 年，罗马国立中央图书馆迁到新址。

④参见玛丽娜·巴达里尼、邹雅艳：《卡罗·瓦兰齐亚尼收藏的汉学研究的词典及图书》，《国际汉学》第 20 辑，大象出版社 2010 年版，第 223 页；高田时雄、赵大莹：《意大利汉籍的搜集》，《国际汉学研究通讯》第 9 期，北京大学出版社 2014 年版，第 126 页。

家、汉学家和科学史家华家①（G. E. E. Vacca, 1872—1953）有密切的交往，对华家1907—1908年的中国之行给予了很多鼓励，提供了很大帮助。

梳理罗声电的学术经历和成就，并把它们置于19—20世纪之交中国和意大利历史演进进程的大背景下，对于厘清意大利汉学发展脉络和罗声电在其中的位置，揭示他在特定历史时期的中意交流通道中的作用有重要意义。

二、国内外研究现状

目前在国内尚无关于罗声电的专题研究，但对罗声电的简要介绍偶见于涉及意大利汉学和中意文学关系的著作、译文和学位论文②中。曾担任罗马国立中央图书馆东方部主任的巴达里尼（M. Battaglini）和日本著名东方学家、敦煌学家、原京都大学人文科学研究所教授高田时雄分别写的论文《卡罗·瓦兰齐亚尼收藏的汉学研究的词典及图书》和《意大利汉籍的搜集》都揭示了罗声电为罗马国立中央图书馆收集和整理汉文古籍的情况和贡献。韩国首尔大学人文大学语言学科教授金周源的论文《〈圣谕广训〉的满语研究》③则提及了罗声电翻译的意大利语版《圣谕广训》。

总体来说，对罗声电的相关研究主要集中在国外，可以分成几大类：

一是专文介绍罗声电生平和研究成就，主要有他去世后他的罗马大

---

① 此汉语名字出现于其1907年2月的日记及1907—1908年在中国所持护照中，可参见 T. Lioi, *Viaggio in Cina 1907—1908 Diario di Giovanni Vacca*. Roma: L'Asino d'Oro Edizioni, 2016: 31, 73。
② 如《中外文学交流史（中国—意大利卷）》（张西平、马西尼主编，山东教育出版社2015年版）、《意大利汉学史》（张永奋、白桦著，学苑出版社2016年版）和《20世纪中国古代文化经典在意大利的传播编年》（王苏娜编著，大象出版社2017年版）等书简要交代了罗声电的生平经历和个别论著。
③ 金周源、李贤淑：《〈圣谕广训〉的满语研究》，《满学论丛》第7辑，辽宁民族出版社2017年版，第249—270页。

学同事兼遗嘱执行人斯齐亚帕莱里（C. Schiapparelli, 1841—1919）在《东方研究杂志》上发的一份讣告①，并收录于罗马大学1909—1910学年年鉴中②；还有一份重要的讣告是由法国著名语言学家、历史学家、作家和东方学家高第（H. Cordier, 1849—1925）所写，他作为世界汉学权威刊物《通报》（T'oung Pao）的创始人兼首任编辑将罗声电一生主要事迹和论著刊登其上③；一些人名词典或百科全书中的罗声电词条，如《意大利科学、文学与艺术百科全书》（Enciclopedia Italiana di Scienze, Lettere ed Arti）④，其中的"Nocentini Lodovico"词条⑤是由华家撰写的。这些介绍提供的其生平信息并不完整，特别是缺少有关他的家庭和青少年时期生活的线索。

二是在整体上阐述中意关系、意大利东方学或汉学发展历史的著作或论文中有关罗声电的内容，主要有华家的两篇综述文章，一篇题为《东亚》（Asia orientale）⑥，另一篇题为《远东语言和文学》（Lingue e letterature dell'Estremo Oriente）⑦；东方学家、考古学家、印度学和藏学研究者图齐（G. Tucci, 1894—1984）的著作《意大利与东方》（Italia e Oriente）⑧；白佐良（G. Bertuccioli, 1923—2001）的论文《意大利汉

---

① C. Schiapparelli, Necrologia. *Rivista degli Studi Orientali*, Vol. 3, Fasc. 1 (1910): 1–5.

② C. Schiapparelli, Necrologia. In Annuario dell'Anno Scolastico 1909–1910 della R. Università degli Studi di Roma. Roma: Fratelli Pallotta, 1910: 225–229.

③ H. Cordier, Nécrologie. *T'oung Pao*, Second Series, Vol. 11, No. 1 (1910): 137–138.

④《意大利科学、文学与艺术百科全书》是1925年在意大利罗马创建的意大利百科全书学会（Istituto della Enciclopedia Italiana）在1929—1939年间出版的百科全书，共36卷，其主编为意大利哲学家詹蒂莱（G. Gentile）。该学会的创始人为意大利纺织工业家、出版商和文化赞助人特莱卡尼（G. Treccani），故该百科全书又名"特莱卡尼"。目前该百科全书的内容已转换为电子资源，可以在其官方网站 www.treccani.it 中找到。

⑤ G. Vacca, Nocentini Lodovico. In *Enciclopedia Italiana*. Roma: Istituto della Enciclopedia Italiana, 1934. http://www.treccani.it/enciclopedia/ludovico-nocentini_(Enciclopedia-Italiana)/, accessed November 8, 2019.

⑥ G. Vacca, Asia orientale. In Gli studi orientali in Italia negli ultimi cinquant'anni (1861–1911). *Rivista degli Studi Orientali*, Vol. 5 (1913): 275–319.

⑦ G. Vacca, Lingue e letterature dell'Estremo Oriente. In *Un Secolo di Progresso Scientifico Italiano 1839–1939*. Roma: Societa Italiana per il Progresso delle Scienze, VI, 1939: 172–187.

⑧ G. Tucci, *Italia e Oriente*. Cernusco sul Naviglio: Garzanti, 1949.

学简史：对一些汉学家和汉语口译员的最初记录》（Per una storia della sinologia italiana: prime note su alcuni sinologi e interpreti di cinese）①和《从 1600 年到 1950 年意大利的汉学研究》（Gli studi sinologici in Italia dal 1600 al 1950）②；坎帕纳（A. Campana）的论文《19 世纪和 20 世纪间佛罗伦萨的中国—日本学学者》（Sino-yamatologi a Firenze fra Ottocento e Novecento）③和《19 世纪和 20 世纪间的托斯卡纳籍远东学者》（Studiosi toscani dell'Estremo Oriente tra Otto e Novecento）④；学者雅奈罗（T. Iannello）的论文《意大利日本研究的先驱》（I pionieri degli studi giapponesi in Italia）⑤等。这些研究都将罗声电视为推动意大利汉学和东方学发展的一位不可或缺的重要人物，为本书揭示其学术成就和贡献提供了佐证。

三是对罗声电的专题研究，主要有历史学家、热那亚大学教授苏尔迪什（F. Surdich）的论文《路德维科·诺臣蒂尼和意大利在东亚的商业渗透》（Lodovico Nocentini e la penetrazione commerciale italiana in Asia Orientale）⑥；英国贝尔法斯特女王大学汉学家德·安杰利（A. De Angeli）发表的两篇专门论述罗声电的重要论文《外交官和东方学家路

---

① G. Bertuccioli, Per una storia della sinologia italiana: prime note su alcuni sinologi e interpreti di cinese. *Mondo Cinese*, 74 (1991): 9–39.

② G. Bertuccioli, Gli studi sinologici in Italia dal 1600 al 1950. *Mondo Cinese*, 81 (1993): 3–22.

③ A. Campana, Sino-yamatologi a Firenze fra Ottocento e Novecento. In *Firenze, il Giappone e l'Asia Orientale: Atti del Convegno Internazionale di Studi*, Firenze, 25-27 marzo 1999, a cura di A. Boscaro e M. Bossi. Firenze: Leo S. Olschki, 2001: 303–348.

④ A. Campana, Studiosi toscani dell'Estremo Oriente tra Otto e Novecento. *Italia Contemporanea*, n. 223 (2001): 259–296.

⑤ T. Iannello, I pionieri degli studi giapponesi in Italia. In *Italia-Giappone 450 anni*, Vol. II, a cura di A. Tamburello. Roma-Napoli: Istituto Italiano per l'Africa e l'Oriente-Universita degli Studi di Napoli "L'Orientale", 2003: 724–726.

⑥ F. Surdich, Lodovico Nocentini e la penetrazione commerciale italiana in Asia Orientale. *Studi Piacentini*, 30 (2001): 339-364 ; 31(2002): 193-225.

德维科·诺臣蒂尼讲述的远东》(L'Estremo Oriente narrato da Ludovico[①] Nocentini, diplomatico e orientalista)[②]和《在现代意中关系之初：路德维科·诺臣蒂尼的经历》(At the Dawn of Modern Italo-Chinese Relations: Ludovico Nocentini's Experience)[③]，两篇专论都以罗声电的论著为基础，前者分析了他对远东的深入认识，后者论证了他对保护在华意大利传教士、意大利在华经济利益（特别是丝织工业）和意大利在华殖民政策（主要针对三门湾事件）等问题的看法；担任意大利多家图书馆馆员的奥利沃多（F. Olivotto）的论文《路德维科·诺臣蒂尼的汉语书目和罗马大学东方学院图书馆中的收藏》(Il catalogo di libri cinesi di Lodovico Nocentini e la sua raccolta nella Biblioteca di Studi orientali della Sapienza)[④]详细说明了罗马大学东方学院图书馆保存的属于罗声电的中国古籍的总体情况、书籍装帧的形式特点、罗声电编写的汉文书目和这些书被图书馆收藏的经过等。这些研究为本书深入挖掘罗声电的思想和贡献提供了思路。

四是在其他主题的论述中关涉到罗声电，主要有前面提到的巴达里尼关于意大利图书馆中的中日古籍收藏的多篇论文，如《国立图书馆的东方全宗：中国和日本藏书》(I fondi orientali della Biblioteca Nazionale: le collezioni cinese e giaponese)[⑤]、《中国古籍：寻回被忽视的遗产》(Old

---

[①] 罗声电的意大利语名字有两种拼写方式——Lodovico 和 Ludovico，罗声电的所有论著都是用第一种拼写方式署名的，而第二种拼写方式见于意大利外交部档案馆其相关档案。像德·安杰利在她的论文注释中所解释的，她的文章使用了第二种方式，而本书则仍沿用大多数研究者的习惯，使用第一种方式。

[②] A. D. Angeli, L'Estremo Oriente narrato da Ludovico Nocentini, diplomatico e orientalista. In *Orientalismi Italiani* 2, a cura di G. Proglio. Alba: Casa Editrice Antares, 2012: 73–91.

[③] A. D. Angeli, At the Dawn of Modern Italo-Chinese Relations: Ludovico Nocentini's Experience. In *Italy's Encounters with Modern China. Imperial Dreams, Strategic Ambitions*, a cura di M. Marinelli e G. Andornino. New York: Palgrave MacMillan, 2014: 27–47.

[④] F. Olivotto, Il catalogo di libri cinesi di Lodovico Nocentini e la sua raccolta nella Biblioteca di Studi orientali della Sapienza. In *Nuovi Annali della Scuola Speciale per Archivisti e Bibliotecari* Anno XXXII. Firenze: Leo S. Olschki Editore, 2018: 111–130.

[⑤] M. Battaglini, I fondi orientali della Biblioteca Nazionale: le collezioni cinese e giaponese. In *Le Fonti, le Procedure, le Storie: Raccolta di Studi della Biblioteca*. Roma: Biblioteca Nazionale, 1993: 35–44.

Chinese Books: Reclaiming a Neglected Heritage）①、《国立图书馆中的中国和日本书籍》(Libri cinesi e giapponesi alla Biblioteca nazionale)②等，其中讲到了罗声电为国立中央图书馆丰富东方藏书和进行编目所做的重要工作；雅奈罗对意大利作家、语言学家和东方学家顾拜尔纳蒂斯（A. D. Gubernatis, 1840—1913）的研究论文《安杰罗·德·顾拜尔纳蒂斯对19世纪下半叶意大利远东研究的贡献》(Il contributo di Angelo de Gubernatis agli studi estremo-orientalistici in Italia nella seconda metà dell'Ottocento)③中有关于罗声电和顾拜尔纳蒂斯交往情况的介绍；那不勒斯东方大学教授樊米凯（M. Fatica）对1894—1896年间原东方学院所办刊物的研究论文《〈东方〉季刊》(L'Oriente. Rivista trimestrale)④中则详细说明了罗声电其人和他在学院工作及办刊的始末；时为东方大学外国语言文学专业学生的菲拉约里（F. Ferraioli）的文章《一个被遗忘的东方研究学会》(Una dimenticata società orientalistica)⑤在讲述国际中亚及远东考察协会意大利委员会的创立经过时，显现了罗声电在其中的核心作用；罗马国际研究大学汉学学者里奥依（T. Lioi）对华家进行研究的专著《1907—1908在中国的旅行——乔瓦尼·瓦卡日记》(Viaggio in Cina 1907-1908 Diario di Giovanni Vacca)⑥中呈现出罗声电和华家之间密集的书信往来，从而揭示出两人深厚的友谊和广泛的学术探

---

①M. Battaglini, Old Chinese Books: Reclaiming a Neglected Heritage. *Ming Qing Yanjiu*, 4 (1996): 13–27.

②M. Battaglini, Libri cinesi e giapponesi alla Biblioteca nazionale. In Biblioteca nazionale centrale, Roma. *Pagine dall'Oriente. Libri Cinesi e Giapponesi della Biblioteca Nazionale.* 13 marzo–30 aprile 1996. Roma: Bardi Editore, 1996: 7–14.

③T. Iannello, Il contributo di Angelo de Gubernatis agli studi estremo-orientalistici in Italia nella seconda meta dell'Ottocento. In *Angelo De Gubernatis: Europa e Oriente nell'Italia Umbertina*, a cura di M. Taddei e A. Sorrentino. Napoli: Istituto Universitario Orientale, IV, 2001: 325–352.

④M. Fatica, L'Oriente. Rivista trimestrale. In *Le Riviste a Napoli dal XVIII Secolo al Primo Novecento*, a cura di A. Garzya. Napoli: Accademia pontaniana, 2008: 625–640.

⑤F. Ferraioli, Una dimenticata societa orientalistica. In *Orientalia Parthenopea*, Vol. XIII. Napoli: Orientalia Parthenopea Edizioni, 2013: 79–87.

⑥T. Lioi, *Viaggio in Cina 1907-1908 Diario di Giovanni Vacca*. Roma: L'Asino d'Oro Edizioni, 2016.

讨；2017年出版的《欧亚大陆文库——选集（附录中有未曾发表的："从1870年到1936年的罗马东方学校"）》[Eurasica. Scritti Scelti (In Appendice l'Inedito: "La Scuola Orientale Romana dal 1870 al 1936")]①一书整理了罗马大学杰出的东方学家达非纳（P. Daffina, 1929—2004）已经出版和未曾出版的作品，其中收录了他生前没有发表过的关于东方学校发展历史的笔记，里面有对罗声电的记述。这些研究也为本书从多方面考察罗声电其人其事提供了有益的视角。

上述已有的这些研究梳理了罗声电生平的主要脉络，几篇专题论文或侧重于他对中意关系的关注，或集中于他某个时期的工作往事，或关注于他的远东观察，或涉及他的藏书，对其论著和思想观点或是具体贡献进行了分析，这些都为本书的研究提供了基础。但可以看到，关于罗声电这位对于意大利汉学发展发挥着承上启下的重要作用的汉学家的研究还明显不足，以致中国学界至今对其认识寥寥。本书在已有研究成果的基础上，全面梳理罗声电的生平和学术道路、论著、思想、活动、贡献和他所引发的争议，结合他身处的19世纪到20世纪初期的意大利的政治经济背景和当时意大利汉学及东方学研究领域的整体发展状况，分析罗声电眼中的远东时代特征等，特别是结合有关学科的理论方法，对罗声电的论著和思想观点进行学术分析和总结，以期学界能形成对于他的多维认识。

三、本书采用的理论、思路和方法

本书从历史文献学视角出发，穷尽式地收集本书相关资料——主要是罗声电的论著、手稿、个人档案及其他相关档案文献，将分散保存于意大利多家图书馆和档案馆的宝贵资料拍成照片1000余张（很多资料按意大利相关法规不能复制），具体情况如下：

---

① P. Daffinà, *Eurasica. Scritti Scelti. In Appendice l'Inedito: "La Scuola Orientale Romana dal 1870 al 1936"*, a cura di P. Cannata. Roma: Scienze e Lettere, 2017.

1. 档案文献

佛罗伦萨大学历史档案[①]：

该档案涉及原佛罗伦萨高等研究院的行政管理和教学科研组织情况，其中有关罗声电的材料是未经系统整理的，十分零散，散见于时间跨度为1871—1891年的卷宗和年鉴中，包括有罗声电名字的学生名簿、他成为助教的文件、同意他出版译著的批复、他成为东方印刷所（Tipografia Orientale）保管员的文件及有关东方文字印模保管和使用事宜的信函、他成为讲师的文件、他将一部分汉语藏书卖给研究院的提议，还包括教学人员名单、教学日历和东方研究院（Accademia Orientale）的组成人员名单等材料。这些材料保存于佛罗伦萨大学历史档案馆（Archivio Storico dell'Università degli Studi di Firenze）和人文科学图书馆（Biblioteca Umanistica）中。

2. 意大利外交部外交历史档案

有关罗声电的材料包含在意大利驻外使领馆人员档案[②]中，主要有意大利东方学家汪瑟士（C. Valenziani, 1831—1896）发给外交部的对罗声电进行考核和推荐的反馈函、罗声电到任上海总领事馆的文件、罗声电与国内的一些通信、罗声电翻译的一些公文、前任代理领事哈斯

[①] Soprintendenza del R. Istituto di Studi Superiori. Anno 1871. Filza N.23; Anno 1872. Filza N.30; Anno 1873. Filza N.37; Anno 1880. Filza 94; Anno 1880. Filza 95; Anno 1882. Filza 120; R. Istituto di Studi Superiori. Sezione di Filosofia e Filologia. Affari Risoluti dal 1 Gennaio a tutto Giugno 1878. Filza XXXVII; Affari Risoluti dal 1° Luglio a tutto Dicembre 1878. Filza XXXVIII; Affari Risoluti dal 1 Gennaio a tutto Giugno 1879. Filza XXXIX; Affari Risoluti dal 1° Luglio a tutto Dicembre 1879. Filza XL; Affari Risoluti dal 1° Gennaio a tutto Giugno 1882. Filza XLVI; Affari Risoluti dal 1° Gennaio a tutto Maggio 1883. Filza XLVIII; Affari Risoluti dal 1° Giugno a tutto Dicembre 1883. Filza XLIX; Annuario del R. Istituto di Studi Superiori Pratici e di Perfezionamento in Firenze. Per l'Anno Accademico 1876-1877; Per l'Anno Accademico 1877-1878; Per l'Anno Accademico 1878-1879; Per l'Anno Accademico 1879-1880; Per l'Anno Accademico 1880-1881; Per l'Anno Accademico 1881-1882; Per l'Anno Accademico 1883-1884; Per l'Anno Accademico 1888-1889; Per l'Anno Accademico 1889-1890; etc.

[②] Archivio Storico Diplomatico del Ministero degli Affari Esteri (ASDMAE). Archivio del Personale. Serie IX Interpreti. Ludovico Nocentini, Fasc. 29, pos. N1.

（J. Haas）和公使卢嘉德（F. de Luca, ?—1889）与外交部之间就罗声电相关问题的通信等。

3. 罗马大学人事历史档案材料①

该档案材料收集了罗声电从到罗马大学任教授到去世共11年间与其相关的重要行政文件，包括意大利教育部对他的任命函，他的入职文件，教育部邀请他作为那不勒斯皇家东方学院汉语和日语教授选拔考试考官的函，关于他于1902年12月赴河内参加学术会议的文件，罗马大学给他涨工资的文件，关于法国给他授勋的文件以及他去世后罗马大学发的讣告和教育部、各大学发来的哀悼信等。这些材料保存于罗马大学历史档案馆（Archivio Storico dell'Università degli Studi di Roma La Sapienza）。

罗声电有关中国的文献，可以分成三类：

一是从各个方面阐述他对中国评价的文献。他向西方介绍中国的语言和文学、伦理道德观念、传统礼仪、科举制度、城市风貌和风土人情、社会运动和现代化进程，展示中国在经历了近代内忧外患的劫难后，依然生生不息的原因。如论文《中国女人》（La donna cinese, 1879）、《中国的道德》（La morale nella Cina, 1880）、《论汉语作为通用书写的范例》（Della lingua cinese come esempio di scrittura universale, 1883）、《中国人之间的结社精神》（Lo spirito di associazione fra i Cinesi, 1895）；译著《康熙圣谕和雍正广训》（Il santo Editto di K'an-hi e l'amplificazione di Yun-cen, 1880）；著作《在东亚——印象和游记》（Nell'Asia Orientale. Impressioni e Note di Viaggio, 1894）等。

二是回顾总结中国和意大利之间的历史交往、阐述他对现实中意关系看法的文献。如全面梳理利玛窦为中西文化交流史做出的重大贡献的论文《第一位汉学家——利玛窦神父》（Il primo sinologo P. Matteo Ricci, 1882）、《中国和东罗马》（La Chine et l'Orient romain, 1885）、《中国

---

①Università degli Studi di Roma "La Sapienza". Archivio storico. Nocentini Lodovico, pos. AS181.

的古老关系》（Le antiche relazioni della Cina, 1894）、《意大利和中国》（L'Italia e la Cina, 1899）以及著作《欧洲在远东及意大利利益在中国》（*L'Europa nell'Estremo Oriente e gl'Interessi dell'Italia in Cina*, 1904）等。

三是对在19—20世纪之交造成中国半殖民秩序复杂性的国际环境进行尖锐剖析的文献。如论文《欧洲和中国》（L'Europa e la Cina, 1898）、《俄中关系》（Relazioni russo-cinesi, 1898）、《中国和日本》（Cina e Giappone, 1900）、《英国在中国的行动》（L'azione inglese in Cina, 1900）等。

本研究以考察19—20世纪之交意大利汉学家罗声电的中国研究为中心，揭示他在意大利汉学发展中承上启下的重要作用。论从史出，经过前期搜集，本研究已具备扎实的史料基础。通过整理、研究罗声电学习和工作过的意大利的大学所藏档案、外交部档案、其汉学论著及与他有关的书信和笔记，分析19世纪下半叶意大利国家对中国的政治需求、罗声电的学术发展历程和学术贡献，再现19—20世纪之交的意大利汉学对于整个意大利汉学发展历史的重要意义。运用跨文化研究理论，分析罗声电关于汉语、中国传统思想和民族志研究中的跨文化立场，揭示罗声电上述研究的中意文化交流意义和对中学西传产生的影响。

罗声电师从致力于从思想观念和文学艺术方面研究中国文明的传统汉学家，从他们那里受到汉学启蒙。19世纪，这类汉学家在不与现实中国发生联系的情况下，把中国当成一种文化来研究，成果卓著、十分伟大。罗声电继承了前辈汉学家与欧洲学术文化一脉相承的汉学研究传统。在19—20世纪之交西方殖民侵略迫使中国开放通商口岸的条件下，罗声电有机会作为外交官来到中国，以传统的学术素养，根据其在中国亲身经历、实地研究所得到的新鲜知识，以其汉学积淀回应意大利国家对远东的诉求，并因这种"诉求"而使其展开汉学的学术组织等工作，从而开启和引领了意大利汉学的新时代。他的经验推动意大利后辈学者看重到中国的实地考察和生活经历，启发他们注意研究现实问题。罗声电20余年间在意大利大学孜孜不懈地传授汉学知识，培养汉学人才，他在办学、办刊、办会、管理古籍文献上的组织理念和学术理念对后人有很大的启迪作用。

　　本书主要论述罗声电汉学研究从传统走向现代、从书本走向现实、从单一走向多元、从文化角度研究走向政治角度研究的发展过程。为了梳理这一过程，本书按时间顺序划分章节，反映罗声电不同时期汉学研究的特点，他在不同研究方向上的代表论著和提出的代表性观点，总结他从事的广泛的学术活动的意义。故本书论述如下几个方面的内容：一、罗声电的早期学术成长环境和代表论著；二、罗声电在现代意大利的东亚外交政策背景下的外交官经验和他对国际关系问题的评论；三、罗声电的中国社会研究；四、罗声电在那不勒斯皇家东方学院时期的主要贡献；五、罗声电在罗马时期的主要作为。本书将纵向和横向研究相结合，辐射世界史、国别史、中外关系史和汉学史的相关背景，整个研究都处于历史的框架中，其中在对罗声电的中国研究进行分析时会综合运用语言学理论、文化学理论和国际政治理论所提供的视角和方法。

　　罗声电在汉语的研究上提出了一些有见地的观点，他认为一方面随着时代的发展和交通工具的变革，各民族之间的关系不断增进，人类思想被置于更广阔的空间中，人们会有学习多种语言的需求并在学习语言的同时扩大自己的知识领域；而另一方面如果各民族人民都能学会汉语这种表意文字的话，将更便利于他们跨越语言差异的交流沟通。他的论文《论汉语作为通用书写的范例》和译著《康熙圣谕和雍正广训》都讨论了汉语与欧洲语言相比较的语言学问题和他对汉语书面语作为一种通用语言的憧憬。本书运用语言学理论，在语言学史的框架下，分析罗声电对中西方语言差异的看法，他对汉语构词规律、句法、虚字的作用和分类的认识，探讨他对翻译汉文典籍的一些心得体会和方法技巧。

　　罗声电主张从相同的人类情感和人性出发，全面地了解一个异质文化的民族，设身处地地理解这种文化上的差异。他描述中国社会既古老沧桑、保守落后，又通过外力和自强的作用求进步和发展。本书结合跨文化研究理论，分析罗声电身上所兼具的人员、知识、思想的跨区域交流，以及他对中国文学、宗教、哲学和伦理思想的解读和诠释，通过《在东亚——印象和游记》《中国女人》《中国铁路》（Le strade ferrate nella Cina）、《中国人之间的结社精神》《苏州城和它的丝织工业》（La città di Succeu e la sua industria serica）、《穿越浙江》（Attraverso il Ce-Kiang）、《秘密会社和中国王朝》（Le società segrete e la dinastia cinese）等论著，展现罗声电从他者视角对晚清中国政治制度、社会现象、经济状况、近代化、城市面貌、民风民情的观察、理解和评价，反映他独特的中国观，也为晚清历史研究提供一个新的参考。

罗声电的外交经历使他对国际关系问题最为关切，成为他中国研究的一大特色。在1890年到1905年间罗声电发表了15篇关于中欧关系或中国政治环境的文章和1部著作，其中6篇（部）是关于中意之间政治和经济关系的。本书以国际政治理论中关于国际关系的视角，分析意大利统一后的对外政策、殖民主义和扩张主义等问题，以及罗声电关于国家间关系、国际政治格局、意大利经济利益的论著，这对进一步理解他的政治思想十分重要。

本书力图说明罗声电在继承意大利优良汉学传统的基础上，把握时代所给予他的历史机遇，走进中国，研究现实中国，取得了很大成就，为意大利汉学带来新气象；本书还显现出一位西方人眼中的中国社会和文化，为中国形象在西方世界的演进和跨文化交流提供启示；本书也拓宽了新的视野，将为晚清史方面的研究提供更多历史事实和细节。

第一章
罗声电的生平和早期学术道路

一、生平概要

罗声电于1849年10月10日出生于佛罗伦萨,1870年到1879年[①]间他在当时意大利最重要的东方学教学和研究中心佛罗伦萨高等研究院跟随著名的东方学家塞韦里尼学习远东语言,主要是汉语、满语和

[①] 关于罗声电在佛罗伦萨高等研究院的求学时间范围,学界的说法不一。由高第执笔,发在《通报》上的讣告写的是从1866年到1872年[见 H. Cordier, Nécrologie. *T'oung Pao*, Second Series, Vol. 11, No. 1 (1910):137],而在2016年出版的,由张永奋和白桦合著的《意大利汉学史》中写的是从1879年到1883年(见张永奋、白桦:《意大利汉学史》,学苑出版社2016年版,第199页),两者差别很大。经查佛罗伦萨大学历史档案馆的相关材料,罗声电的名字最早出现在1870—1871学年注册研究院课程的全部学生和旁听生名簿中,在1870年以前的档案中没有出现过他的名字,而从1871年以后就一直有他的名字出现。他注册的是佛罗伦萨高等研究院哲学和语文学部(Sezione di Filosofia e Filologia)的归为"补充课程"(Corsi complementari)的远东语言课。根据《佛罗伦萨高等研究院年鉴》中每一学年注册的学生和旁听生数据表显示,该院的课程最长学制应该是6年,可罗声电一共注册了8年,即在1870—1871学年、1871—1872学年、1872—1873学年、1875—1876学年、1876—1877学年、1877—1878学年、1878—1879学年和1880—1881学年的学生名簿中都有他的名字。档案显示,罗声电作为远东语言课助教的提议最早出现于1878年3月,1878年9月塞韦里尼向研究院起草报告,证明其学生罗声电完成了汉语和日语课程,可以获得毕业文凭。但是除了这份草拟的报告外,没有见到对其毕业问题回应的正式的文件,但可见1879年1月给予罗声电助教资格的正式文件,因此推测罗声电应该于1879年毕业,并获得助教资格,之后也再没有跟毕业文凭有关的文件。那么在1880—1881学年的学生名簿中还有他的名字也许是因为他上了针对教师的进修课程。由此可见,《通报》的讣告中给出的时间相对来说太早,不知道所依据的材料是什么;《意大利汉学史》中所述的时间又相对太晚,很显然是将他毕业后在佛罗伦萨高等研究院工作的时间混同于其上学的时间。

日语。当时在意大利系统了解两种或三种东方异域语言的人不多,这段良好的教育经历为他日后的工作和学术研究打下了坚实基础。1879年,他获得远东语言和文学的教学文凭及佛罗伦萨高等研究院的助教资格,开始担任研究院东方印刷所管理员。1882年10月,罗声电晋升讲师职称。1883年,意大利外交部派罗声电前往中国,担任上海总领事馆实习口译员,并在1883年11月至1884年10月间任代理领事。在中国近5年间,罗声电履行领事官员保护意大利在华传教士并推动意大利在华工业投资和开展贸易的职责,广结各国学者开展国际学术活动和交流。罗声电于1888年回国,在他派驻中国期间,佛罗伦萨高等研究院为他保留了讲师教职。1890年,罗声电最终离开佛罗伦萨高等研究院,到那不勒斯皇家东方学院任汉语教授,1891年成为学院的第一任正式院长,在任4年间致力于提升学院东方学学术水平,尝试进行改革。在那不勒斯任教近9年后,1899年,罗声电到罗马大学执掌远东语言和文学教席,在教学之外,他还从事多方面学术组织活动,成为罗马大学东方学校的创建者之一,代表意大利加入国际中亚及远东考察协会,并负责组建意大利分委员会和主持委员会工作。1908年3月,为了表彰罗声电的东方学研究成绩,法兰西共和国总统授予其"安南巨龙骑士团"(Ordine del Dragone dell'Annam)骑士勋章。1910年1月5日夜,罗声电突然离世,很多由他主持的工作不得不中断,他的去世是意大利东方学和汉学领域的巨大损失。

二、学术养成

1. 罗声电与佛罗伦萨高等研究院

佛罗伦萨高等研究院是意大利第一所专业化的继续教育机构,是统一后意大利发展和振兴高等教育和科学技术浓墨重彩的一笔。1859年6月意大利第二次独立战争之后,托斯卡纳大公国摆脱了奥地利的统治,接受领导统一运动的撒丁王国的管理,成立了以政治家、男爵里卡索利（B. Ricasoli, 1809—1880）为首的临时政府。同年，临时政府在一所 1807 年创办的物理和自然科学高中（Liceo di Scienze Fisiche e Naturali）的基础上建立了佛罗伦萨高等研究院，研究院为有大学毕业资质者提供继续学习、研究的机会，特别注重基础科学研究。①创建者希望借此将佛罗伦萨变成复兴意大利文化之都。②

1860 年 3 月托斯卡纳与撒丁王国合并，1861 年 3 月 17 日意大利王国宣告成立，但此时的罗马和拉齐奥还处于受法国保护的教皇国的管辖之下。为了缓和意法两国间因罗马问题而产生的分歧，1864 年 9 月拿破仑三世（Napoléon Ⅲ, 1808—1873）和维托里奥·埃马努埃莱二世（Vittorio Emanuele Ⅱ, 1820—1878）签署了议定书，同意将意大利王国首都从都灵暂时迁往一个比较中心的城市。虽然这一秘密协议被曝光后遭到了很多人的强烈反对，甚至造成了流血冲突，但最终迁都还是确定下来，而这个城市就定为佛罗伦萨。于是佛罗伦萨在 1865 年到 1871 年间短暂地成为新建的意大利王国的第二任首都。这一事实有利于佛罗伦萨高等研究院的发展，意大利各地的学者被新的首都和这所新奇又权威的高等教育机构所吸引，纷纷前来佛罗伦萨就学或工作。1871 年意大利国都最终迁往罗马后，佛罗伦萨高等研究院也没有受到影响，反而得到了扩建。

佛罗伦萨高等研究院主要由三个分部构成，分别是哲学和语文学部、医学和外科学部（Sezione di Medicina e Chirurgia）、物理和自然科学学部（Sezione di Scienze Fisiche e Naturali）③，另外还有一个药剂学校和化学与制药本科课程（Scuola di Farmacia e Corso per la Laurea in Chimica e Farmacia）以及 30 个左右的科学机构，这种设置促进了人文科学和自然科学的合作，教学和科研的相长。在哲学和语文学部下设有

---

① 参见 https://it.wikipedia.org/wiki/Istituto_di_Studi_Superiori_di_Firenze, 2019-09-23。

② 参见 M. G. Stasolla, The "Orient" in Florence (19th Century). From Oriental Studies to the Collection of Islamic Art, from a Reconstruction of the "Orient" to the Exotic Dream of the Rising Middle Class. *Oriente Moderno*, 93 (2013): 4。

③ 在建立之初，研究院还设有一个法学部（Sezione di Scienze Giuridiche），但存续时间很短。

普通课程（Corsi normali）、补充课程、特设课程（Corsi speciali）、进修课程（Corsi di perfezionamento）和教师课程（Corsi per gli insegnanti），其中普通课程主要涵盖意大利文学史、意大利文学（《神曲》阐释）、拉丁文学、拉丁语、希腊文学、希腊语、哲学、古典语言和新拉丁语比较史、历史、考古学、哲学史、人类学等。补充课程是对传统的西方哲学和语言学课程的扩充，虽然每年的情况都有所不同，但基本上涉及东方语言课程、古文书学课程、东亚历史和地理课程，而东方语言包括远东语言的汉语和日语、阿拉伯语、希伯来语、比较闪米特语、梵语。这种创新的课程设置完全是为了适应19世纪欧洲要深入了解东方的需要和大学学科精细化、专业化的发展趋势。这些课程的学生大部分是注册生，也有一些正当旁听生。

在任课的教师方面，阿拉伯语的教席先后由政治家、历史学家阿马里（M. B. G. Amari, 1806—1889）和学者拉西尼奥（F. Lasinio, 1831—1914）执掌，梵语讲席先后由巴德里（G. Bardelli, 1815—1865）、顾拜尔纳蒂斯和多纳蒂（G. Donati, 1857—?）担任，远东语言由塞韦里尼教授，希伯来语先后由拉西尼奥和卡斯泰利（D. Castelli, 1836—1901）教授，比较闪米特语也由拉西尼奥教授，古文书课由帕奥利（C. Paoli, 1840—1902）负责，东亚历史和地理课从1878年开始由普依尼（C. Puini, 1839—1924）讲授。此后还增加了斯齐亚帕莱里的埃及学、毕奇（I. Pizzi, 1849—1920）的波斯语言文学和泰罗尼（B. Teloni, 1857—1943）的亚述学课程或研究内容。这些学者中的一些在来佛罗伦萨高等研究院之前即在意大利其他城市的知名大学任教，资历颇深，一些人在巴黎、柏林曾师从东方学名家，"他们获得的研究经验和与外国学者建立的联系对于推动佛罗伦萨和世界上主要的东方学中心之间的文化活动和交流是宝贵的"[1]。

---

[1] M. G. Stasolla, The "Orient" in Florence (19th Century). From Oriental Studies to the Collection of Islamic Art, from a Reconstruction of the "Orient" to the Exotic Dream of the Rising Middle Class. *Oriente Moderno*, 93 (2013): 5.

佛罗伦萨高等研究院作为建制完备的科研机构设有东方印刷所，该所不仅继承了原美第奇家族印刷所（Tipografia Medicea Orientale/Stamperia Medicea）①所拥有的阿拉伯、土耳其、波斯、古叙利亚、亚美尼亚等文字的活字印模，还购置了汉文、日文、蒙古文、梵文（天城文）、科普特文、希伯来文等文字的活字，极大地便利了东方研究著作的出版。罗声电就于1879年到1882年间负责印刷所字模的保管、使用和印刷工作，他有几部论著中涉及汉字的部分也使用了这里的字模印制。此外，1871年，佛罗伦萨高等研究院的哲学和语文学部还成立了意大利东方研究学会（Società Italiana per gli Studi Orientali，1877年更名为东方研究院），起初由阿马里任主席，拉西尼奥和塞韦里尼任副主席，更名后由阿马里任永久名誉主席，塞韦里尼和普依尼先后担任了执行主席，从事东方语言教学工作的所有学者都承担了管理委员会的相应职务。另外有选举产生的国内外正式学会会员30余名，如前巴西帝国皇帝佩德罗二世（Dom Pedro II de Alcântara，1825—1891），意大利王国参议员、海军部长阿克顿（G. Acton，1825—1896）上将，记者、律师和东方学家安德莱奥奇（A. Andreozzi，1821—1894），印度东方学家、历史学家、语言学家和货币学家达·库尼亚（J. G. da Cunha，1844—1900），以及佛罗伦萨、那不勒斯、巴勒莫、比萨、都灵、米兰、罗马、帕多瓦、帕尔马、热那亚、卡利亚里等地大学的教授、图书馆和博物馆研究员等。罗声电于1882年成为东方研究院的理事。

正是因为佛罗伦萨高等研究院的作用，1878年第四届国际东方学家大会（Congresso Internazionale degli Orientalisti）选在了这座城市举

---

①于1584年由美第奇家族的费迪南多红衣主教在罗马建立，目的是用东方语言，特别是阿拉伯语出版宗教和科学经典作品，印刷所的领导工作由东方学家拉伊蒙蒂（G. B. Raimondi，1536—1614）负责。印刷所的主要贡献是出版了阿拉伯语福音书和阿维森纳（亦称伊本·西那）、欧几里得的著作。拉伊蒙蒂在1596年从费迪南多红衣主教手里购得印刷所所有权，但后由于资金困难印刷所无法继续维系，1614年拉伊蒙蒂去世后，印刷所终止了各项活动。拿破仑在统治意大利期间曾将印刷所迁至巴黎，1816年印刷所回归佛罗伦萨，1874年由佛罗伦萨高等研究院接管。

行①，佛罗伦萨一时间成了国际文化界瞩目的中心。当年的大会会期一周（1878年9月12—18日），有127名意大利和国外学者参加，分为7个分论坛，89次报告，意大利国王和教育部部长德·桑克蒂斯（F. De Sanctis, 1817—1883）出席了开幕式②。罗声电参加了这次大会的"中国、印度支那和日本学"分论坛，并宣读了题为《第一位汉学家——利玛窦神父》的论文。这次大会是在统一后的意大利城市举行的一次大规模、高水平的国际学术会议，能参加这样的会议并宣读论文是对罗声电学术水平的一个有力证明。他的论文先是发表在两年后出版的大会文件汇编③中，后经增修于1882年由勒·莫尼尔（Le Monnier）出版社出版了单行本④。这一时期在佛罗伦萨还涌现出很多学术期刊，如《新文选》（*Nuova Antologia*, 1866）、《东方杂志》（*Rivista Orientale*, 1867）、《意大利地理学会学报》（*Bollettino della Società Geografica Italiana*, 1868）、《意大利东方研究学报》（*Bollettino Italiano degli Studi Orientali*, 1876）、《民族杂志》（*Rassegna Nazionale*, 1879）、《意大利亚洲学会学报》（*Giornale della Società Asiatica Italiana*, 1887）、《意大利地理杂志》（*Rivista Geografica Italiana*, 1893）等，为东方学研究提供了重要园地，这些刊物也是罗声电发表论文的主要平台。

因此"主要是在19世纪70年代和80年代，佛罗伦萨成为了一个

---

① 国际东方学家大会由法国国立高等学院（École Pratique des Hautes Études）的东方学家、汉学家和民族学家德·罗尼（L. de Rosny, 1837—1914）提议创建，由他担任成立大会的会议主席。1873年在巴黎举行了第一届大会，1874年第二届大会在伦敦召开，第三届于1876年在彼得堡召开，此后经常是每两年召开一次（后来改为每三年召开一次），在19世纪内共召开12届。大会为各国东方学家在广泛领域内做出卓有成效的合作开拓了新天地。1976年在墨西哥召开的第三十届大会上决定将国际东方学家大会改名为"国际亚洲和北非人文科学大会"。在1990年第三十三届大会上决定大会改为每四年召开一次。

② 参见 M. G. Stasolla, The "Orient" in Florence (19th Century). From Oriental Studies to the Collection of Islamic Art, from a Reconstruction of the "Orient" to the Exotic Dream of the Rising Middle Class. *Oriente Moderno*, 93 (2013): 7.

③ L. Nocentini, Il primo sinologo P. Matteo Ricci. In *Atti del IV Congresso Internazionale degli Orientalisti*, Vol. II. Firenze: succ. Le Monnier, 1880–1881: 273–280.

④ L. Nocentini, Il primo sinologo P. Matteo Ricci. Firenze: succ. Le Monnier, 1882.

全球性的、跨国界的、跨殖民的'接触区'"①，它见证了很多东方文化研究机构的建立、刊物的创办、著作的出版、学术大会的召开和相关展览的举行。佛罗伦萨成为统一后意大利东方学的突出代表，表明"意大利正试图在一个文化和知识的欧洲找到它新的位置"②。这20年又正好是罗声电的整个学习和早期工作时代，他身处意大利东方研究的中心，完全投入佛罗伦萨与欧洲其他国家之间热烈的文化对话和交流氛围中，受到了良好的熏陶，并带着对东方的向往和抱负奔赴中国，奠定了他日后学术发展的基础。

进入19世纪90年代以后，佛罗伦萨高等研究院东方学的发展格局逐渐发生了变化，由于国家对罗马大学的扶持增强，一些任课教授调到了罗马大学，如顾拜尔纳蒂斯；塞韦里尼因为身体原因离开了研究院；还有一些人在世纪之交去世了，如卡斯泰利和帕奥利。缺少了这些最重要的学者，课程的教学受到了影响，东方学研究也不断萎缩，罗马大学和那不勒斯皇家东方学院超越了佛罗伦萨高等研究院，成为东方学研究的新的重地。1924年，在时任教育部部长詹蒂莱（G. Gentile, 1875—1944）主持的教育体制改革下，佛罗伦萨高等研究院转变为真正的大学，而哲学和语文学部变成了文学和哲学系，但东方语言教学的繁荣景象已不再。

2. 罗声电与老师塞韦里尼

如果说佛罗伦萨高等研究院是培养罗声电的东方研究兴趣的沃土，那么塞韦里尼就是帮助他将兴趣的种子转化为事业果实的农夫。塞韦里尼是意大利远东研究的开垦者，也是统一后意大利文化界一个重要的人物。

---

① F. L. Vicente, Orientalism on the margins: the interest in Indian antiquity in nineteenth century Italy. In *Res Antiquitatis Journal of Ancient History* Volume 1. Lisboa: Centro de História de Além-Mar, Universidade Nova de Lisboa / Universidade dos Açores, 2010: 13.

② F. L. Vicente, Orientalism on the Margins: The interest in Indian Antiquity in Nineteenth Century Italy. In Res Antiquitatis Journal of Ancient History Volume 1. Lisboa: Centro de História de Além-Mar, Universidade Nova de Lisboa / Universidade dos Açores, 2010: 16.

1848年，塞韦里尼以优异成绩从马切拉塔大学法律专业毕业，曾在马切拉塔大学任教统计学和地理学，之后又在市立图书馆任副馆长，同时他还是一位拉丁语言学者。1859年，佛罗伦萨的勒·莫尼尔出版社需要编辑彼特拉克（F. Petrarca, 1304—1374）的拉丁文书信集，刚刚成立的佛罗伦萨高等研究院也需要一位教授拉丁语文学的教师。于是，塞韦里尼来到佛罗伦萨。

1860年，在意大利教育部奖学金项目支持下，塞韦里尼来到巴黎，与当时欧洲最卓越的东方学家相遇：他先是在现代东方语言专门学校（l'École Speciale des Langues Orientales Vivantes）跟随巴赞（Antoine Bazin, 1799—1862）学习汉语，后到法兰西学院（Collège de France）师从儒莲（S. A. Julien, 1797—1873），同时还跟随德·罗尼学习日语。巴黎之行塞韦里尼收获很大，儒莲致信此时的意大利教育部部长、佛罗伦萨高等研究院最早的阿拉伯语教授阿马里，称塞韦里尼是他长期的教学生涯中最优秀的学生。[①] 1863年，塞韦里尼回到佛罗伦萨高等研究院担任远东语言教授。这是意大利首次设立远东语言教授席位。

在佛罗伦萨高等研究院的教学中，塞韦里尼创新性地将汉语教学分为初级汉语和高级汉语两个等级，他使用法国的汉语教材，根据学生不同的汉语水平有针对性地施教。这一时期除教学活动外，塞韦里尼还留下不少汉学论著，主要涉及三个方面。一是语言研究方面，有《意大利汉学家、汉语的书写和字典》（I sinologi italiani, la scrittura e il dizionario della lingua cinese, 1852）、《汉语语法绪论》（Preambolo ad una grammatica della lingua cinese, 1865）、《论图兰语和汉语两大语系的共同起源》（Sulla comune origine delle due famiglie di lingue, la turanica e la sinense, 1866）、《汉语单音节性》（Monosillabismo della lingua cinese, 1867）等文章；二是哲学和宗教思想研究方面，将儒莲的法语版《论语》（Dialoghi Cinesi, 1863—1866）翻译成意大利语，并撰写《孔子

[①] 参见 G. Vacca, Lingue e letterature dell'Estremo Oriente. In *Un Secolo di Progresso Scientifico Italiano* 1839–1939. Roma: Società Italiana per il Progresso delle Scienze, VI, 1939: 175–176。

和他的学派》（Confuzio e la sua Scuola, 1866）、《中国哲学家孟子的道德和政治》（La morale e la politica di Menzio filosofo cinese, 1867）、对康熙语录的翻译《一个中国人对三大宗教的评价》（Tre religioni giudicate da un cinese, 1867）等文章，出版《中国人的天主》（Il Dio dei Cinesi, 1867）一书；三是中国政治和历史研究方面，撰写了《中国与欧洲——历史和传统的对比》（1867）一文。此外还留下了更多关于日本学研究的论著①。他对汉学和日本学的贡献还有代表意大利参加第一届、第二届国际东方学家大会，与许多东方学家、语文学家、文学家和其他著名人士建立了密切的合作关系；与顾拜尔纳蒂斯一起创办《意大利东方研究学报》，担任东方研究院的主席；他与普依尼一起精心收集了一部分中国和日本古籍，作为佛罗伦萨高等研究院哲学和语文学部图书馆的藏书，并合编了《汉日书籍目录》（Repertorio Sinico-giapponese），于1875年出版；他还想办法从中国购得一批数量丰富的汉文和日文活字，用于研究院东方印刷所的印书之需，这些图书和字模今天都成为佛罗伦萨大学的宝贵财产；他没有完成的一项工作是编撰体例特别的汉日大字典《汉语之钥匙》（Clavis Sinica），这本字典的草稿至今保存于马切拉塔的莫齐 - 博尔斋蒂图书馆（Biblioteca Mozzi-Borgetti di Macerata）；他还培养出了富有才能的学生普依尼和罗声电，使他们延续了远东研究的传统。②

作为这样一位具有很高国际学术声誉的学者，塞韦里尼对于罗声电

---

① 塞韦里尼的详细的论著目录，参见 P. Corradini, L'opera di Antelmo Severini per la conoscenza dell'Asia Orientale. In *Le Marche e l'Oriente, Una Tradizione Ininterrotta da Matteo Ricci a Giuseppe Tucci*, a cura di F. D'Arelli. Roma: Istituto Italiano per l'Africa e l'Oriente, 1998: 281–285。

② 除了上条注释中的文献，关于塞韦里尼的详细的生平介绍，还可参见 L. Nocentini, Necrologia Antelmo Severini. *Rivista degli Studi Orientali*, Vol. 2, Fasc. 3 (1909): 716; T. Iannello, Il contributo di Angelo de Gubernatis agli studi estremo-orientalistici in Italia nella seconda metà dell'Ottocento. In *Angelo De Gubernatis: Europa e Oriente nell'Italia Umbertina*, a cura di M. Taddei e A. Sorrentino. Napoli: Istituto Universitario Orientale, IV, 2001: 334 ; L. M. Paternicò, Le riflessioni linguistiche di Antelmo Severini in scritti editi e inediti. In *Atti del XVI Convegno AISC*, Milano, settembre 2017, a cura di E.Giunipero e C. Piccinini. Venezia: Cafoscarina, 2019: 125–127. 以及张永奋、白桦：《意大利汉学史》，学苑出版社 2016 年版，第 166—169 页。

的影响是深远的。罗声电继承塞韦里尼的研究方向,在塞韦里尼翻译《圣谕广训》的两章的基础上,完成了全书的翻译。这部意大利译本的《圣谕广训》后来成为罗声电的重要代表性成就。罗声电充分吸收塞韦里尼研究汉语、研究儒家思想的方法和根本观点。在塞韦里尼的指导下,罗声电学术发展迅速,很快进入国际学术领域,广泛吸收国际学术界最新的研究成果。除此之外,塞韦里尼创办和主持学术刊物和学术组织、重视收集汉日古籍的文化学术理念也深刻影响了罗声电。罗声电在其论文抽印本《第一位汉学家——利玛窦神父》的扉页上这样写道:"给安特尔莫·塞韦里尼——其在意大利开创了远东语言的科学研究——这本题为'第一位汉学家'的书,弟子路德维科·诺臣蒂尼感恩敬献。"塞韦里尼对于罗声电的人生来说是不能不提的存在,在之后的岁月中罗声电将老师的佛罗伦萨传统带到了别处,打造了另一番天地。

第二章
罗声电对中国语言和哲学的关注

语文学和哲学是汉学研究的传统领域,也是意大利传统汉学的研究兴趣所在,利玛窦正是这一传统的开创者。罗声电从研究利玛窦入手展开对汉语和儒家思想的深入分析。

一、罗声电与《第一位汉学家——利玛窦神父》

1878年在佛罗伦萨举办的国际东方学家大会上,罗声电关于利玛窦的研究有两个基本出发点。一是他意识到一个严重问题,即在19世纪除了少数东方学研究的学者之外,利玛窦的名字在意大利几乎不为人知:他的札记是用别人的名义出版的[①];他的书信已保存不全,有的甚至同其他人的书信混放在一起;他对一些中国典籍的翻译和阐述也不为人知晓[②]。总之,在罗声电看来,对利玛窦的研究工作亟待恢复和重视。二是罗声电认为早前关于利玛窦的研究多关注其传教工作和贡献,罗声电感到应稍稍抛开利玛窦的传教士身份,更多地将其看成一位传授科学知识的人和文人[③],应从利玛窦这两种身份的角度展开更深入的研究。

---

① 即比利时籍耶稣会士金尼阁(N. Trigault, 1577—1629)于1615年出版的《耶稣会基督教远征中国记——该会已故利玛窦神父回忆录》(*De Christiana expeditione apud Sinas suscepta ab Societate Jesu-Ex P. Matthaei Riccii eiusdem Societatis Commentariis*),是对利玛窦用意大利文写作的回忆录手稿的拉丁文翻译和补充。

② 参见 L. Nocentini, Il primo sinologo P. Matteo Ricci. Firenze: succ. Le Monnier, 1882: 59, 6。

③ 参见 L. Nocentini, Il primo sinologo P. Matteo Ricci. Firenze: succ. Le Monnier, 1882: 6。

1. 对传教士学习东方语言的历史的评述

在这篇论文的序言中罗声电先交代了两个方面的背景,首先是对天主教传教士学习东方语言的历史进行了简要回顾和评述,其次是概述了耶稣会的早期发展史。

在第一方面,罗声电说传教士每到一个新的地区传教时,首要的事情就是了解当地语言以便进一步学习法律、制度和政治,准备必要的材料来规划其战略蓝图。传教士学者将记录所在国语言和国情的手稿寄回欧洲,以帮助其他有同样传播福音愿望的修士学习。语言的学习就这样在修道院中开始了,从修道院又发展到大学中。第一个东方语言的讲席是在意大利境内诞生的,费德里科二世(腓特烈二世,Federico Ⅱ,1194—1250)在 1225 年为发展西西里王国①的学校教育,让人从希腊语和阿拉伯语翻译了很多亚里士多德和其他作家的作品,因此从那个时代起众多学者就进行这方面的研究。没过多久,各个大学都有了希伯来语、阿拉伯语和圣经阿拉米语②教师,这些是那时学习的仅有的三种东方语言。到 14 世纪时,为了更完善地学习东方语言,人们准备的资料数量与日俱增,本来是出于信仰,后来转变为科学。起初学者们以为所有的语言都有唯一的起源,但后来的研究表明有必要对语言进行分类,到 18 世纪末,语言的比较研究已经取得初步发展。③

在第二方面,对于耶稣会的建立,罗声电认为不容置疑的一点是欧洲因此找到了一个比用武力将文明的有益成果扩展到地球的其他区域更优越的办法。受到葡萄牙人保护的耶稣会士从东印度开始了他们的事业,最早去的沙勿略(F. Xavier, 1506—1552)从印度经中国澳门到日本,在那里取得了很大成绩,并提议到中国去传播福音。但这项伟大而艰难

---

① 西西里王国是一个在 1130 年至 1861 年曾存在于现意大利的国家,创立者为西西里的罗杰二世(Roger II, 1095—1154)。西西里王国领土包含西西里岛和整个南意大利,1530 年以前还包含马耳他岛和戈佐岛。

② 又称亚兰语。

③ 参见 L. Nocentini, Il primo sinologo P. Matteo Ricci. Firenze: succ. Le Monnier, 1882: 1-4。

的事业他没有完成，在中国建立传教事业的荣耀留给了利玛窦。罗声电不赞同一些作者，特别是亨利昂（B. Henrion）①突出蒙元时期方济各会一些修士，特别是孟德高维奴（G. da Montecorvino, 1247—1328）在14世纪初为了传播基督教所做的贡献，他认为方济各会修士的努力没有产生一个持续的效果，他们的事业没有在中国人那里留下任何痕迹。对于与马可·波罗（M. Polo, 1254—1324）的比较，罗声电认为对于中国的知识的更为丰富的发现要归功于利玛窦而非马可·波罗，因为只有利玛窦使西方人有了发掘中国文学和智慧宝藏的方法。罗声电提到老师塞韦里尼教授也曾指出过，利玛窦开启了认识远东语言之路，欧洲才能够欣赏到中国如此广博的文学之美。罗声电还说利玛窦神父是第一个将传教和传播科学结合在一起的人，虽然他是从宗教的目的出发的，但并不会因此减少他将位于地球东西两端的人民置于知识交流中的贡献。②

2. 对中国帝制的认识

在论文的正文中，罗声电既全面展现了利玛窦58年的人生经历和重要的事迹，又从很多事例中引申出自己对相应问题的见解，融入自己对中国的解读，特别是他还总结了利玛窦对后世的影响和18世纪欧洲汉学的成绩。例如，在讲述利玛窦、罗明坚、巴范济（F. Pasio, 1554—1612）等传教士在广东肇庆的活动时，罗声电提出了他的一个观点，即束缚中国人的不是儒家道德，而是帝国制度，他指出中国的高官和文人曾诚心地为传教士在他们的作品和谈话中所声称的东西而喝彩，因为大部分与儒家道德的根本原则相一致，以至于他们中的一些人完全能够接受神父们的教诲。但对于他们来说，不变地遵从帝国的制度又是非常重要的，他们不能下定决心放弃这些制度。③之后罗声电又联系中国的自然科学发展停滞不前的问题，认为也应该追寻制度的原因。他说在中国只有哲

---

① 《天主教传教通史》（*Storia delle Missioni Cattoliche*）的作者。
② 参见 L. Nocentini, Il primo sinologo P. Matteo Ricci. Firenze: succ. Le Monnier, 1882: 4-6。
③ 参见 L. Nocentini, Il primo sinologo P. Matteo Ricci. Firenze: succ. Le Monnier, 1882: 13。

学和文学能带来财富和荣誉,所有人都致力于这两方面的研究,以此获得有利和有保障的职位。从事天文历算工作的人不仅品级较低,而且常常担心自己在实践中如果取得进步或有新发现反而会犯忌,会被革职处罚。负责观察星象的官员都害怕出现某种新的现象,而欧洲的天文学家却渴望发现新的现象。因此,制度原因让中国人宁要虚名,不追求实际的进步,漠视对科学的研究。罗声电认为在中国发展科学,就会遇到朝廷和各省官员的阻碍,因为与他们的个人利益相违背,而且他们还会说对于国家根本制度的任何革新都会立刻摧毁长久以来帝国的稳固。即便是皇帝坚持推行某种改革,也会有遭受废黜的危险。因此,制度问题是中国科学进步的最大障碍。① 同样,在罗声电看来,制度问题也是基督教在中国传播的最大障碍,他不太赞成庞迪我(D. de Pantoja, 1571—1618)等人把中国人排斥外来学说、反对灵魂不死和主张无神论作为基督教传播主要困难的观点。他再次说明中国人对于外来革新的憎恨主要来自害怕,害怕革新会引起帝国动荡,他们所认为的上天赋予皇帝的权力会通过改革家之手被摧毁。有一定文化程度并担任公职的官员所感兴趣的是维持统治方式不变,他们不会轻易放弃保卫现有制度,他们从没想象过用其他更好的制度来代替。一般民众已经习惯于由古老的原则和风俗、由政治制度和法律所规定的社会关系,这种规定性不断得到加强,统治者和被统治者同样遵从,他们共同维持帝国的和平与稳定。② 在谈到利玛窦去世后的"礼仪之争"问题时,罗声电重申了他的看法,即传教士们很难动摇中国深厚的制度根基。③ 因此,他总结出利玛窦的传教思想和策略,"从一开始(他)就已经抓住了对抗他传教事业的困难的关键,已经恰当、明智地避开这些困难。作为一个能干的士兵,他将战略行动分成两个部分,这两个战场是多么的截然不同啊,他都必须在其上作战。一个战场上是学者和地方官;另一个战场上是没有受过教育的、

---

① 参见 L. Nocentini, Il primo sinologo P. Matteo Ricci. Firenze: succ. Le Monnier, 1882: 15-16。
② 参见 L. Nocentini, Il primo sinologo P. Matteo Ricci. Firenze: succ. Le Monnier, 1882: 35-36。
③ 参见 L. Nocentini, Il primo sinologo P. Matteo Ricci. Firenze: succ. Le Monnier, 1882: 38。

愤世嫉俗和讲求实际的民众。他向前者展示科学；向后者展示仁爱"①。罗声电更是明确指出，基督教在不毁坏和改变中国的政治构建的情况下不能成为中国的宗教，而中国人在精神上和物质上都想要维持这种政治。②

再如，在描述利玛窦等人在韶州遭遇当地和尚袭击的事件时，罗声电也引发开来。一是比较分析佛教僧侣在日本和中国施加的不同影响来批判这一群体对政权的危害和道德的腐化；二是借此事来谈论自己对清朝的缉捕制度和保甲制度的认识。

3. 对利玛窦在西学中传和中学西传中贡献的评述

由于罗声电想要侧重论述作为传播科学之人和文人的利玛窦，因此在论文中他详细说明了利玛窦在中国绘制《万国舆图》，制造历算、天文学、地理学仪器，介绍元素，修改历法，与李之藻一起编译《同文算指》，与徐光启共同翻译《几何原本》等传播科学的事例，他说"我们看到这位伟大的马尔凯人让中国人了解了当时在欧洲人们知道的一切"③。而且罗声电指出了利玛窦开风气之先的作用，中国从作为科学传播者群体的传教士中获益，每次负责历算的官员有什么困难，总是寻求他们的建议，由传教士所培育的多个科学分支都取得了显著的进步。

罗声电也充分认识到利玛窦对西方的贡献，首先，他说利玛窦使西方认识了远东，至少在他之前没有人比他做得更好。他是第一个认出北京就是汗八里，而中国的北方就是被那个勇敢的威尼斯人称作契丹（Catai）的地方的人。这件事的重要性在于，虽然马可·波罗准确地描绘了中国和他所见的其他地方，但如果他的旅行之后没有被其他人证实的话，人们今天也应该还在猜测他参观过的这些地方。亚美尼亚的海敦（Hayton, ?—1271）在马可·波罗之后写了一部东方史，在里面谈论了叫作契丹的中国，但他的报告很少有人知道，只能在一些游记丛书中找

---

① 参见 L. Nocentini, Il primo sinologo P. Matteo Ricci. Firenze: succ. Le Monnier, 1882: 39。
② 参见 L. Nocentini, Il primo sinologo P. Matteo Ricci. Firenze: succ. Le Monnier, 1882: 40。
③ 参见 L. Nocentini, Il primo sinologo P. Matteo Ricci. Firenze: succ. Le Monnier, 1882: 54。

到，就像赖麦锡（G. Ramusio, 1485—1557）和其他人编纂的那样。葡萄牙人租借中国澳门和传教士对中国所做的不完美的报告重新在欧洲唤起了人们了解这片广袤领土的好奇心，马可·波罗的书使人们认为那是激动的幻想的产物，而非现实。就连已经到中国经商和传教的人也不认为这就是马可·波罗描绘的国家，因为地名和事物的名称大部分都改变了。事实上，当威尼斯人去中国的时候，坐皇位的是蒙古人，他们作为征服者，将汉语名称用他们语言翻译的名称代替了。相反，当16世纪初葡萄牙人去到那些地区时，蒙古王朝已经被驱逐了，取而代之的是明朝，恢复了古代的名称。这并不是要抹杀马可·波罗的功绩，他仍然是第一个给欧洲带来直到那时还没有人探索过的一个国度的信息的人。只是我们认为应该指出他的游记需要长期、辛勤的研究和证明，才能获得权威和价值，而利玛窦就是第一个证实了它的准确性的人。①

其次，罗声电谈了利玛窦向西方传播汉语知识和儒家经典的贡献。他讲述了利玛窦学习汉语及与郭居静（L. Cattaneo, 1560—1640）编字典的情况，他还广泛参考了马礼逊（R. Morrison, 1782—1834）的《中国杂纂》（*Chinese Miscellany*）、威尔金斯（J. Wilkins, 1614—1672）的《论一种哲学语言（配有一本这种语言的字典）》（*Saggio di una lingua filosofica, con un dizionario della medesima*）、莱布尼茨（G. W. Leibniz, 1646—1716）的《论组合术》（*De arte combinatoria*）、洛克（J. Locke, 1632—1704）的《人类理解论》（*Saggio sull'umano intendimento*）、麦克斯·缪勒（M. Müller, 1823—1900）的《在英国皇家学会做的语言科学讲座》（*Letture sulla scienza del linguaggio, fatte al R. Istituto della Gran Bretagna*）、西班牙驻华公使玛斯（Don Sinibaldo de Mas, 1809—1868）的《表意形式——论形成一种所有民族都能理解的通用书写的可能性》（*Ideografia. Memoria sopra la possibilità e facoltà di formare una scrittura generale, mediante cui tutti i popoli possano intendersi*）等多部著作，并结合自己的学习和研

---

① 参见 L. Nocentini, Il primo sinologo P. Matteo Ricci. Firenze: succ. Le Monnier, 1882: 54-55。

究实际在论文多处阐发了对于汉语的认识。他赞同上述学者对汉语书面语所具有的普遍性的认识，他指出从北边俄国边界，经过整个中国、朝鲜、日本、琉球群岛、交趾支那，一直到二分线的槟城、马六甲、新加坡，还有爪哇，在这样人口数量巨大、地域广阔的空间范围内，方言是不同的，口语是混杂的，但汉语书面语在各地都是通用的，被不同国家的人民所识读。庞迪我神父在他的一封信中说："要是用这种方式将全世界统一起来的话，我们就可以通过写字向那些由于语言的不同而阻止了我们与之交流的人敞开我们的感情。"① 罗声电进一步说明了汉语口语和书面语的关系问题，他说前者全部由单音节的音构成，每个音表示一个意思，和后者没有什么关联性。后者由象征符号组成，起初是自然物的形象，之后过渡到隐喻的含义，也可以表示抽象的概念。似乎科学已经证实了，所有的书写都有过同样的开始；但当其他语言逐渐从表意系统或象征系统过渡到表音系统，也就是音节系统或字母系统时，汉语基本还留在原有的系统中，并使之完善以适应对思想全部形式的表达。那么，西方人学习汉语的困难就在两个方面：一是将口语中的音和书面语的象征符号相对应的困难；二是音和象征符号在数量上差距较大，中国人用声调来增加音的数量，因此在转写读音时，有必要注出声调，区分声调就成为更大的困难。② 在谈到利玛窦对"四书"的翻译和评注时，罗声电也提及在19世纪已有的用欧洲语言翻译的其他译本，并着重指出了理雅各（J. Legge, 1815—1897）的英文译本和儒莲的法文译本。

除此之外，罗声电也在讲述利玛窦在中国多个城市的活动过程中，对其所撰《交友论》《畸人十篇》《天主实义》等代表作的背景、内容和影响做了详细的说明。罗声电描述了利玛窦去世后中国皇帝、官员、文人和民众等不同阶层的人对他的纪念，万历皇帝赐下二里沟佛寺作为他的墓地；顺天府尹黄吉士为其送了"慕义立言"匾额；许许多多杰出的学者为他题献碑文和诗句，有一些人还前去祭拜；而民众称他为圣人和

---

① 参见 L. Nocentini, Il primo sinologo P. Matteo Ricci. Firenze: succ. Le Monnier, 1882: 34。
② 参见 L. Nocentini, Il primo sinologo P. Matteo Ricci. Firenze: succ. Le Monnier, 1882: 42-43。

完人。罗声电看到不少汉籍中都留下了利玛窦的名字，甚至下令驱逐传教士的雍正都十分赞扬利玛窦的博学。罗声电在写这篇论文时，还了解到在中国又有了利玛窦著作的新版本。在耶稣会士这边，巴笃利（D. Bartoli, 1608—1685）、基歇尔（A. Kircher, 1601—1680）、柏应理（P. Couplet, 1623—1693）、里瓦德内拉（P. de Ribadeneyra, 1527—1611）、卫匡国等人分别整理出利玛窦的著作目录，金尼阁、艾儒略等人分别写了利玛窦生平小传，但都只涉及作为天主教信仰传播者的他在履行使命上所取得的成绩，因此罗声电重申自己写这篇论文的主要目的就是论证利玛窦给中国和欧洲的科学所带来的益处。① 罗声电还花费笔墨着重谈了金尼阁出版的《耶稣会基督教远征中国记——该会已故利玛窦神父回忆录》，他依据巴笃利的《耶稣会史》（*Istoria della Compagnia di Gesù*）、奥古斯丁·德·贝克（A. de Backer）的《耶稣会著述文库》（*Bibliothèque des écrivains de la Compagnie de Jésus*）提供的信息和分析金尼阁书的内容，判断基歇尔认为该书出版于1620年的观点是不正确的，肯定了金尼阁书的出版年份应在1615年。《耶稣会基督教远征中国记——该会已故利玛窦神父回忆录》是金尼阁对利玛窦回忆录手稿的译本，共由三本书组成，成为西方第一部经过系统整理、阐述中国的著作，其中第一本讲中国的一般情况，后两本讲传教史。② 罗声电认为利玛窦的回忆录言语简洁地使人们了解了那个遥远国度的法律和习俗，好过后来很多人的著作。但"令我们伤心的是利玛窦写这部作品只是为了做传教史，而不是为了向我们描述中国。如果他是被第二个目的所推动的话，可以相信他会比后来人更好地让人了解中国。他在那里对语言、文学和哲学所做的长时间、不断的研究给了人们了解中国人民的内在思想的机会；他头脑的清晰、理智的正确有利于传达给我们一个忠实和生动的中国形象"③。罗声电总结这套书的影响时说，很多人都承认从利玛窦的回忆录

---

① 参见 L. Nocentini, Il primo sinologo P. Matteo Ricci. Firenze: succ. Le Monnier, 1882: 53-54。
② 参见 L. Nocentini, Il primo sinologo P. Matteo Ricci. Firenze: succ. Le Monnier, 1882: 56-57。
③ 参见 L. Nocentini, Il primo sinologo P. Matteo Ricci. Firenze: succ. Le Monnier, 1882: 57。

中汲取了信息，因此可以说在17世纪的欧洲传播的有关中国的准确信息是要归功于利玛窦的。①

罗声电认为利玛窦对《大学》《中庸》《论语》的翻译很快使人们了解了在文明和道德上支配中国人民的根本原则，但人们从他的语文学研究中获益却是比较晚的事了，直到18世纪才在欧洲生发出对中国文学的兴趣。罗声电列举了俄国的巴耶（T. S. Bayer, 1694—1738）、英国的海德（T. Hyde, 1636—1705）、法国的傅尔蒙（E. Fourmont, 1683—1745）、杜赫德（J. B. du Halde, 1674—1743）、冯秉正（J. de Mailla, 1669—1748）、格鲁贤（J. B. Grosier）、小德金（C. L. J. de Guignes, 1759—1845）、奥地利籍意大利人哈格（G. J. Hager, 1757—1819）、意大利的蒙图齐（A. Montucci, 1762—1829）等人各自出版的汉学成果，并指出他们对于汉语和中国的研究在很大程度上是建立在利玛窦及其他早期传教士的手稿基础上的，因此可以说利玛窦为欧洲开创了中国研究及其方法。②

在这篇论文中，除了前面已述的多种参考文献外，罗声电还引用了雷慕沙（J. P. A. Rémusat, 1788—1832）、伏尔泰（Voltaire, 1694—1778）、孟德斯鸠（Montesquieu, 1689—1755）、阿米欧（J. Amyot）、皮内罗（L. Pinelo）等很多人的记叙和观点。他也提到同时代的意大利学者普莱达里（Predari）和顾拜尔纳蒂斯也对利玛窦的著作有过论述。在论文最后罗声电表达了他的期许，他说意大利应该以利玛窦为荣，如今应该比以往更多地从伟人的身上获得力量和勇气，在世界上重获属于它的位置。

二、罗声电与《康熙圣谕和雍正广训》

罗声电在佛罗伦萨高等研究院时期的另一代表成果是翻译意大利文版《圣谕广训》。他认为清朝两位皇帝根据儒家伦理将人民应尽之责任概括成十六条戒律，用政治力去推行全民道德规范，使之深入人民的意

---

① 参见 L. Nocentini, Il primo sinologo P. Matteo Ricci. Firenze: succ. Le Monnier, 1882: 57。
② 参见 L. Nocentini, Il primo sinologo P. Matteo Ricci. Firenze: succ. Le Monnier, 1882: 57-58。

识和生活，可称为中国人的"教理问答"①。同时，这一典律也引起了外国传教士的关注，使他们对中国人的精神和思想有了一个清晰的总体认识。康熙"圣谕十六条"、雍正《圣谕广训》和王又朴《圣谕广训衍》三种文书的不同语言风格也为西方人学习汉文学提供了范例。②除了王又朴的解述之外，罗声电在翻译中还主要参考了《广训》满文版、苏格兰传教士米怜（W. Milne, 1785—1822）的完整英文版本、小斯当东（G. T. Staunton, 1781—1859）对前九条的翻译、卫三畏（S. W. Williams, 1812—1884）的《汉语拼音词典》（*A Syllabic Dictionary of the Chinese Language*）、甲柏连孜（G. v. d. Gabelentz, 1840—1893）的《满德词典》（*Mandschu-Deutsches Wörterbuch*）、叟铁（J. P. G. Pauthier, 1801—1872）的《远东圣书》（*Les Livres Sacrés de l'Extrême Orient*）、理雅各的《中国经典》（*Chinese Classics*）、安德莱奥奇的《古代中国人的刑法》（*Le Leggi Penali degli Antichi Cinesi*）、宋君荣（A. Gaubil, 1689—1759）翻译的《书经》（*Le Chou-King, Un des Livres Sacrés des Chinois*）、冯秉正的《中国通史》（*Storia della Cina*）等材料，并利用自己的日语知识来尽量完善地理解句读和译文，进行注释，同时比较对照各个版本，指出其中的错误和问题。

19世纪的来华西方人从《圣谕广训》中了解清朝的政教思想，也把它作为学习语言的工具。"在华教会出版社出版《广训》及其白话解的原因之一，正是为了让初至华土的传教士们熟习中国语言。"③罗声电在1880年出版的译本序言中就写道，西方人学习汉语就像中国的幼童读书一样，需要看大量的例句，为了这个目的他进行了翻译《圣谕广训》的工作。他认为葡萄牙传教士公神父④（J. A. Gonçalves, 1780—1844）的

---

① 基督教各派教会对初信者传授基本教义的简易教材。
② 参见 L. Nocentini, La morale nella Cina. *La Rassegna Nazionale*, A.2, V.3 (1880): 542-543。
③ 廖振旺：《"万岁爷意思说"——试论十九世纪来华新教传教士对〈圣谕广训〉的出版与认识》，《汉学研究》2008年第3期，第235页。
④ 又名江沙维。

书①实用性强，但完全忽视了理论，因此他想要有所改进，将理论与实践相结合，用对一个经典作品的完整翻译来提供成套的例子，解释汉语书面语的文体特点和规律、逻辑和句法结构，使人们对此有更为清楚的概念。②他们不仅用《圣谕广训》学习汉语，还利用对它的翻译来教授中国人外语，如时任中国海关官员、同文馆法文教习的帛黎（T. Piry, 1850—1918）翻译了法文版《圣谕广训》和《圣谕广训衍》，并将其用于对学生的教学中。③

1. 罗声电的汉语观

可以看到罗声电翻译《圣谕广训》的目的一方面是自己借此学习和研究汉语，另一方面是为他人的学习和研究提供素材。他的序言实际是一篇论述自己的汉语观的小论文，他主要提出了如下几个观点：第一，汉字是象征的，诺尔芒（F. Lenorment, 1837—1883）教授在其文章《论腓尼基字母在旧世界的传播》(Essai sur la propagation de l'alphabet phénicien : dans l'ancien monde) 中定义汉字是象征拼音的，这个观点是不正确的，因为他的这一定义不能包含所有汉字，而只用"象征"一词则能涵盖所有汉字；第二，其他民族的人也和中国人一样最早是用物质对象的形象来表示行动和思想，人类文字的起源形式是相同的，可以从拉丁文和意大利文的一些词的构词中看出它们象征的源头；第三，象征文字不能改变它的词尾，因此它可能阻碍了口语从单音节的状态向多音节发展；第四，汉字代表的是事物本身，而其他语言符号代表的是事物的名称，因此用汉字表达概念比用语音文字表达更有效，但概念的关联性却不能被完全指明，所以有对中国不太友好的人说中国人缺少逻辑，西方语言正好相反，没有了在头脑中的形象，但逻辑的紧密却保留

---

① 应指1829年于澳门出版的《汉字文法》(*Arte China, Constante de Alphabeto e Grammatica: Comprehendendo Modelos das Differentes Composiçoens*)。

② 参见L. Nocentini, *Il Santo Editto di K'añ-Hi e l'Amplificazione di Yuñ-Ceñ*. Firenze: coi tipi dei successori Le Monnier, 1880: IV.

③ 参见刘姗姗《西方传教士眼中的〈圣谕广训〉》，《历史档案》2015年第2期，第97、99页。

了下来,中国人要明确思想需要借助技巧,也就是汉语书面语的文法。①

于是在接下来的文字中,罗声电详细论述了他所理解的汉语文法的具体内容,并辅以一定的例子。主要有句法成分的位置原则,如主语应在谓语之前,修饰、限定的词要在名词、动词前,词序的不同会表明不同的句法结构;汉语表被动的方式,其中很多时候是语义上表被动;构词方式,如联合,他举例"子弟"一词,两个字合在一起既不是"儿子"的意思,也不是"弟弟"的意思,而是一个新的意思"年轻一辈",字典里查不到,这就是学习汉语的困难,还有最困难的一种情况,即两个字意思完全无关,却合在一起,中间没有任何表示地点、人或其他相联系的字;对偶句或对句法,在《圣谕广训》译文的注释中,他花了很大篇幅讲对句法,因为他认为直到那时的汉学家都没有给予对句法应有的重视,而其正是理解汉语文章的很重要的东西;虚字的作用,如看到汉语的"花美"一词,意大利人可能把它理解为"花是美的"或"花的美"两种意思,中国人要想明确表达思想,往往会用虚字,他认为虚字在俗语中最常用,其次是白话文学用语,最后是古文言文,古文中的虚字最少,因为古文最不愿表达一个确定的意思,汉语中的两个字就可以有不同的翻译,那么多于两个字的一句话就会有更多的不同的阐释,可以想见学习汉语有多么困难。②

罗声电重点谈了虚字的用法,他说中国人极其重视这方面的学习,"虚"和"实"是可以转换的,今天用作虚字的在过去可能是实字,在官话中作虚字的在文学用语中可能作实字。他将虚字分为四种类型:一是表示两个概念之间的逻辑联系,二是表示主谓之间的联系,三是表示两个分句之间的逻辑联系,四是用在句子的结尾或开头。第一类虚字又分两种,第一种如"之"和"的",第二种如"于";第二类虚字往往还没有失去它们原始的含义,有时帮助主语,有时加强谓语,如官话中的"都"和文

---

① 参见 L. Nocentini, *Il Santo Editto di K'añ-Hi e l'Amplificazione di Yuñ-Ceñ*. Firenze: coi tipi dei successori Le Monnier, 1880: V–VII。

② 参见 L. Nocentini, *Il Santo Editto di K'añ-Hi e l'Amplificazione di Yuñ-Ceñ*. Firenze: coi tipi dei successori Le Monnier, 1880: VII–XII。

学用语中的"皆""也"和"是";第三类最重要,也是最需多加学习的,如"而"和"则";第四类包括所有疑问和感叹的字。还有一些虚字需要单独提及,如"以""把""所""者"。罗声电认为即便知道上述所有文法,也还达不到抓住了一个汉语句子含义的地步,只能根据上下文来推断,因此汉学家经常是不可靠的,他们耗尽力气仍游在猜测的大海中。①

罗声电以《圣谕广训》序的开头部分"书曰:每岁孟春,遒人以木铎徇于路。记曰:司徒修六礼以节民性,明七教以兴民德。此皆以敦本崇实之道为牖民觉世之模,法莫良焉!意莫厚焉"为例,对其进行句法成分的分析,使人们明白一句话中的每一个汉字的功能,与意大利文的语法结构是怎样对应的。例句中出现的"以"的用法再一次证明了虚字没有自己的意义,它们只是用来指明实字所代表的意思之间的关系。②当然,从今天的角度看,罗声电有一些分析,包括句读是不准确的,但总体来说,在19世纪80年代他的译文质量还是比较高的,相比于英、法译本并不逊色,更是比米怜、小斯当东的译本要准确,他的大部分理解和分析是到位的,因此能为意大利人理解汉语语句的结构、含义和《圣谕广训》的思想内容提供可信的解读。

罗声电认为雍正对十六条圣谕的每一条的阐述方法都是一样的,即都分成三部分:第一部分谈论该条圣谕主题的重要性;第二部分谈人们违反圣谕的原因和治理的方式;第三部分使人们了解虔心、持续地遵守圣谕的好处,这些好处最终都会归结为一点,即全民的幸福。③但在这里罗声电并不着眼于对《圣谕广训》的政教思想进行评价,他只想做一个语文学的研究,他说"事实上要找到另外一个文本,其中以最为正确的准则运用虚字和文体技巧,解述能提供有把握地解释作者的成语或说

---

① 参见 L. Nocentini, *Il Santo Editto di K'añ-Hi e l'Amplificazione di Yuñ-Ceñ*. Firenze: coi tipi dei successori Le Monnier, 1880: XII–XIV。

② 参见 L. Nocentini, *Il Santo Editto di K'añ-Hi e l'Amplificazione di Yuñ-Ceñ*. Firenze: coi tipi dei successori Le Monnier, 1880: XVI。

③ 参见 L. Nocentini, *Il Santo Editto di K'añ-Hi e l'Amplificazione di Yuñ-Ceñ*. Firenze: coi tipi dei successori Le Monnier, 1880: XVII–XVIII。

法的丰富手段，也能提供在文学风格和官话的词汇中形成一种对比的丰富手段，可能是困难的"①。罗声电为译文添加的注释也主要是关于文法的，历史和文学方面的内容较少。

2. 罗声电《圣谕广训》译文举隅

下面就将举例说明罗声电的一些具体译文和注释，如他解释第五条"尚节俭以惜财用"中的"似此之人，国家未尝减其一日之粮，天地未尝不与以自然之利。究至啼饥号寒，困苦无告者，皆不节俭所致"，他认为这是一句话，从"似"到"者"的部分为主语，"皆"为虚字，从"不"到"致"是谓语。按照这种理解他将这句翻译为"Che cosiffatta gente, cui lo Stato non ha mai scemata, sia pure per un giorno, la paga, né il cielo e la terra han ricusato i prodotti naturali, soffra nel più squallido e triste abbandono la fame ed il freddo, è conseguenza della intemperanza e della prodigalità"②，即主语从句＋名词性谓语主句的结构。我们知道《圣谕广训》是没有句读的，因此对于罗声电来说首要的工作是断句。不同人对一句话在何时表达完整了，何时该终了的判断是不尽相同的，西方人对这方面的理解会存在更大困难，可以看到在其译本中罗声电常常会指出自己与米怜等其他人的译文在句读方面的不同，于是他会讲出他是如何利用满文本和《圣谕广训衍》的帮助分析某句话，又是如何依据这种分析来进行翻译的。那么就上面这段话来说，罗声电的句法分析是有道理的，虽然在我们今天看到的《圣谕广训》有句读的版本中，这一段内容被分成了两句话，但从意思上和句法上来说，确实应为一句。汉语的句子一般比较短，很少从句套从句，所以在不影响语义连贯的前提下，可能就用句号断句了，但下一句仍然可以与上一句处在同一句法关系中。意大利文的句子往往较汉语长，它可以用多层从句在一句话之内表达出

---

① 参见 L. Nocentini, *Il Santo Editto di K'añ-Hi e l'Amplificazione di Yuñ-Ceñ*. Firenze: coi tipi dei successori Le Monnier, 1880: XVIII。

② 参见 L. Nocentini, *Il Santo Editto di K'añ-Hi e l'Amplificazione di Yuñ-Ceñ*. Firenze: coi tipi dei successori Le Monnier, 1880: 27。

汉语几句话才能说尽的内容。

在对"为兵者知月粮有定,与其至不足而冀格外之赏,孰若留有余以待可继之粮。为民者知丰歉无常,与其但顾朝夕致贫窭之可忧,孰若留贮将来为水旱之有备"的注释中,罗声电指出这是典型的对句法,"而""致""以""为"具有虚字的功能。对于"将来"的含义,他综合米怜的翻译、王又朴的解述、满文和卫三畏的词典,认为在这里应该指时间的延续性,应与"留贮"合在一起翻译。故这段话他译为"I soldati sanno che il loro assegno mensuale è invariabilmente stabilito: e piuttosto che giungere a mancare del necessario e chiedere sussidi straordinari, è molto meglio coi risparmi già fatti aspettare la paga da riscuotersi. Il popolo sa che gli anni di carestia e quelli di abbondanza non hanno periodi regolari: e piuttosto che vivere soltanto giorno per giorno e rischiare di trovarsi a patire gli stenti e la miseria, è molto meglio colle provviste lasciate continuamente da parte star preparati ai disastri della siccità e delle pioggie"①。

又如在第九条"明礼让以厚风俗"中有一句"毋因贫富异形有蔑视之意,毋见强弱异势起迫胁之心",罗声电借此在注释中讲了自己的一个翻译技巧,他认为很多情况中,汉语的两个互为反义的词同时使用只是指明所代表的品质的程度不同,如这句中的"贫富"和"强弱",在意大利文翻译中不必把两个对立的词都写出来,只翻译一个就可以。因此他翻译为"non sia che, per la superiorità della propria fortuna si abbia un animo sprezzante ed altero; non sia che, per aver notata la prestanza della propria forza, nascano pensieri di minacce e prepotenze"②,即用"财富的优越"来表示"贫富异形",用"力量的突出"来表示"强弱异势",而没有像米怜那样翻译成"la distinzione tra ricchezza e povertà"和"la

---

① 参见 L. Nocentini, *Il Santo Editto di K'añ-Hi e l'Amplificazione di Yuñ-Ceñ*. Firenze: coi tipi dei successori Le Monnier, 1880: 28–29。

② 参见 L. Nocentini, *Il Santo Editto di K'añ-Hi e l'Amplificazione di Yuñ-Ceñ*. Firenze: coi tipi dei successori Le Monnier, 1880: 46–47。

differenza tra forza e debolezza",在他看来如果忠实地逐字翻译,反而是不符合汉语想要表达的概念和意大利文的用语习惯的。

第十五条"联保甲以弭盗贼"中的一段话:"第恐遵行既久,遂至因循。吏则徒稽户籍,民则仅置门牌,而于联比纠察之法,未见实心奉行,以至勾引窝藏之弊种种而生。邻舍失事竟有如秦越之相视,富家被劫反指为悖出之当然。甚且假公济私,藉盘诘之虚名,滋无厌之苛求。汛防因而骚扰,胥吏缘以生奸。有保甲之名无保甲之实。有保甲之累无保甲之益。此盗贼之所以难弭也。"在罗声电看来,这是句法关系比较难、比较复杂的一个汉语复合句。他在注释中说"第恐"是整段话的谓语动词,作第一层主句,其后面的部分到"弭也"都是宾语从句,在意大利文中用连词"che"来引出。"以至"指明从"遵行"到"而生"的部分存在着因果关系,为第二层主从句;从"邻舍"到"当然",是对偶句、并列句;从"甚且"到"生奸"也有两组对偶句。① 这个例子也再次说明两个现象,一是汉语多个短句形成的句法关系在意大利文中可以表现为多重主从句,二是西方人对汉语语义的理解和对语句的分析往往要套用西方语言学的句法理论。

虽然文法分析占了注释的很大篇幅,但罗声电对涉及历史背景和文化典故的词汇、成语、习语和引据等也都做了必要的注解,如"六礼七教""鼠牙雀角""士""前车之鉴""象魏""大清律例""休养生息""三尺(法)""繁文缛节""礼乐诗书""六材""胥吏""井田制""五礼""秦越""爰书""孟子谓横逆,犹是此。亦妄人也已矣"② 等。此外,他在注释中说明自己的翻译思路的同时,常常会指出米怜等人译文的一些不当之处,如对第二条"笃宗族以昭雍睦"中的一句"长幼必以序相洽,尊卑必以分相联"的翻译,罗声电结合原文、王又朴的

---

① 参见 L. Nocentini, *Il Santo Editto di K'an-Hi e l'Amplificazione di Yuñ-Ceñ*. Firenze: coi tipi dei successori Le Monnier, 1880: 69-71。

② 参见 L. Nocentini, *Il Santo Editto di K'an-Hi e l'Amplificazione di Yuñ-Ceñ*. Firenze: coi tipi dei successori Le Monnier, 1880: 1, 19, 20, 30, 36, 38, 39, 40, 42, 46, 47, 50, 51, 62, 63, 69, 74, 75, 76。

解述和满文本认为由于对仗的原因，很显然"分"字在这里并不是米怜所译的"separated"的意思，而应该是"等级、条件的分别"之意，因此英文的翻译"(let) the honourable and the mean, though separated, unite"是不准确的，他将这句译为"I vecchi ed i giovani con la debita distinzione d'età vivano insieme d'accordo: i superiori e gl'inferiori, pur tenendo il loro grado, stieno fra loro uniti"①，则是比较恰当的。再如第五条中"甚至称贷以遂其欲，子母相权，日复一日，债深累重，饥寒不免"一句，其中的"子母"一词，米怜只是按照字面翻译成"the child and mother"，但罗声电指出按照上下文这里应该是一种引申的含义，即"interessi e capitale"，利息和本金的意思②，无疑是十分准确的，可见不同的翻译会对读者的理解造成多大的影响。

当然，罗声电也难免有对于文本的误解和误译，这里只举一例，如第八条"讲法律以儆愚顽"的首句"法律者，帝王不得已而用之也"，罗声电翻译为"Le leggi fondamentali e le supplementari sono ciò che un sovrano inevitabilmente adopera"，即将"不得已"一词译为"inevitabilmente"，他在注释中也将其解释为"不可避免"之意③，就与该词"迫于无奈"的含义有较大偏差。

3. 对满语的认识

在整个翻译过程中罗声电都善于参考满文译本，当时在佛罗伦萨能找到三个版本的满文《圣谕广训》，他对其中1836年广州将军苏勒芳阿刊印的满汉合璧本中的满文进行了修正，于1883年在意大利再版。他在序言中说"满文学习为解释中国书籍提供的巨大帮助，在语言学领

---

① 参见 L. Nocentini, *Il Santo Editto di K'añ-Hi e l'Amplificazione di Yuñ-Ceñ*. Firenze: coi tipi dei successori Le Monnier, 1880: 13。

② 参见 L. Nocentini, *Il Santo Editto di K'añ-Hi e l'Amplificazione di Yuñ-Ceñ*. Firenze: coi tipi dei successori Le Monnier, 1880: 27。

③ 参见 L. Nocentini, *Il Santo Editto di K'añ-Hi e l'Amplificazione di Yuñ-Ceñ*. Firenze: coi tipi dei successori Le Monnier, 1880: 38。

域也许还没有得到很好认识的它的重要性,在欧洲获得满文作品的些许困难性,都允许我希望这个出版物能受到学者们欢迎"①。他原本也想要出版满汉对照文本,但因为几乎与此同时帛黎出版的法文译本就附有汉语②,所以他便不多此一举了。罗声电对三个不同时代的满文版本进行了一番对比,认识到这一工作对了解语言的历史发展和研究满族人民思想的益处,他发现在乾隆时期以前的满文中常常缺少能对应地表达汉语意思的词,同一个满文词语会用作两个或多个汉字的对应词,在古满语中特别是表示感情、内心、意志等概念的词还没有得到确定。只有后来在汉语的影响下,这些词的意思才明确地固定下来,还有一些词是将汉音和满文结合形成的。因此将不同版本中的这些异文记录下来,整理成一个一览表给语言学家、哲学家和历史学家做考察是十分有用的。③这里反映出的实际上是乾隆年间对满文进行规范化并制定《钦定新清语》的历史背景,《圣谕广训》的不同满文翻译本经历了一个修改、变化的过程。他还解释了自己在意大利文译本中将满文词语转写成拉丁字母所遵循的方法,即老师塞韦里尼确定的转写方式,与德国语言学家甲柏连孜的方式有所不同。④

在译本中罗声电几乎没有谈及《圣谕广训》的思想内容,他对这方面的评论连同对中国伦理道德的总体认识集中体现在他 1880 年发表的一篇论文《中国的道德》中,本章第四部分将对其进行具体分析。

三、罗声电对汉语的研究

通过前文可以看出,罗声电在佛罗伦萨高等研究院时期由于专注于汉

---

①L. Nocentini, *Il Santo Editto di K'añ-Hi e l'Amplificazione di Yuñ-Ceñ.* (Versione mancese riprodotta). Firenze: successori Le Monnier, 1883: IV.

②*Le saint édit: étude de littérature chinoise*, 1879.

③L. 详见 Nocentini, *Il Santo Editto di K'añ-Hi e l'Amplificazione di Yuñ-Ceñ.* (Versione mancese riprodotta). Firenze: successori Le Monnier, 1883: IV。

④L. 详见 Nocentini, *Il Santo Editto di K'añ-Hi e l'Amplificazione di Yuñ-Ceñ. (*Versione mancese riprodotta). Firenze: successori Le Monnier, 1883: IV。

语等远东语言的学习，同时深受研究院东方学教研环境的熏陶和老师塞韦里尼的影响，使得他能够利用西方语言学和汉学在当时所取得的最新进展，对汉语进行很多深层次的思考和研究。除了上述他在《第一位汉学家——利玛窦神父》及《康熙圣谕和雍正广训》中对汉语所作的一些论述外，最能反映他的汉语研究思想的是他1883年发表的论文《论汉语作为通用书写的范例》。他在这篇论文中提出的主要观点就是一种通用书写可以便利思想交流，实现它并非幻想，汉文书写在这方面提供了很好的借鉴。

1. 对汉语通用性的认识

罗声电指出塞韦里尼在意大利学术性地提出了将书写系统独立于任何语音的想法，但是他的想法在大多数人看来只是乌托邦。罗声电认为如果相信人类的无限进步的话，一种通用语言的理想终有一天会实现，但确实是在非常遥远的未来。通用书写在数个世纪前就存在，被不同民族共同理解和使用，比如说数字、计算的符号和音乐记号。因此，人们可以借助对汉字的考察先研究通用的表意书写方法，这样既能允许世界上讲不同口语的人都理解，也能保存每个国家自己的语言和文学。①

罗声电为了更好地阐明汉字所具备的通用特征，在论文中详细谈论了汉字的历史、字体、笔画和表意形象。他总结，无论是伏羲造字说还是仓颉造字说，中国的书写史都被裹卷在传说的迷雾中，但可以肯定的是中国在公元前2500年就存在书写了，当然是不完备的，只是满足一个原始民族少量的需求，到4世纪发展到了可以表现全部中国思想的程度，就固定下来。对于字体，他重点说明了篆书、楷书和宋体的来历。从最早期粗陋的字过渡到现代汉字的最有特点的变化就是字的线条直了，线条之间优雅、紧密地聚合在一起，看上去是一个方形。除此之外，这些字的笔画也缩短和简化了，节省了空间和时间。这种改变使得只有少量

---

① 参见 L. Nocentini, Della lingua cinese come esempio di scrittura universale. *La Rassegna Nazionale*, A.5, V.14 (1883): 311–312, 327。

字今天仍能看出其原始代表的形象，如"日""月""山"。起初发明的字都是真正的形象，后来这些字扩展了含义，除了代表物质和感官的事物之外，也代表看不见的和精神上的事物。比如说"日"的形象又表达了时间，白天，有时还被用来指皇帝，就像他的德行照耀世界，比如"日下"。"月"字也有月份的意思，"心"也被用作"中心"，过渡到精神领域，它又代表思想、智慧、意志等。还有的字能让人想起公元前27世纪左右统治中国的黄帝所做的最早的土地分封，如"井"字、"田"字。因此汉字保存了历史，让人记住这些字被发明时文明和科学达到的程度。①

罗声电在讲汉字所代表的形象及象征含义时，对学界一些人提出的汉字和埃及象形文字起初是一回事，中国人是从埃及得来的文字的观点进行了反驳。他说科学现在还没有达到能够确认在中国和埃及之间存在着古老联系的程度，更不能确认有人从埃及移民到中国成为最初的居住者。如果考虑到无论在埃及还是在中国最早的记号都是关于事物的图画和形象的话，那么在古汉字和埃及象形文字之间能存在一些相似之处就是很自然的事情。罗声电接着说要满足一个完整的字的需要，还要考虑两个或多个汉字之间的组合，以便从它们的组合中自然地生发出含义。如两个"人"字，一个在另一个之后，暗示的是"跟随""接续"之意；两个"木"字指树林，三个"木"字是森林，进而又有了一种幽暗和严肃的形象感；"水"和"目"意思是眼泪；"人"关在方框中是囚犯；"日"和"月"在一起指光亮、清楚、聪明等；鸟落到地上和灌木之上，则为"至"；按照中国人的说法，女人和孩子是男人主要的归宿，于是"好"字就成为竖立在家庭情感上的永恒的纪念碑；而"女"字和"帚"字的结合意思是妻子，她的工作就是拿着扫帚打扫屋子。他还举了其他一些例子来解释汉字是如何用直观的形象来表示概念，并通过对来源于拉丁文的意大利文词语的检验说明文字的这种起源没有什么好让人惊讶的，意大利文表抽象概念的很多词从词源学上讲也保留了有形物质的名称，词语"arrivare"也同样提供了鸟到达地面的形

---

① 参见 L. Nocentini, Della lingua cinese come esempio di scrittura universale. *La Rassegna Nazionale*, A.5, V.14 (1883): 312–315。

象。但意大利文以语音系统为基础的书写方式,在环境和时间的影响下使形象的痕迹逐渐淡去。与此相对比,汉语书面语虽然也有用法上的变化,但在汉字中还是保留了鲜活的事物的形象。罗声电也提到了形声字,他说由于汉语口语的音很少,同一个音可以表达多种含义,因此中国人选择了一定量的汉字作为声符,抽象化它们的原始含义,这样汉字的形旁决定意思和种类,音旁指示读音。①

在论文中罗声电依然阐述了自己对汉语文法的认识,因为基本与他在《康熙圣谕和雍正广训》译者序中的观点相同,所以这里不再赘述。需要特别指出的是罗声电强调汉语中缺少西方语法考察和研究的对象,汉语文法和西方语法规则是不同的。他说中国人对自己的汉字十分崇敬,汉字源于古人的高度智慧,是代代相传的思想,中国人把汉字作为民族的象征。无论是古典用语、文学用语、白话用语还是各种方言,都从未改变汉字的表意符号的本质。中国文学极为丰富,说明表意文字没有对它的发展和繁荣造成损害。因此,结论就是汉字具有作为一种通用书写的特质,即它的表意符号能像阿拉伯数字一样以每个民族给其所起的名称被认读和理解,它的这一性质已经为广袤的清朝领土上、分布在19个省的超过3.6亿居民和整个远东地区各族人民使用的实例所证明。然而并不是说这种表意的书写就应该被所有人都采用,因为汉字数量多且复杂,需要特别长时间的学习。但是根据事实确立了推行一种通用书写的可能性之后,研究出一种新的语言,或是改善现有的语言,也不是乌托邦的理想。甚至如果从过去推至未来的话,可以相信,在一个不太遥远的将来,一种通用书面语不仅仅是作为研究之用,而且会被认为是必需且可实行的。②

值得注意的是,在论文最后罗声电还提出了两个十分进步的重要观点。一是为什么他不把拉丁文看作通用语言的范例,这是因为他认为在过去的数个世纪中用拉丁文作为文学和科学的通用语是讲这种语言的民

---

① 参见 L. Nocentini, Della lingua cinese come esempio di scrittura universale. *La Rassegna Nazionale*, A.5, V.14 (1883): 316–319。

② 参见 L. Nocentini, Della lingua cinese come esempio di scrittura universale. *La Rassegna Nazionale*, A.5, V.14 (1883): 323–325。

族在各地施行统治的直接结果，而这种面貌由罗马教会出于宗教和政治的目的保持了下来，因此是一个民族施加在别的民族身上的霸权导致了这种通用语的产生，罗声电希望这种成为通用语的情况不再发生。二是在尽力推行一种通用语言的同时，也要重视民族语言和文学的发展。他认为与过去的时代相反，民族文学正试图确立和繁荣起来。不久前在俄国，大部分书籍还是用法语或德语写的，而现在就连那里的民族情感也觉醒了，书籍都用本国的语言撰写。因此随着外语知识在各地的扩展，反而可以看到民族文学试图获得新生和活力，这是国与国之间的关系所激发的民族情感的必然结果。①

2. 语言比较

这里有必要结合19世纪下半叶西方汉学和语言学的发展背景来谈罗声电对语言的这些思考。就像他所述，在中世纪时传教士开始学习和研究东方语言。从15世纪末开始，随着殖民地的开拓，欧洲语言在世界各地迅速蔓延，而来自异域的各种语言也进入了欧洲语言学家的视线，使他们产生了将近东和远东的不同语言与欧洲语言进行对比的兴趣，其中利玛窦是第一个对汉语进行研究的西方传教士。到了18世纪至19世纪形成了历史比较语言学学科，研究印欧语系乃至世界诸语言在语音、词汇、语法上的异同，以此发现它们之间的亲缘关系或是各自的特点，找到语言发展的一般规律，语言学的研究也成为汉学研究的一个传统。罗声电的老师塞韦里尼一直身处比较语言学研究的有关论战的中心，他反对以贝克尔（K. F. Becker, 1775—1849）为代表的"德国学派"提出的将每种语言的语法类别都缩减为概念词和形式词两类的理论。②塞韦里尼留有一部手稿，题为《汉语语法初阶》（*Elementi di grammati-*

---

① 参见 L. Nocentini, Della lingua cinese come esempio di scrittura universale. *La Rassegna Nazionale*, A.5, V.14 (1883): 326–327。

② 参见 L. M. Paternicò, Le riflessioni linguistiche di Antelmo Severini in scritti editi e inediti. In *Atti del XVI Convegno AISC*, Milano, settembre 2017, a cura di E.Giunipero e C. Piccinini. Venezia: Cafoscarina, 2019: 128。

ca cinese），其中的序言部分以《汉语语法绪论》为题于 1865 年发表，集中体现了他对于将普遍语法应用于汉语的观点和不同于德国学派语法理论的词类划分标准。该手稿的剩余部分未经发表，据推测这本小书应该是他在佛罗伦萨高等研究院上汉语课程的大纲①，因此罗声电对汉语认识的形成可能受到过这本书的影响。罗声电也接受在实践中用西方已有的语法知识来理解汉语的做法，但他认为不能只用这些语法规则来分析汉语，生搬硬套，汉语与有屈折变化的语言有本质的区别，应该注重研究汉语独特的规律，即那些可以称为汉语文法的东西。他以汉语和其他语言的多方面的比较为一个重要切入点来深化自己对于人类语言和文学的认识。对于老师与他人就词类划分原则的争论，罗声电在其论著中未有涉及。塞韦里尼在这本教材中还谈了汉语的构词和汉字书写问题，并辅以大量例子②，应该为罗声电的研究提供了借鉴。

另外，罗声电对汉语单音节性的一些观点也反映了当时学界存在的争议，德国哲学家施莱尔马赫（F. Schleiermacher, 1768—1834）声称书写系统对口语发展趋势缺乏影响，塞韦里尼对此提出过批评，认为在汉语中书写系统正是造成其语言保持单音节性的重要原因，缺少派生和词尾变化是一种单音节语言的根本特征。③ 如前文所述，罗声电认为汉语书面语和口语之间存在巨大差异，对于文字是否固定了读音，他的表述没有塞韦里尼的态度那么肯定，他说像汉字这样的象征文字没有词尾变化，可能阻碍了口语从单音节的状态向多音节发展，对于文字体系对口语演化影响的直接性和程度没有给出十分明确的判断，说明当时对这个问题的研究还有很大

---

① 参见 L. M. Paternicò, Le riflessioni linguistiche di Antelmo Severini in scritti editi e inediti. In *Atti del XVI Convegno AISC*, Milano, settembre 2017, a cura di E.Giunipero e C. Piccinini. Venezia: Cafoscarina, 2019: 129。

② 参见 L. M. Paternicò, Le riflessioni linguistiche di Antelmo Severini in scritti editi e inediti. In *Atti del XVI Convegno AISC*, Milano, settembre 2017, a cura di E.Giunipero e C. Piccinini. Venezia: Cafoscarina, 2019: 129。

③ 参见 L. M. Paternicò, Le riflessioni linguistiche di Antelmo Severini in scritti editi e inediti. In *Atti del XVI Convegno AISC*, Milano, settembre 2017, a cura di E.Giunipero e C. Piccinini. Venezia: Cafoscarina, 2019: 130。

分歧，学者们各自论证的理论依据还不够充分和令人信服。

罗声电对汉语的专门论述主要体现在早期在佛罗伦萨的出版物中，在之后的论著中其评说汉语的片段不多，但作为意大利著名的汉语教授和汉学家，他一直关注国际学术界对汉语研究的新进展，并参与到有关的学术活动中。如由他和法国驻华外交官、汉学家古恒（M. Courant, 1865—1935）、法国东方语言学家德微理亚（J. G. Devéria, 1844—1899）、时任伦敦大学汉语教授的道格思爵士（R. Douglas, 1838—1913）、剑桥大学汉语教授翟理斯（H. A. Giles, 1845—1935）、纽约大学教授夏德（F. Hirth, 1845—1927）、巴黎现代东方语言学校的德·罗尼、荷兰汉学家薛力赫（G. Schlegel, 1840—1903）、瑞士汉学家图莱蒂尼（F. Turrettini, 1845—1908）等人组成的国际委员会于1905年商讨制定和刊行了汉语单音节拼音一览表，用欧洲主要国家语言的拼写法进行了复写，以便于电报、报纸和外交团体对汉字注音的统一使用，结束了这方面一直以来比较随意的局面。

四、罗声电对中国伦理道德的研究

罗声电认为中国的政治和社会体制与西方的截然不同，但是最能揭示中国人生活方式的还是它的伦理道德，伦理道德观念展示出了他们的情感和思想，尤其是它如何被宣扬和继承更体现出不同的民族性。宣传的方式越有力有效，表明一个国家对它越加重视，这个国家的文明程度也越高。这是他在《中国的道德》一文中阐述的自己对康熙"圣谕十六条"和雍正的《圣谕广训》的功用和价值的认识。

1. 官修典籍

"圣谕"反映和承载的是儒家的道德理念，它的颁布实质是以御定的皇家儒学作为官方意识形态来维护清朝统治，因此它的道德律条具有崇高地位。罗声电指出，中国的教育很重要内容就是礼的教育，礼就是在公共和私人生活中人们所应遵从的行为和仪式，仪式的重要性往往远远超越礼的情感本质，甚至很多时候会有损情感。除了用学校的正统教育来巩固儒家道德原则之外，另一种有效的手段就是对文人实行监督。不管是已经入仕还是渴望入仕的文人都必须使自己的文章和行为符合儒家伦理的要求，文人的生活和著述是对民众进行教育的最后一环，"圣谕"第六条"隆学校以端士习"就揭示了这一点。也正因此，罗声电认为中国的国家官员选拔的缺陷就在于选出的是一些谙熟儒家礼教的道德精英，而非勇于创新、敢担风险的人。

他在文章中还提到了一个老生常谈的问题，即中国伦理道德观念与宗教的关系，他说儒家道德的形成不源于任何宗教信仰，记录三皇五帝丰功伟绩的古书就是孔子建立以"孝"为基础的伦理和政治学说的唯一源泉。这些先皇善观天相，认为天体之间不变的和谐造成了各种自然现象规律的更迭，因此生发了人类的家族要想维持和平与繁荣也要有必要的秩序的想法。天上若有无序混乱的状况出现，则万事万物都会动荡，人们之间若有任何对社会和政治体制的暴力行为，也将遭受不可避免的灾祸。总之，中国人在自然中找寻伦理道德的支柱，并从未视之为一种宗教。他们不需说服人去相信，而是直接认定伦理即人人之义务。对于其他宗教，中国一直持较为宽容的态度，只要不扰乱心智、鼓动人们违抗儒家道德，任何人都有宣传新学说的自由。非正统的学说要想得以传播，就绝不能与儒学相对立，只能或长时间或短时间地与儒学相叠合。① 罗声电作为一个世俗学者，没有米怜等传教士对儒家思想和道德所持的偏见，即认为其远不如基督教义所具有优越性和真理光芒，同样他也没有因为"圣谕"将基督教认定为异端而对其持抵制和否定的态度，相反他领悟到的是儒学要义中的"和而不同"的重要性。

他在文章最后总结说西方人对儒家道德的评价是很不同的，一些人赞扬其在维持制度和人民情感稳固方面极其有效，另一些人则把其看作专制主义的工具，认为儒家道德将人民变成一群奴隶，因此皇帝和所有

---

① 参见 L. Nocentini, La morale nella Cina. *La Rassegna Nazionale*, A.2, V.3 (1880): 549–550。

的官员出于自身的利益都要想尽一切办法使其保存下去。在他看来，儒家道德在中国获得长久权威地位是必要且合理的，老子学说的平等观和博爱观只能停留在理论阶段，无法在中国施行。中国人以"父亲"代替"主宰者"这样最符合所有人愿望的方式解决了政治统治的难题，而科举考试又将儒家道德推进到社会各个层面。"因此中国人是否由于它的道德和政治学说而生活在一种奴役的状态这个问题很宽泛和复杂，不能仅凭考察儒家理论自身而得以解释。中国人有着独一无二且最为古老的文明：战争、反叛、骚乱、饥饿和贫困都未曾动摇过它的原则；它始终坚韧不拔。在一个如此古老的文明的腐败中……中国人仍然热爱劳动、节俭和家庭；在文明的这些不变的首要要素中总是能找到对于它的不幸的慰藉"①，可以说罗声电对儒家伦理道德之于中华民族和文明的价值的评价是较为客观的。

对《圣谕广训》的宣讲是当时中国各地民众一项重要的团体活动，每月举行两次公开集会，到晚清时它被学堂采用作为教官话的教科书，来华西方人意识到它的流行性，借由对它的翻译和评论来理解中国的语言和伦理道德，使其在西方成为译本种类最多的典籍之一，具有世界性的影响。塞韦里尼在意大利最早对其中的一些片段做了翻译，晁德莅（A. Zottoli, 1826—1902）的拉丁文译文被收进了他的《中国文学教程》（*Cursus Litteraturæ Sinicæ*）中②，罗声电则用了几年时间最终完成了意大利文版的完整翻译。中国当代有关《圣谕广训》研究最全面的学术著

---

① 参见 L. Nocentini, La morale nella Cina. *La Rassegna Nazionale*, A.2, V.3 (1880): 557。

② 晁德莅是意大利人、耶稣会神甫、汉学家。他1848年来华，在上海徐家汇传教，曾任上海第一所西式学堂——徐汇公学的校长，徐家汇天主堂修道院院长、修生教师以及宗教方面的其他职务。他饱读中国文学经典，对中文的博大精深表现出非凡的热情和研究兴趣，编写了拉丁文巨著《中国文学教程》，又名《华文进阶》，于1879—1883年出版，是为给来华的西方传教士学习中国语言、文化提供课本，该书也适用于在徐汇公学学习拉丁语的中国学生。《中国文学教程》内容浩繁，采用中文和拉丁文双语对照编排，加以西式的注释和索引。全书分5册，不断进阶，分别为日常用语、文言研读、经书研读、文章规范和诗文等，举凡中国文学中知名的作品，如《三字经》《百家姓》《千字文》《神童诗》和"四书五经"，以及尺牍文体、文章典故和八股文、时文、词赋、歌谣、骈体文、对联等，均辑录其教程之内。

作——周振鹤和顾美华的《圣谕广训：集解与研究》中提及了罗声电的版本。① 除了官方颁布的训谕之外，宣扬伦理道德思想的中国民间文学作品也引起罗声电的兴趣，因此在从中国结束外交生涯回国后他又陆续翻译了一些作品。

2. 民间文献

例如，清代名士、诗人王锡纶编的《孝史》二卷通过辑录简短的故事来说明"孝"这一重要的社会责任，以授蒙童。罗声电于1889年翻译了其中一篇《笑生》（Nato ridendo），展现了儿子是如何用温柔、迂回的方式来预防母亲可能会犯的过错。再如，清人石天基著的《家宝全集》，共4集32卷，涉及多类话题，大部分都跟伦理道德有关。罗声电以《中国轶事》（Aneddoti cinesi）为题发表了他译介的28个《家宝》一集和二集中的奇闻、逸事类故事。他介绍说作者在第一集第七卷的序言中谴责世人听不进贤哲的话语，因此只能用写笑话的方式让人们听进去，唤醒人们的道德感，这些笑话后来有了个总集《笑得好》，是用消遣的方式来纠正社会风习。② 1896年，罗声电又翻译了明清时期民间流行甚广的伦理道德教育书《日记故事》中的二十四孝故事。当时这一书的版本很多，根据他的介绍，其参照的版本由两小卷构成，分成31类240个故事，并附有评注，第一类就是"孝"，讲述历代24个孝子不同的孝行为，与其他类不同，只有这一部分绘有插图。罗声电称这些有关"孝"的故事在中国文学中不断被提及，读书的人没有不知道的。③ 还有中国译介到西方的第一本古籍《明心宝鉴》也引起了他的兴趣，这本箴言集将儒释道结合，用先贤文人有关道德修养的精辟论述来劝导世人，亦成为启蒙儿童的教材。1907—1908年，罗声电在《东方研究杂志》上发表了他对这本书上下卷部分篇的翻译，以此介绍中国传统的伦理道

---

① 参见周振鹤、顾美华《圣谕广训：集解与研究》，上海书店出版社2006年版，第619页。
② 参见 L. Nocentini, *Aneddoti cinesi*. Roma: Casa Editrice Italiana, 1897: 3-4。
③ 参见 L. Nocentini, Fatti antichi ogni giorno ricordati. *Giornale della Società Asiatica Italiana*, Vol. IX (1896) : 155。

德观念。他的翻译特点是忠实、平实，无论是《圣谕广训》这样的官方典籍，还是民间的通俗读物，面对文字背后丰富的历史文化底蕴，他基本上都能在译文中给予高度准确的对应和还原，在必要的注释中进行恰当的解释。

　　塞韦里尼曾评价罗声电是他的使徒中的约翰[①]，肯定其将自己的汉学福音进行传播的作用。罗声电虽然继承了塞韦里尼的汉学血脉，但他与老师之间也出现了根本性的断裂。塞韦里尼所代表的一代东方学者并不认为去他们所学习的语言的使用地区实地了解有什么必要性，但罗声电身上就具备了向新一代东方学家过渡的特质，即一种勇于实践和开拓的精神，并把研究一个鲜活生动的东方作为学术的目的。他自愿前往中国并深切认识到意大利与近代中国的接触太少。在他之后的武尔披齐（E. Z. Volpicelli, 1856—1936）、威达雷、华家等人都走上了与中国直接接触之路。由于罗声电不同于老师的在中国实践的外交经历，使他在语言和哲学研究基础上，拓展了对远东现实政治、经济、社会和国际关系的关注，视野更加宽广。

---

　　① 参见T. Iannello, Il contributo di Angelo de Gubernatis agli studi estremo-orientalistici in Italia nella seconda metà dell'Ottocento.In *Angelo De Gubernatis: Europa e Oriente nell'Italia Umbertina*, a cura di M. Taddei e A. Sorrentino. Napoli: Istituto Universitario Orientale, IV, 2001: 341。

第三章　罗声电的外交官经历：
对于国际关系问题的研究

　　早期学术环境的影响使罗声电成为意大利汉学传统的一位优秀继承者，但现代意大利国家的形成和与清政府建交的背景促成了他在学术方向上的转变。1883 年，他从国家发展和自身兴趣出发，自愿申请去中国担任意大利驻上海总领事馆实习口译员，在中国期间他广结各国学者，为推动意大利东方学研究的国际交流与合作做出了贡献。同时外交官视角对远东局势和意大利在远东利益的关注和分析造就了他在国际关系研究领域的多产，为他的汉学家身份增添了新的色彩。

一、罗声电在华主要活动

　　在意大利实现初步统一之时，王国第一任首相加富尔（C. Benso, Conte Cavour, 1810—1861）任命了英国商人霍锦士（J. Hogg）为驻上海领事，协助在中国开展贸易活动的极少数意大利商人处理贸易和法律问题。1866 年意大利和清政府正式建立外交关系后，霍锦士仍然为驻上海领事，后由费三多担任驻中国和日本公使。罗声电到上海总领事馆工作时是第三任公使卢嘉德在任，代理领事是德国人哈斯。

1. 履职初期

　　罗声电提出申请后，1883 年 6 月时任罗马大学远东语言文学教授的汪瑟士应意大利外交部的邀请对罗声电进行了考核，他于当月 11 日复信外交部，写道"我证明，经过对佛罗伦萨的罗声电教授先生出版的著作进行仔细考查，此外又多次与他就其研究进行交谈，我认为他精通专业，能在短时间内练就汉语口语，以给予驻中国公使馆口译员一职真正有益的帮助"①。1883年10月10日，代理领事哈斯去信外交部，说明罗声电到达上海总领事馆的有关情况。这封信很重要，因为它交代了罗声电开始外交官生涯的很多细节内容。从信中可知哈斯于1883年7月11日获得授权任命罗声电为驻中国公使馆实习口译员，并准许他出发前往上海。7月29日，哈斯又得到外交部通知，授权其在离职后将代理领事一职交予罗声电。9月25日，罗声电到达上海，随即准备入职。哈斯对罗声电给予了很高的评价，他说在那里像罗声电这样的汉学家是十分受到尊重的，他很关心在缺少学习材料和中国助手的情况下罗声电的未来发展，他坦率地承认罗声电的汉语学识令他感到惊异。他说尽管知道对于汉语口译员候选人的考查有多么严格，但他还是不敢奢望罗声电能即席翻译出一份汉语公文。他特意留下一些地方当局的公文让罗声电翻译，结果工作完成得令他非常满意，不仅十分准确，而且有时甚至一字不差。他将这些译文收集起来，附于这份给外交部的报告中。哈斯有意让罗声电长期留在上海，让其在自己返回欧洲时接替在公共租界法院的陪审官的职位，因为那里最适合练习汉语口语。哈斯觉得令人感到遗憾和意外的是，只给罗声电这样一个已经34岁的人临时实习口译员的头衔，而其实际上却具有极高的文化修养。哈斯指出这个头衔使罗声电在他的同事中的地位很卑微，那些年轻人都是十七八岁，在学习上远不如他。因此，哈斯提议直接任命罗声电为二等口译官，才符合他的年纪和社会地位。哈斯还提议一次性给罗声电2000里拉用于购置他需要的书籍。他还建议外交部参考其他国家公使馆和领事馆的做法，每年支付2000里拉为口译官聘请一位中国助手。在信中哈斯称由于身体原因他将于10月末离职，罗声电将成为领事馆代理领事。公使卢嘉德曾希望哈斯能够履职一直到新的继任者到来，但因为原定的继任者不是意大

---

① Archivio Storico Diplomatico del Ministero degli Affari Esteri (ASDMAE). Archivio del Personale. Serie IX Interpreti. Ludovico Nocentini, Fasc. 29, pos. N1. No 19068, 19 giugno 1883.

利人，不擅长意大利语，所以哈斯决定不将代理领事一职留给这位继任者，他在信中向外交部进行了解释。哈斯也清楚罗声电刚到上海，实践经验很少，还不足以独自胜任领事工作，需要一名职员协助他，因此哈斯推荐了正在领事馆进行汉语学习的贡扎加（N. Gonzaga）侯爵，希望他可以尽快履行书记官和口译员的职务，以辅助罗声电。①

于是从1883年11月到1884年10月罗声电担任了驻上海总领事馆代理领事一职，与总理衙门大臣，驻法、德、意、荷、奥公使许景澄（1845—1900，字竹筼）有过交往。《申报》1884年6月28日发布的一则"西官拜会"的消息称"前日二点钟时，德国正领事吕尔森、翻译施得礼，意大利领事罗声电，奥国领事格来赖，法兰西正领事李梅，俱赴许星使行辕拜会。昨日十一点钟时，海关正税务司罗福、副税务司穆意宗，亦往禀安。闻许星使于今日往各国领事署答拜云"②。此时，许景澄即将作为钦使赴西欧上任接替李凤苞，在启行履新之前在上海停留，各国领事官员即前去拜会。罗声电与卢嘉德在领事馆工作事宜和经费问题上产生了一些矛盾，后来卢嘉德任命了费尹济（V. Finzi）为新任领事，此人于1884年7月22日启程来华，10月到任。罗声电在上海的近5年时间中，公使馆和领事馆的两大主要工作任务就是处理意大利在华传教士的保护问题和将意大利工业品推向中国市场。

2. 两大任务

第一个任务是与意大利和法国对保教权的争夺直接相关的。法国从1844年的中法《黄埔条约》中先于其他西方列强获得传教权，从那时起建立保护传教士的机制就成为法国驻华外交机构的一项最重要职责，随着《天津条约》的签订，法国更巩固了自身在保障天主教传教士权益上的地位，它以条约为依据开始负责为传教士发放护照。但是法国与中国之间由于传教士问题产生的冲突也日益加重，而普法战争和1884年到1885年的

---

① 参见 ASDMAE. No 27160, 24 Novembre 1883.
② 参见《申报》，1884年6月28日，第3页。

中法战争使法国势力大为削弱，罗马教廷想要趁机从法国手中收回本应属于它的在华保教权，新兴的意大利王国也想恢复对自己国家教区和传教士的保护和管理。卢嘉德建议意大利政府为本国在华传教士出具意大利护照，并通知中国当局，使战争冲突不至波及意大利人，意大利政府同意了这一做法，采取了临时措施，但也害怕法国可能的报复。卢嘉德坚持继续与清政府协商，企图使意大利获得对本国传教士的管辖权。[①]以李鸿章为代表的清政府官员和总理衙门此时虽主张废除法国保教权，但倾向的是将这一特权交给罗马教廷，因此卢嘉德的努力未能成功。中法战争结束后，意大利为本国传教士发放的护照也形同虚设。在处理这一棘手事件的整个过程中，罗声电都参与其中，是当时意大利和清政府对外政策的有力见证者。

与法国和教廷在宗教事务上的争夺其实反映的是现代意大利国家要在国际上占据一席之地的决心，是其复兴蓝图中的一个方面，也反映出其逐渐走向了亲德反法和殖民扩张的道路。在此之前，意大利经历了一系列的被动局面，从1866年在与奥地利的战争中失利以来，意大利在国际舞台上的信心大受打击，到1878年柏林会议上它没有得到任何领土补偿，再到1881年法国取得突尼斯，意大利都不能做出什么反击。1882年，它与德国和奥匈帝国结成同盟，这虽然是意大利在亲德舆论氛围下、经过权衡后的自主选择，但也表明它只有依靠这两个中欧帝国才能有生存空间。这种消极的状况到1887年有了改变，三国同盟条约的续订提升了意大利在同盟内部的地位，意大利的对外政策也从防守走向进攻，对北非领土的扩张要求得到了其他同盟国家的支持，特别是意大利又与英国在地中海的领地问题上结成互助关系。"意大利在这个围绕着俾斯麦的德国和前所未有的远离法国的复杂的同盟体系的中心重新获得了一个重要的地位。"[②]

第二个任务反映的是意大利国内资本主义经济发展的情况和拓展海

---

① 参见 A. D. Angeli, At the Dawn of Modern Italo-Chinese Relations: Ludovico Nocentini's Experience. In *Italy's Encounters with Modern China. Imperial Dreams, Strategic Ambitions*, a cura di M. Marinelli e G. Andornino. New York: Palgrave MacMillan, 2014: 31–32。

② G. Pécout, *Il lungo Risorgimento: La nascita dell'Italia Contemporanea (1770–1922)*. Milano: Bruno Mondadori, 2011: 327.

外市场的迫切需求。在19世纪六七十年代完成统一后，意大利发展经济的形势异常严峻，农业呈现出一派萧条景象，动荡和战争使其小农经济十分脆弱，农民生活很悲惨，因此无法提供购买力，国内市场需求低迷。此时意大利经济的构成主要还是农业，现代化工业还没有发展，更缺少发展的资金。到80年代初，意大利的经济情况有所好转，国家收入增加，预算盈余上升，"1885年，铁路约为一万公里"①。工业也经历了一个发展的小高峰，"1881年的米兰工业展，还有1884年都灵的工业展，意大利有1.8万个展商参展，南方参展商明显增加……1879年至1883年的统计数字可资证明：原煤的进口翻一番，生铁和钢的进口增长12倍，棉、毛的进口增长两倍和三倍……对外贸易额在1862年为10亿里拉，20年后，达24亿里拉"②。居民的储蓄增加了，生活条件也得到了改善。但南北方的差距进一步拉大了，南方农民的情况并没有变好。特别要提到的是丝织业，丝织业作为意大利具有优势的传统产业，是意大利对外贸易的重要支柱，北方地区的丝织工厂可以吸纳众多南方农民就业，在19世纪70年代末，意大利是除中国外全球第二大生丝生产国。③为了保护和促进本国丝织业的发展，维持与法国、英国和日本的竞争，意大利政府试图扩大与中国的贸易往来，上海领事馆因此必然要承担考察江浙一带丝织贸易情况的工作。

1883年11月，罗声电以代理领事的身份给意大利外交部发送了一份题为"中国蚕种纸"的报告，报告涉及如下几个内容：一是在上海由意大利人经营的艾夫森缫丝厂对一批无锡蚕茧缫丝的最新结果，证明其质量领先于欧洲最好的黄丝；二是介绍中国人为保护蚕种的健康所采取的办法，即盐水浴种法；三是两年来意大利工厂从中国购得蚕种的情

---

① 克罗齐：《1871—1915年意大利史》，王天清译，中国社会科学出版社2005年版，第46页。
② 克罗齐：《1871—1915年意大利史》，王天清译，中国社会科学出版社2005年版，第48—49页。
③ 参见 A. D. Angeli, At the Dawn of Modern Italo-Chinese Relations: Ludovico Nocentini's Experience. In *Italy's Encounters with Modern China. Imperial Dreams, Strategic Ambitions*, a cura di M. Marinelli e G. Andornino. New York: Palgrave MacMillan, 2014: 34。

况，罗声电和领事馆其他工作人员也应国内要求将来自江浙不同地方的少量蚕种发往意大利；四是意大利企业主进行对比实验，以使优越于意大利蚕种的中国蚕种能更好地适应意大利的环境。①

1884年2月，罗声电又寄送了有关1883年全年上海皮革出口情况的报告，其中详细列出从上海出口至欧洲和美洲的皮革总重、各国进口量，意大利以779吨位列第二大进口国，还有意大利各港口的卸货重量和分月卸货量。根据对统计数据的分析，罗声电指出1883年皮革总贸易较之前一年增长超两倍；超过1/5的皮革进入了意大利港口；接受皮革最多的意大利港口是热那亚和威尼斯；贸易最活跃的月份是11月和5月，8月没有任何贸易发生。皮革的平均价格是每100千克150里拉，因此意大利全年进口皮革价值116万多里拉。最后罗声电得出结论，认为以上数字都说明意大利在东亚各港口的贸易前景繁荣。②

3. 学术外交

作为一名学者外交官，罗声电也不忘借助外交工作的平台开展文化和学术交流活动，提升意大利汉学和东方学研究的国际影响力，推动意大利文化在东亚的宣传。1884年，他成为皇家亚洲文会北中国支会会员，并用英语在其会刊上发表了重要论文《汉学在意大利》(Sinology in Italy)③。这里要提到一个对罗声电在华活动有很大影响的人，那就是他在佛罗伦萨高等研究院的前辈兼同事顾拜尔纳蒂斯。罗声电在中国期间常与其通信，他将自己入会的消息告诉顾拜尔纳蒂斯，并托其转告老师塞韦里尼。④顾拜尔纳蒂斯是意大利著名的文人、学者和东方学家，一

---

① 参见Ministero per gli affari esteri. *Bollettino Consolare*, Vol. XX, Parte I. Roma: Libreria dei Fratelli Bocca, 1884: 307-309。

② 参见Ministero per gli affari esteri. *Bollettino Consolare*, Vol. XX, Parte I. Roma: Libreria dei Fratelli Bocca, 1884: 511-513。

③ 该文于1941年被翻译成日文在日本刊物上发表。参见高田时雄、赵大莹:《意大利汉籍的搜集》,《国际汉学研究通讯》第9期，北京大学出版社2014年版，第131页注释①。

④ 参见T. Iannello, Il contributo di Angelo de Gubernatis agli studi estremo-orientalistici in Italia nella seconda metà dell'Ottocento. In *Angelo De Gubernatis: Europa e Oriente nell'Italia Umbertina*, a cura di M. Taddei e A. Sorrentino. Napoli: Istituto Universitario Orientale, IV, 2001: 344。

生写有数量巨大的抒情诗、戏剧作品、杂文和专题论文，著有 20 卷的《世界文学史》(*Storia Universale della Letteratura*, 1883—1885)，曾 14 次被提名诺贝尔文学奖。1867 年，他正式成为佛罗伦萨高等研究院的梵语教授，1891 年后到罗马大学执教。顾拜尔纳蒂斯对意大利的东方学研究有着非常重要的推动作用。他 1867 年创办《东方杂志》，担任 1871 年成立的意大利东方研究学会的秘书长，以极大的热忱促成了 1878 年在佛罗伦萨举办国际东方学家的盛会。之后他又活跃于 1886—1887 年间创立的意大利亚洲学会，与意大利国内和被政府派往国外的东方学家们有着密切的交往，促进思想和信息的交流，并与外国东方学者们开展科学合作①，罗声电也是其中的重要一员，他为顾拜尔纳蒂斯组织编撰的《当代作家传记词典》(*Dizionario Biografico degli Scrittori Contemporanei*) 撰写了不少欧洲东方学者的词条内容，帮助顾拜尔纳蒂斯在中国和日本招募加入意大利亚洲学会的外籍会员，向顾拜尔纳蒂斯提出了很多在这两国推行的文化倡议。顾拜尔纳蒂斯负责上述机构学报②的编辑工作和担任主要撰稿人，在这方面他与罗声电也有着密切而有效的合作关系。罗声电还担任了 1886 年由顾拜尔纳蒂斯创建的印度博物馆 (Museo Indiano) 的东亚藏品收集事宜的联系人，他向顾拜尔纳蒂斯建议将印度博物馆扩建为亚洲博物馆③。

虽然罗声电外交官生涯的大部分时间是在上海度过的，但他也因为工作的原因前往过中国和东亚的很多其他地区，他到达中国的第一站

---

① 参见 T. Iannello, Il contributo di Angelo de Gubernatis agli studi estremo-orientalistici in Italia nella seconda metà dell'Ottocento. In *Angelo De Gubernatis: Europa e Oriente nell'Italia Umbertina*, a cura di M. Taddei e A. Sorrentino. Napoli: Istituto universitario orientale, IV, 2001: 326-327。

② 即《意大利东方研究学报》和《意大利亚洲学会学报》。

③ 参见 T. Iannello, Il contributo di Angelo de Gubernatis agli studi estremo-orientalistici in Italia nella seconda metà dell'Ottocento. In *Angelo De Gubernatis: Europa e Oriente nell'Italia Umbertina*, a cura di M. Taddei e A. Sorrentino. Napoli: Istituto Universitario Orientale, IV, 2001:344-345 和 I pionieri degli studi giapponesi in Italia. In *Italia-Giappone 450 anni*, Vol. II, a cura di A. Tamburello. Roma-Napoli: Istituto Italiano per l'Africa e l'Oriente-Università degli Studi di Napoli "L'Orientale", 2003: 724。

是香港，游历过江苏和浙江，也乘船溯长江而上，经过镇江、南京、芜湖、九江等地到达汉口、武昌和汉阳，又从上海乘船经山东到天津和北京考察，还到过朝鲜和日本。他对这些城市和地区的观察、感受和思考可以从他回国后于1894年出版的《在东亚——印象和游记》一书的描述中了解到，这本书是他对自己4年多异国生活的既直观感性又多面深入的总结，本书将在第四章中着重予以说明。

二、罗声电的国际关系问题研究

罗声电的汉学家出身为当时只处理领事和贸易事务的意大利驻华外交机构增添了传播文化和推广学术的职能，反之，有了外交官经历的他也比一般的西方汉学家对中国的关注更敏锐、更实际，对近代中国所处的复杂国际环境、对欧洲列强在中国和远东博弈的纷乱局势、对意大利能否在这一局面中占有一席之地以维护国家利益进行研究，对他来说有更大的意义，总之对现实的、鲜活的政治问题、国际关系问题的热情超越了以前对语言和道德等传统汉学主题的兴趣。于是在中国的外交工作成为他学术研究的分水岭，他的研究方向更多地转向了国际关系领域，内容多是时政问题。

1. 中法关系和意法关系

1888年，罗声电回到意大利后发表的最早的两篇有关国际关系问题的论文是《东京战役及其未来——一个在中国的译员的回忆》[①]和《东京地理贸易消息与中国新市场》。中法战争曾是罗声电在中国期间亲身经历的最重大的国际事件，给他留下了深刻的印象，前面也讲到他作为领事馆官员曾处理战争中意大利在华传教士的领事保护工作。此外，对于当时意大利在欧洲最大的竞争对手法国在越南和中国西南地区的殖民扩张企图，罗声电也格外关注，也从这一事件中获得了启示。

[①] L. Nocentini, Il Tonchino, le sue lotte e il suo avvenire. Ricordi di un interprete in Cina. *Nuova Antologia*, agosto (1890) : 254–278.

（1）法英争夺中国市场也促使意大利对外扩张。

在第一篇文章《东京战役及其未来——一个在中国的译员的回忆》中罗声电先是回忆了自己当时在天津亲见、亲闻直隶总督兼全权大臣李鸿章对外交官通告与法国代表谈判结束，议和成功的情景。李鸿章得意地说只有两个国家打败过法国，一个是中国，另一个是德国。他的这种姿态在罗声电看来很讽刺，罗声电指出中国统治者实际上越过了导致德国胜利和此次中国能够驱赶走法国人的一切环境因素，只能更加妄自尊大、心存幻想，直到一场新的战争再次使他们信服不管他们的文明有多么古老和光荣，终究是要给西方文明让路的。① 罗声电看到开拓殖民地如今鼓舞着几乎整个欧洲，那些意大利和意大利以外的进步人士发觉身处与自己的理想相冲突的境地，他们指责政府侵犯了其他人的自由。罗声电认为这种指责并不公正，政府在接受现代民主的指引的同时，还要满足工业寻找新的销路和市场的需要，向外扩张已是不可避免，在意大利，民众对进军非洲的热情就是最好的例子。他赞成一个国家要开始开拓殖民地的事业就要采取强有力的行动，他对英国占领殖民地并将西方文明引进被占地区的举动十分认可，相比于英国，法国在印度支那的事业却不太成功。但中法战争已经属于历史了，比当时发生的那些事件更重要的是法国最终占领了那片土地。②

结合对中国和越南历史关系及近代以来欧洲对越南施加影响的详细回顾，罗声电落脚于法国人在越南的活动和中法战争发生的始末，特别着墨于战争对中国通商口岸社会经济秩序的影响。他描述在通商口岸的外国人一方面抱怨贸易量逐日减少，一方面担心中国民众趁机掀起暴乱，当时在温州由意大利传教士董增德（D. Y. Procacci）主持的法国

---

① L. Nocentini, Il Tonchino, le sue lotte e il suo avvenire. Ricordi di un interprete in Cina. *Nuova Antologia*, agosto (1890): 255.

② L. Nocentini, Il Tonchino, le sue lotte e il suo avvenire. Ricordi di un interprete in Cina. *Nuova Antologia*, agosto (1890): 255–257.

天主教堂就遭人放火焚烧。①② 本来在法国保护之下的意大利传教士开始感到不安全，他们开始寻找其他帮助。在汉口的意大利传教团团长请求意大利驻华公使馆为他和他的神职人员出具国籍证明，公使馆满足了他的要求，并允许他们保留法国护照，李鸿章也默许了这一做法。在这里罗声电分析了意大利难以收回对本国传教士保护权的原因。他认为一是意大利忽视了应该行使的权利，如果在与中国签订条约后意大利就能马上利用条约的条款收回对本国传教士的保护权，就不会遇到什么障碍了，那时意大利同教廷和法国的关系还好，今日已不同往昔，再想实现就很遥远了。二是兵役制度阻碍了意大利在华传教事业的发展，意大利传教士的影响力变小。由于服兵役，在中国传教团中的意大利人已大幅减少，如果意大利政府不取消传教人员的兵役义务，过不了多少年就无人再愿意从事传教工作了。三是传教士已缺失了祖国的概念。很多在中国的意大利传教士一辈子都留在了中国，不会再回意大利，因此是受哪国的保护对他们来说已不重要了。四是传教士缺乏对当今意大利的了解。长期在外的意大利传教士不知道统一后意大利国力发展情况，他们仍然认为意大利无力保护他们、为他们提供所需，因此习惯于法国的保护。③

当所有人都以为战争会继续下去的时候，中法之间达成了和平。法国确认了作为越南保护国的地位，它对东京的直接统治直达中国边界，中国按法国的要求答应在边界处开放谅山和保胜两处贸易口岸，法国答应保持边界地区的安全和和平。罗声电总结道："很显然法国从最初派远征军时就有了使印度支那半岛置于自己统治之下的意图，如今要完全达到这一目的所剩之事已不多。然而占有东京有一个更确切的目的，即

---

① 即甲申教案，1884年10月4日（光绪十年八月十六日）温州人民为反抗法军入侵，一夜间焚毁城西基督教堂、花园巷耶稣堂（今花园巷教堂）、周宅祠巷天主堂等6所教堂。次日，瑞安江浦天主教堂亦被毁。结果清官府赔偿新教27641银圆、天主教7359银圆。因是年干支为甲申，故史称"永嘉甲申教案"。董增德所在的教堂是周宅祠巷天主堂。

② 参见 L.Nocentini, Il Tonchino, le sue lotte e il suo avvenire. Ricordi di un interprete in Cina. *Nuova Antologia*, agosto (1890): 265。

③ 参见 L. Nocentini, Il Tonchino, le sue lotte e il suo avvenire. Ricordi di un interprete in Cina. *Nuova Antologia*, agosto (1890): 269–271。

与交界的中国省份确立市场,通过它的领地打开贸易之路。发现了法国目的的英国赶快将它的统治从缅甸南部扩展至中部和北部,而且没有遭到中国方面的阻碍,就与法国想要将其贸易吸引到东京海岸的省份接触上,因此商品将经由缅甸找到更方便和快速的出路。英国长时间以来就有在云南省与西藏相接的一个地方进行贸易的权利,云南省的市场离中国最富饶的省份——四川省不远,肯定比在东京边界开设的市场上的产品更丰富和多样。"[1] 罗声电同时指出英国和法国虽有各自的需求,想要施加各自的影响,是彼此竞争的关系,但它们同样都有将西方文明和产品引入远东地区的目的,因此开辟的通道越多,对双方也越有利。罗声电认为,英法的殖民能促使新市场的兴起,缅甸和越南将为西方提供便捷的商路,这两个国家也能因为英国和法国而"重新繁荣"起来。[2]

在这篇文章中,罗声电第一次鲜明地表达了他的政治立场和支持殖民扩张的政治主张,这有其身份立场的局限性。从1876年以后,反映工业金融资产阶级和大地主利益的势力在意大利掌握政权,先后担任首相职务的德普雷蒂斯(A. Depretis, 1813—1887)和克里斯皮(F. Crispi, 1818—1901)都实行较为强硬的外交政策,前者签署了三国同盟条约,决定在非洲建立殖民地,后者挑动与法国的矛盾,继续积极向非洲侵略扩张。特别是克里斯皮在第一次执政时期(1887—1891)成功提高了意大利政府的权威,适应了当时意大利社会要拥有一个强大政府,甚至是独裁政府的呼声。罗声电这时的政治观点是与大环境相一致的,但在对外扩张政策的方向上他与意大利政府不同,他瞄准的是远东而非非洲。他的文章是想借英国和法国的事例说明,开拓远东特别是中国市场是欧洲强国蓄谋已久的普遍选择,而且成功的概率很大,有更优越的发展前景。意大利已经错失过机会,现在更应该吸取教训,迎头赶上。而且他认为在开辟市场和输出商品的基础

---

[1] L. Nocentini, Il Tonchino, le sue lotte e il suo avvenire. Ricordi di un interprete in Cina. *Nuova Antologia*, agosto (1890): 277.

[2] L. Nocentini, Il Tonchino, le sue lotte e il suo avvenire. Ricordi di un interprete in Cina. *Nuova Antologia*, agosto (1890): 277–278.

上，对中国进行文化殖民才是更重要的，他以西方的视角为中心，认为更先进的西方文明会取代中国文明中的落后因素，中国终究是会接受新的文明，发生根本性的近代化的转变，可以看出这是典型的西方中心论的表现。同时与意大利当时整体舆论环境相同，在这篇文章中罗声电也表露了褒英抑法的倾向，这种倾向也延续到了他之后的一些论著中。

在第二篇文章《东京地理贸易消息与中国新市场》[①]中除了再次对中越关系的历史进行说明外，罗声电还附上了三幅地图，一幅是根据中国地图绘制的东京，该图进行了译写，根据欧洲地图的绘制方法在大概的位置添加了经纬线，标有东京、安南和交趾支那[②]与中国的云南、广西、广东以及老挝、暹罗、柬埔寨的分界线，还绘有雷州半岛、海南岛和一些小岛屿，其中东京地区详细注明城镇地名、山脉河流名称、与广西龙州之间的邮政线路、与广西之间的古交通道等。[③]另外，有一幅是罗舍（E. Rocher）书[④]中的红河下游图和一幅越南海防港图。正如这篇文章题名所示，罗声电侧重介绍的是越南和其与中国交界处的自然环境、地形地貌、水文地理，东京的行政划分、主要城市、人口、种族、语言、物产、贸易等，为意大利读者了解法国管理下的越南，特别是东京地区和中国南方边陲地区提供了有用的信息。

在这部分中，罗声电用大量注释来解释涉及的地名、河名、山名的广东话读音、北京话读音及字面意思是什么，这可能是因为他掌握的地图和资料对这些名称的译写并不同，他需要用这样的方法帮助读者明确所指。其实西方人在接触和研究中国文献、地图的过程中，曾先后设计了50多种中国地名的罗马字母拼写方案，他们多是根据接触的向导、

---

① L. Nocentini, *Notizie Geografiche e Commerciali del Tonchino e dei Nuovi Mercati Cinesi.* Roma: Società Geografica Italiana, 1890.

② 东京、安南、交趾支那是越南在法属殖民时期的地理分区，分别对应越南历史上的北圻、中圻、南圻三个地区。

③ 参见 L. Nocentini, *Notizie Geografiche e Commerciali del Tonchino e dei Nuovi Mercati Cinesi.* Roma: Società Geografica Italiana, 1890: 4。

④ *La Province Chinoise du Yün-Nan* (1879–1880)，《中国云南省志》。罗舍，法国军火商，曾任安南海关监督和法国驻云南蒙自领事。

朋友等的方言音翻译，所以对同一名称的译写法五花八门，经常无法回译，造成了交流上的困难。除了译写法不一样之外，罗声电也指出中国地图和欧洲地图对东京的河流、东京和云南边界线位置的标注也存在明显的不同，很难判定哪个更准确。

罗声电之所以要写这样一篇文章，谈及中国新市场，是因为继1885年李鸿章和法使巴德诺在天津签订《中法会订越南条约》之后，1887年中法在越南芒街又签订《广东、广西、云南中越勘界议定书》，在北京签订中法《续议商务专条》《续议界务专条》，开辟了广西龙州和云南蒙自为通商口岸。罗声电一直持续关注法国在中越边界殖民扩张的新动向，龙州和蒙自即是他所谓的新市场。他介绍了龙州通电报和邮政的情况，并分析其在未来一段时间内不能成为法国的一个大贸易中心的原因：一是在商品运输上法国无法实现垄断，如果法国决定为此修建一条铁路的话，又可能会增加运输费用；二是龙州本身缺少可供出口的产品，需要从云南购买。在1889年的7个月中龙州的贸易总额仅为12571海关两①，其中10863海关两是从香港进口的商品，1708海关两是出口到交趾支那、东京和安南的商品②，说明了它的贸易量十分有限。在罗声电看来，更有前景的是另一个市场，即蒙自，因此他较为详细地介绍了这座城市的地理位置、人口构成、农业、天气条件和地方流行病，还说明了从蒙自到海防港的交通路线，这条路线古已有之，但因为云南回民起义的影响和红河上游猖獗的强盗活动而遭到废弃，法国占领后相对安全的环境有可能使这条路重新成为直通云南省的交通最繁忙的商路。事实证明，从1889年8月28日到1890年2月这段时间，蒙自的贸易量持续增加，贸易额达183005海关两，其中95005海关两是进口商品，88000海关两

---

① 又称"关平银""关平两""关银"，清朝中后期海关所使用的一种记账货币单位，属于虚银两。1889年时1海关两合5.95里拉 [参见 L. Nocentini, *Notizie Geografiche e Commerciali del Tonchino e dei Nuovi Mercati Cinesi*. Roma: Società Geografica Italiana, 1890: 18 nota (1)].

② 参见 L. Nocentini, *Notizie Geografiche e Commerciali del Tonchino e dei Nuovi Mercati Cinesi*. Roma: Società Geografica Italiana, 1890: 17–18。

是出口国外或香港的本地产品，主要是锡板和黑茶（普洱）①，与龙州相比不仅贸易量巨大，而且进出口基本平衡。但蒙自市场也不令法国感到安心，因为它受到来自英国的威胁，英国现在可以将广西、云南甚至四川的产品通过它占领下的缅甸向外运输，缅甸这条通路比越南更便于将中国与印度、欧洲和美洲相连。因此在罗声电看来，法国通过1887年的条约获得的这两个新市场反而会给英国带来更大的利益，不过他也希望英国和法国能摒弃敌对的状态，共同恢复各自殖民地的贸易繁荣，这样对于国际贸易发展也有好处，各国，包括意大利也能从中获得自己的利益。②

罗声电在1890年发表的这两篇有关东京问题的论文，实际涉及的是中越、中法、法越、法英关系的历史和现状，是他对复杂的远东国际局势分析和研究的最初尝试，可以推测他的目的是希望意大利政府能够看到开拓远东殖民地和市场的必要性、重要性和可行性，或许也与意大利在1889年到1890年间占领埃塞俄比亚北部领土并签订《乌西亚利条约》有关，罗声电从对意大利国家利益的考虑出发支持殖民扩张，认为这种利益将会在远东和中国得到更大程度的实现。

（2）欧洲列强在远东的博弈关乎意大利的生存和发展。

与罗声电的预见相符，克里斯皮在第二次执政时期（1893—1896）将意大利在非洲的扩张事业引向了重大的失败，1896年3月1日，意大利军队在埃塞俄比亚阿杜瓦战役中被击溃，克里斯皮为此下台，同时为了对抗德—奥—意三国同盟而结成的法俄同盟关系日趋密切，在这种背景下，罗声电发表了论文《法俄联盟后欧洲在远东》③，想要把政府的视线从非洲的战败中引开，使其关注到远东的机会上来。在罗声电看来，法俄结盟的最根本目的并不仅是出于三国同盟对欧洲和平局面威胁

---

① 参见 L. Nocentini, *Notizie Geografiche e Commerciali del Tonchino e dei Nuovi Mercati Cinesi*. Roma: Società Geografica Italiana, 1890: 19–20。

② 参见 L. Nocentini, *Notizie Geografiche e Commerciali del Tonchino e dei Nuovi Mercati Cinesi*. Roma: Società Geografica Italiana, 1890: 20。

③ L. Nocentini, L'Europa nell'Estremo Oriente dopo l'alleanza franco-russa. *Nuova Antologia*, settembre (1897): 264–282.

的担忧，更是基于殖民利益的考量。他说："因为如果殖民地一直是母国的财富来源，我们的中世纪共和国的历史也证明了这一点的话，那么今天它们就构成了工业国家繁荣的必不可少的条件，这些国家给总是在增长的、过剩的产品寻找新的、广阔的销路，想要在需要的时候以更优的价格购买原材料。在这些迫切的需求面前，一切其他国际问题都要省略，或让出首要位置。"① 法俄结盟在历史上时常重演，最早就缘于印度问题，现在只不过因为东方问题的尖锐而进入一个新的阶段，所以罗声电认为两国联手更多的是旨在夺走英国在海上的霸权，也就是殖民霸权，而非局限于与德—奥—意在欧洲的制衡，法俄也把意大利入侵埃塞俄比亚视作对英国占领埃及的保障和支持。②

罗声电详细分析了法俄同英国在海外殖民扩张活动上的矛盾，并借由三国干涉还辽事件，说明法俄可以在殖民地利益上与德国形成统一战线，而英国也乐于看到日本这个海上强国在远东崛起，这样就可以牵制俄国，正如英国此前希望意大利在地中海上牵制法国一样。"因此在法—俄—德对中日之间议定条约的反对中，显然要承认其主要目的是阻止新的海上强国在大陆上站稳脚跟，并对英国的影响给予打击。"③ 罗声电进一步论证，俄国想要为它的舰队活动和贸易发展获得一处远离冰冻、直通大海的自由港，当朝鲜半岛被日本控制后，它就寄希望于辽东半岛，当整个满洲都在它的影响之下后，它又将目光投向山东半岛，要在那里建一座海军基地。法国则在《马关条约》签订后立刻派使团到中国最富裕的一些省份去研究当地产品和资源，汇总成报告和提议，要求通过新的条约来确保自己在东京边界一线，特别是云南省的利益。从 1896 年 7 月法国外交部部长阿诺托（G. Hanotaux，1853—1944）和前往欧美考

---

① L. Nocentini, L'Europa nell'Estremo Oriente dopo l'alleanza franco-russa. *Nuova Antologia*, settembre (1897): 264.

② L. Nocentini, L'Europa nell'Estremo Oriente dopo l'alleanza franco-russa. *Nuova Antologia*, settembre (1897): 265.

③ L. Nocentini, L'Europa nell'Estremo Oriente dopo l'alleanza franco-russa. *Nuova Antologia*, settembre (1897): 274.

察的李鸿章在巴黎签署的条约来看，法国着眼的是获得在中国修建铁路和开采云南矿山的权利。因此，俄国的目的在于增加在中国北方的优势，法国则是在西南地区，两国互不影响，法俄为压制英国达成的联合是有效的，这引起了在远东的英国居民的极大担心，他们向英国政府力言应采取坚决的行动。英国政府目前的策略是放任俄国在北方地区为所欲为，但对法国在西南地区的活动十分警觉和介意，于是英国从清政府取得西江通航权以阻止南方一些省的贸易从广州、香港流失到法国统治下的东京，并重新划定中缅边界线，进一步满足它的野心。罗声电指出英国和法国之间的斗争旷日持久，无论谁的胜利都标志着在东亚殖民政策未来走向上的决定性的一步。[1]

对于身处如此深刻的敌对困局中的中国，罗声电也表达了他较为客观的评价，他认为中国无力反抗，也没有强有力的、有尊严的政策，它的国内状况、政治制度、年轻而懦弱的皇帝都阻碍着其充分理解围绕着它的阴谋并进行大胆的革新，它只能停留在最为保守的思想观念中。那些安抚和怀柔并不是对它好，而是觊觎从它身上获得利益，它害怕硬碰硬，半个多世纪以来，它一直在退让，在南方它失去了对整个越南和缅甸的宗主权[2]以及香港岛和台湾岛的主权，在东北它被迫同意本是它朝贡国的朝鲜独立，在北方它只剩下了黑龙江以南、乌苏里江以西的满族人的领土，在西边和南边它不断受到手握武器、等待着合适时机跨过边界的俄国、英国和法国的威胁，它已经开放了25个通商口岸并允许外国人在那些地方从事工业活动，它还准许外国船只在一些河流上通航。

---

[1] 参见 L. Nocentini, L'Europa nell'Estremo Oriente dopo l'alleanza franco-russa. *Nuova Antologia, settembre* (1897): 274–277。

[2] 越南从西汉到唐朝一直是中国的领土，称交趾郡。明朝时越南北方仍为中国领土，南方形成独立政权，但仍为明藩属国。清朝时越南分裂为南北两个王朝，皆归清朝藩属。随着19世纪40—50年代法国武装侵略越南和法越、中法之间一系列不平等条约的签订，清朝逐渐失去了对越南的宗主权，直到1885年6月《中法会订越南条约》，即《中法新约》的签订，标志着清朝彻底放弃了对越南的宗主权。缅甸最早于元朝时成为中国藩属国，清朝时，清廷派使节前往缅甸册封缅甸国王。1824年英国开始入侵缅甸，并于1886年完全吞并缅甸。1886年7月，中英签订《缅甸条约》，清政府承认英国在缅甸的特权，实际上终结了清朝和缅甸的宗藩关系。

虽然通商和通航对它的财政有一定好处，但滋长了西方列强为它们的贸易和工业活动获取更广阔场地的野心。① 这种认识不只体现在这篇论文中，罗声电在《东亚现况》② 等其他文章中也多次发表了对于在列强虎视之下的中国境遇和命运的透彻评论。

在写这篇论文时，罗声电还无法知道亚洲的殖民问题最终会如何解决，但他预感到相互争夺的列强间的强烈冲突会给整个欧洲都带来震荡，意大利在其中该如何生存和发展是他尤为在意的问题。意大利在争取统一和独立的斗争中曾得到英国在道义上的支持，但英国实际上看中的是意大利优越的地理位置，想要借助与意大利的合作遏制法国在地中海及通往东方之路上的雄心。罗声电深感意大利在殖民政策上表现的无能，他批评其从一开始就踟蹰不前，缺乏计划，不能贯穿始终，在出征非洲一事上轻率大意，在失败后过分感伤和卑微。如今意大利在非洲没有取得太大好处，曾把意大利当作英国盟友而进行打压的法俄稍稍减少了对它的敌意，而英国又嫌弃它没有利用价值。这不禁让罗声电感叹意大利的命运，这个蜷缩起来、畏手畏脚、受夹板气的意大利不是当年那些民族复兴运动和建国的英雄马志尼（G. Mazzini, 1805—1872）、加里波第（G. Garibaldi, 1807—1882）和埃马努埃莱国王渴望的意大利。③ 罗声电重申殖民问题是欧洲国家间关系的最大问题，"无疑，当文明的旗帜被插入亚洲和非洲的整个土地之时，没有殖民属地的人将会失去一切独立的经济繁荣的未来。在欧美正加剧的贸易保护主义制度很容易就会扩展到殖民地，因此没有自己的对过剩产品的销路的人就要满足于以不利的条件售卖它们"④。他为殖民扩张强辩，称现在无人再用不合时宜

---

① 参见 L. Nocentini, L'Europa nell'Estremo Oriente dopo l'alleanza franco-russa. *Nuova Antologia*, settembre (1897): 277–278。

② L. Nocentini, La situazione presente dell'Asia orientale. *Nuova Antologia*, Serie 4, v. 64, 1 Agosto (1896): 411–436。

③ 参见 L. Nocentini, L'Europa nell'Estremo Oriente dopo l'alleanza franco-russa. *Nuova Antologia*, settembre (1897): 279–281。

④ 参见 L. Nocentini, L'Europa nell'Estremo Oriente dopo l'alleanza franco-russa. *Nuova Antologia*, settembre (1897): 281。

的感伤主义来说入侵别人的领土、用武力强行改变法律和制度是不正当的，因为从被西方文明征服的民族的历史来看，其原本的统治者也通常是征服者，而且未见得会给被征服的国家带来物质和精神上的改善，就像拿破仑南下意大利促进了意大利的统一，意大利人就不会把他看成入侵者。① 实际上罗声电还是以传播西方文明、建立以欧洲为主导的国际新秩序为借口来鼓励意大利继续坚持走殖民扩张之路。罗声电作为一个汉学家，了解中国的历史，同情中国的遭遇，但作为一个意大利公民和外交官，他又以国家利益为最高准则支持对中国的殖民扩张，这种身份的多样所带来的意识形态的矛盾和牵强在这里表现得一览无余。他虽然对欧洲列强间的利益博弈有着清晰的认识，但又对欧洲的工业、贸易、科学和制度文明能引领实现世界大同充满了理想主义的幻想。

（3）保护在华传教士是意大利谋求中国租借地的有力借口。

1896年，接替克里斯皮出任意大利王国首相的是代表右派的鲁迪尼侯爵（A. Starabba, Marchese di Rudini, 1839—1908），这也是他的第二届内阁（1896—1898）②，在他任期内意大利逐渐从阿杜瓦战败中恢复过来，如罗声电所希望的，政府开始更多地关注中国，有意步其他列强的后尘，向中国试探获得一块租借地的可能性。但真正采取实际行动要到下一届由佩卢克斯（L. Pelloux）主持的政府时期（1898—1900），从政治、军事和经济方面考虑，租借地的理想位置选择在了浙江省的三门湾。1899年2月，意大利正式向清政府递交照会，要求租借三门湾为其海军基地，这次尝试同样以失败告终，虽然意大利的态度强硬，甚至派军舰驶入三门湾海面，但清政府认为意大利在列强中实力最弱，拒绝了其要求。实际上意大利也并没有做好武力强夺的准备，又怕因此得罪其他列强，遂撤回了命令和外交代表，这次三门湾事件使其再次在国际上大失颜面。清政府因为看低意大利而在其面前表现得前所未有的坚决和

---

① 参见 L. Nocentini, L'Europa nell'Estremo Oriente dopo l'alleanza franco-russa. *Nuova Antologia*, settembre (1897): 281。

② 他的第一届内阁存续时间为1891—1892年。

自信的态度令罗声电感到忧心，他再次体会到意大利的失败不仅要归咎于它的殖民规划准备不足，更在于它缺乏国际影响力，在他看来，其中很重要的一点原因就是意大利没能延续好在华传教士的传统，没能让传教士发挥通过传播宗教、文化来施加政治影响的马前卒作用。

1899年，已经在罗马大学担任远东语言文学教授的罗声电发表了论文《法国和我们的在华传教士》①，重提受法国保护和管控的意大利在华传教士这一老话题，目的是建议意大利政府仿照法国的做法，采取具体措施恢复对本国传教士的保护，再借由为传教士提供在意大利当局管理之下的固定居住地来谋得一块中国租借地。罗声电在文章中论证的即是法国如何从18世纪末开始利用传教士为它的殖民政治服务，他写道："无疑对于法国来说，信仰是用作政治的借口和支撑的……受法国保护的天主教传教士只不过充当了被它巧妙使用和指挥的它的政治的急先锋。"②他指出法国为此采用的一系列策略：为各个国家的天主教传教士发放护照；允许他们免费乘坐它的商船；在没有一个法国人但有传教团的地方设立领事馆，如汉口，就是意大利传教团代表所在地，但设立了法国领事馆；让战舰不停地游弋在中国的海面上以示随时准备好保卫传教士的利益和权利；对传教士的各种需求提供最大限度的帮助。③但罗声电认为法国即使用这些办法笼络人心，可根据他在中国期间工作的实际情况来看，意大利传教士仍然有很多心向祖国的表现，如他们对前往汉口的意大利官员和海员的热情接待，在他们感知到危险时也没忘向祖国求助，因此意大利政府完全有可能获得他们在情感上的支持收回保教权，可惜的是政府觉醒得有点晚。"我们的传教团助长了一个不仅不是他们的祖国，而且还是一个通过与俄国的联盟旨在使中国成为满足它们

---

① L. Nocentini, La Francia e i nostri missionari in Cina. *Nuova Antologia*, v. 81, Ser. 4, Fasc. 1° giugno (1899): 489-503.

② L. Nocentini, La Francia e i nostri missionari in Cina. *Nuova Antologia*, v. 81, Ser. 4, Fasc. 1° giugno (1899): 490-491.

③ L. Nocentini, La Francia e i nostri missionari in Cina. *Nuova Antologia*, v. 81, Ser. 4, Fasc. 1° giugno (1899): 497.

目的的自留地，与英国的、也是我们的政治相左的国家的重要性……意大利的威望逐渐在中国人中消失殆尽。"①

虽然罗声电一直深知解决这一问题所面临的来自法国和梵蒂冈的严重困难，但他认为仍然可以找到一个将意大利的利益和传教利益结合在一起的点，即让意大利传教团重回往日的繁荣，这样对两方面都有好处。那么迫切需要改变的是意大利兵役法，这项法律造成了在招募传教士上的困难，意大利传教团缺少人员，常常是由其他国家的人，特别是德国人或荷兰人来填补空缺。罗声电回忆，在1885年时，意大利外交部部长曼奇尼（P. S. Mancini, 1817—1888）和战争部部长里高蒂（C. F. Ricotti-Magnani, 1822—1917）曾接受驻外公使和领事的建议，推动立法为以后的传教士提供便利和优待，但没有结果，现如今这一建议又被重新提出。罗声电列举了在一些国家传教士享受的优待，而意大利传教团中的本国人却在不断减少。他用亲眼所见的汉口方济各会修士开办学校，嘉诺撒仁爱女修会设立育婴堂和医院的事实说明意大利传教士在文化和政治领域对国家的益处并不比军人的小，因此对传教士免除或有条件地免除兵役是必要的，这样才能鼓舞更多的意大利年轻人投身传教事业。除此之外还有一个问题，在海外的意大利传教士通常得不到国内的确切消息，因此他们对错综复杂的政治事务没有太多关注。②

在罗声电看来，政府加强对此事的重视已势在必行，"政府管理的坦率的、开诚布公的改变将加强他们对祖国的信仰"③。除了要修改兵役法之外，罗声电提出了政府还应采取的几项措施。一是在中国建一个永久海军基地，以示意大利有意愿也有能力保护在华传教士。二是政府需任命一位驻汉口的副领事。这里罗声电提到了"巨野教案"给他的启示，

---

① L. Nocentini, La Francia e i nostri missionari in Cina. *Nuova Antologia*, v. 81, Ser. 4, Fasc. 1° giugno (1899): 498–499.

② L. Nocentini, La Francia e i nostri missionari in Cina. *Nuova Antologia*, v. 81, Ser. 4, Fasc. 1° giugno (1899): 499–502.

③ L. Nocentini, La Francia e i nostri missionari in Cina. *Nuova Antologia*, v. 81, Ser. 4, Fasc. 1° giugno (1899): 502.

山东也是由意大利方济各会负责的宗座代牧区，但意大利在那里没有外交代表，驻山东的领事委托给意大利的盟友德国人，如今两个德国传教士的被杀给了德国占领胶州和取得在山东全省权益的理由，要是有意大利自己的领事在那里，或许意大利就能有机会和德国共同采取外交行动，那么意大利也可能会从中取得它的那份好处。三是减免传教士乘坐意大利和其他国家商船的船票，如同在法国商船上实行的那样，允许他们免费乘坐二等舱，每日伙食费仅花费5里拉。罗声电认为如果政府能做到这些，那么意大利传教士不仅会开始以巨大的热情扩大祖国的影响力，而且法国也就再找不到保护他们的好处了。①

提出利用传教士为本国政府的殖民政策服务是罗声电殖民意识的体现，反映了他在特殊历史环境下的政治局限性。

2. 中英关系、中俄关系、中德关系和中日关系

（1）对英国对华活动的分析。

罗声电对中英关系的分析在他的多部论著中都有体现，但比较零散，集中阐述这方面问题的一篇论文是1900年发表的《英国在中国的行动》②，借这篇文章罗声电对英国对华关系的历史和现状进行了详细的梳理和总结。他再次谈到英国对俄国插手中国北方地区事务的态度，他说在香港和对外通商口岸的英国居民一直指责英国政府和公使馆缺乏魄力遏制俄国的行动，并建议其与日本或美国联合对抗俄国。然而英国一向对北亚不感兴趣，英国政府认为英国，甚至欧洲，在北亚的贸易量都极小，当俄国在中国的活动不威胁到它的利益时，它选择坐视不管。另外俄国也很高兴接受英国的态度，同样承认英国在长江以南的权益，两者相安无事，各得其利。罗声电指出英国有最强的海军实力，它的海上力量超过法国和俄国的总和，在通往远东的道路上属于它的港口和补给

---

① L. Nocentini, La Francia e i nostri missionari in Cina. *Nuova Antologia*, v. 81, Ser. 4, Fasc. 1° giugno (1899): 502–503.

② L. Nocentini, L'azione inglese in Cina. *Rivista d'Italia*, anno III, Vol. II, Fasc. VII luglio (1900): 432–459.

站遍布各处战略要地。如果一旦在中国爆发一场欧洲大战或英俄之战，那么只有英国拥有足够的加煤站，亚丁、科伦坡、新加坡、香港和威海卫都会成为它最佳的舰船基地，因此它掌握着远东之路上的关键，很容易就能阻止敌人的武装力量到达战场，可是在这样一场大多数欧洲列强都将参与进来的战争中，谁又能阻止得了英国呢？但罗声电也提醒注意俄国的力量不容小觑，特别是在过不了多少年后它的西伯利亚铁路全线贯通之时。这条铁路再加上穿越满洲的支线，将彻底改变太平洋上的战略局势，因为大量的部队会在短时间内集结到战场上。①

在罗声电写完这篇文章的时候，中国的义和团运动正发展到高潮，包括意大利在内的列强已经介入，即将演变为对中国的侵略，他在文章的最后单独补充了几段评论。他认为义和团正是从英国当时的状况以及俄国和日本之间的矛盾关系中获得巨大勇气，英国当时正忙于第二次布尔战争②，而俄国和日本在暗中争夺中国东北的势力范围。俄日都希望在借机干涉中扩大自己的势力，俄国的军队离叛乱发生之地最近，如果镇压成功，它将从中国获得更大比例的补偿，日本还在压制三国干涉还辽事件时的怒火，也不想再次错过在东亚大陆站稳脚跟、取得霸权的机会，形势将愈加复杂。此次终于参与进来的意大利在罗声电看来也应该要加紧参与侵略殖民活动。③

（2）对俄国对华活动的分析。

对于中俄关系，罗声电也有一篇专论，即1898年发表的《俄中关系》④，是一篇全面呈现俄罗斯民族向乌拉尔山脉以东殖民扩张并与清朝

---

①L. Nocentini, La Francia e i nostri missionari in Cina. *Nuova Antologia*, v. 81, Ser. 4, Fasc. 1° giugno (1899): 455–456.

②指1899年10月11日至1902年5月31日英国同荷兰移民后代布尔人建立的德兰士瓦共和国和奥兰治自由邦为争夺南非领土和资源而进行的一场战争。在1880年12月16日至1881年3月6日，布尔人因不满英国的统治与英国驻军发生冲突，爆发了小规模战争，称第一次布尔战争。

③参见L. Nocentini, L'azione inglese in Cina. *Rivista d'Italia*, anno III, Vol. II, Fasc. VII luglio (1900): 458–459。

④L. Nocentini, Relazioni russo-cinesi. *Rivista d'Italia*, Anno I, Volume III (1898): 417–446.

接触、交往和进行战争的历史和结果的论文。他说:"对于俄国殖民政治的研究是极其有意思的,因为它能显示出这个强国是如何从还没有被教化成文明民族的时候起,就已经知道想出一个宏大的计划,并以坚韧顽强一步一步地实行,一会儿用机智的策略消除障碍,一会儿适时地抓住时机,一直坚持走着数个世纪以来绘制的路线。"① 文中涉及哥萨克人殖民西伯利亚的举动,特别是冒险家、殖民军头目哈巴罗夫(Е. П. Хабаров,1603—1671)在黑龙江流域的活动;清朝边防军对哥萨克武装队伍采取的进攻;康熙第二次东巡(1682)、雅克萨之战和《尼布楚条约》;中俄两国政府对黑龙江以北地区的不同认识和管理;《恰克图条约》、互市通商和向北京派遣东正教使团;俄国对黑龙江流域的进一步蚕食、《瑷珲条约》和《北京条约》;左宗棠收复新疆和《中俄伊犁条约》;《中俄密约》和《中俄旅大租地条约》等内容。

罗声电认为《尼布楚条约》在当时是满足了缔约双方的需求,中国阻止了俄国通航黑龙江,打击了莫斯科的傲慢,而俄国使自己对一片广袤领土的占领合法化,但从长远来看,俄国的获利更多,因为事实上中国并未认识到它所让与的土地的重要性和价值,而俄国却对此有充分认识。② 正如20多年后中国历史学家萧一山所评:"说者谓此约中国殆占全胜,殊不知俄人以西伯利亚之占领,渐次侵及我国,今既得贸易之利,以解决食粮问题,遂亦暂戢其野心。而清廷欲表示大国怀柔之德,视边徼荒服,无足轻重,以致咸丰之时,所谓岭南江北滨海数千里之膏腴,终为俄人攘之以去,而今山河依旧,国境全非,亦可慨矣!"③ 罗声电还谈到俄国东正教使团所担负的使命,认为其本质上是1858年《天津条约》签订以前在中国的第一个,也是唯一一个欧洲的外交代表团,尽管《天津条约》订立后使团失去了政治重要性,但它仍然通过召集年轻人到中国学习汉语、蒙古语、满语、藏语等语言,收集东方书籍和出

---

① L. Nocentini, Relazioni russo-cinesi. *Rivista d'Italia*, Anno I, Volume III (1898): 417.
② L. Nocentini, Relazioni russo-cinesi. *Rivista d'Italia*, Anno I, Volume III (1898): 429.
③ 萧一山:《清代通史》卷上,商务印书馆1932年版,第623页。

版语文学方面的著作,来为沙皇的亚洲殖民统治服务,其宗教的性质减弱了,目标转向了政治和科学。如今俄国的东方学院除了为前往亚洲各殖民地和属于中国的新疆、蒙古领事馆工作的大量人员教授语言外,还有一批学者研究沙皇已经统治或渴望征服地区的众多不同民族的历史、地理、制度和风俗。① "然而,这种研究,没有人看不出来是多么有利于,而且肯定指引着政治行动。"②

就像在前面提到的几篇文章中论述的那样,罗声电再次指出俄国长期以来的最大诉求就是拥有一个不冻港,让它的舰船在冬季的几个月中也能活动,它本打算占领图们江左岸的一小段,进而侵占朝鲜海岸更大范围的土地,但甲午中日战争推迟了它的这一想法的实现,从而使它掉转方向,掌握了从黑龙江到北直隶湾(今渤海湾)的整个满洲。在满洲,它的侵占和窃取也由来已久,例如大肆开采齐齐哈尔的矿产资源和向黑龙江附近的边贸城市进行移民等,而清政府对于俄国的企图未做任何反应。罗声电记得在中日战争之前,当俄国开始筹备横贯西伯利亚的铁路线计划时,上海的一份中文报纸上就有文章反映中国的漠然态度,这篇文章的作者在看到俄国提出竭尽全力尽可能快地完成从彼得堡到符拉迪沃斯托克的交通线的修筑后,就指出了这条铁路将对中国构成的威胁,责备清政府的漠不关心,声称俄国在东亚的野心已昭然若揭。罗声电也认为无疑正是这种态度使清朝陷入了悲惨状况。罗声电还回忆起他在上海时曾向一位清政府官员征询其对于中国的国际形势的看法,并表示了自己对俄国可能入侵中国的担心,但这位官员回答说没有任何可担忧的,因为从俄国的欧洲部分到中国经过的大部分地方荒无人烟,这给庞大的部队运输给养构成巨大障碍,在俄国修建铁路之前,它是不会想到要入侵的,俄国说想建一条横贯西伯利亚的铁路,但谈何容易,可能只是说说而已。现在,这条铁路真的已经建起来了。同样对于俄国来说,

---

① 参见 L. Nocentini, Relazioni russo-cinesi. *Rivista d'Italia*, Anno I, Volume III (1898): 435–436。
② 参见 L. Nocentini, Relazioni russo-cinesi. *Rivista d'Italia*, Anno I, Volume III (1898): 436。

它也没有料想到日本会横插一脚，挫败它的野心。①

罗声电也援引了自己在中国时当地的英文报纸对俄国企图的种种怀疑，通过流传出来的有关中俄间要签订条约的消息，而预见到这对英国殖民利益的威胁。1896年的《中俄密约》和1898年的《中俄旅大租地条约》都使得这些猜测成真，后者也是罗声电撰写这篇论文的理由，他写道："如此，俄国一下子从黑龙江北岸跃至北直隶湾海岸的最南端，从那里控制和监视白河口，上一次欧洲舰船就渡过它向北京朝廷要求缔约和新的贸易利益。"②即使筋疲力尽的清廷不加以阻止，西方其他列强和日本也不可能把世界上这样一片可用于工业和贸易活动的富饶而广阔之地只留在俄国的手里，罗声电指出俄国时至今日仍忌惮英国，不能支持一场与之抗衡的战争，因此它在一定时期内会与英国在亚洲保持和平，但针对它主动提出裁军的请求，英国需提高警惕，以防它表面裁军，暗中集结兵力，使局势不稳定。③

（3）对德国对华活动的分析。

1898年，罗声电在另外一篇文章《欧洲和中国》④中概述了英国、法国、葡萄牙、俄国、德国和日本通过各种事件和条约在中国获得的特权和形成的势力范围，从文章的内容来看，罗声电的侧重点在于德国强占山东胶州湾的事件，因为他花了一定的篇幅着重介绍了有关胶州湾及其附近岛屿的重要的自然地理信息，可以推测他撰写此文也缘起于这一事件。在他看来，胶州比所有其他的租借地都更重要，海湾及其周围是中国海岸线上最重要的战略要地之一，李鸿章和德璀琳（G. von Detring, 1842—1913）都认为其能被改建成世界上最优良的军港之一。那里煤矿面积大，还富有金矿和银矿。但罗声电看到胶州湾的被占领更是对中国人精神的一个沉重打击，因为山东省在中国历史上是一个重要

---

① 参见 L. Nocentini, Relazioni russo-cinesi. *Rivista d'Italia*, Anno I, Volume III (1898): 440–443。
② 参见 L. Nocentini, Relazioni russo-cinesi. *Rivista d'Italia*, Anno I, Volume III (1898): 445。
③ 参见 L. Nocentini, Relazioni russo-cinesi. *Rivista d'Italia*, Anno I, Volume III (1898): 445–446。
④ L. Nocentini, L'Europa e la Cina. *Rivista Geografica Italiana*, anno V, Fasc. II–III, (1898): 1–17.

的地域，这里有用来祭天的神山泰山，孔子生于这里、埋于这里，他的墓地被世世代代的文人拜谒，孟子也出生在这里，这样一片对每个中国人来说都是极其宝贵的土地有一日落入了外国人的手中，可以说是对民族精神的亵渎和玷污，可能会毁掉作为众多民族文明之师的古老中国。①罗声电还预见德国的例子可能具有"传染性"，会导致对海岸线附近新一轮的侵占，引发列强间的矛盾。

（4）对日本对华活动的分析。

对于日本情况的分析，罗声电没有贡献一篇专门的论文，在1896年的《东亚现况》一文中罗声电透露李鸿章和伊藤博文于前一年签订的《马关条约》受到了西方列强的关注，1895年9月22日至27日在罗马举行的第二届意大利地理大会（Congresso Geografico Italiano）上与会者投票支持为保护和发展意大利在东亚的利益而采取措施，但这份来自学者们的投票意见还没有上呈到政府就被埃塞俄比亚问题打断了，就此分散了意大利对于远东的注意。列强都在利用中日战争后形成的局面扩大自身在中国的权益，罗声电自然希望这段停战后相对较为和平的时期也能有利于意大利在中国的贸易和工业设立。他看到当时各国出于最为实用和直接的目的都由商会和政府派使团和领事去寻找建立新市场和租界的合适地方，航运公司负责研究在允许外国商船通航的河流上的新航线，可是意大利政府还没认识到如果经济活动扩展至中国那片广阔而富饶的土地上将带来的利益，因此罗声电认为帮助政府对导致东亚现况的《马关条约》进行一番考察和分析是必要的②。

他认为该条约主要涉及四点：朝鲜独立、租借领土、贸易特权和战争赔款。其中第一点和第二点同时揭示了日俄之间的利益冲突，日本从1868年明治维新后开始的军事改革推进迅速，中日之战的结果证明了

---

① L. Nocentini, L'Europa e la Cina. *Rivista Geografica Italiana*, anno V, Fasc. II-III, (1898): 10-11.
② 参见 L. Nocentini, La situazione presente dell'Asia orientale. *Nuova Antologia*, Serie 4, v. 64, 1 Agosto (1896): 411-413。

改革已经完成。日本看到俄国修筑横贯西伯利亚的铁路对它的朝鲜谋划的威胁，决定先下手为强，战争的胜利使它有了一切资本要求对朝鲜半岛施加不容置疑的影响。日本本来还要求中国出让辽东半岛，但迫于俄国的强大压力，它在这件事上妥协了，作为补偿它获得了台湾岛和澎湖列岛。① 罗声电在这里对朝鲜的国内政治情况和日本企图占据台湾岛的历史分别做了说明。他对日本占领台湾岛后果的分析尤为重要，他认为台湾岛既靠近大陆，又邻近香港和西班牙的领地菲律宾，这样就会让人感到在日本人手里的台湾岛会对该地区构成严重的政治和贸易威胁。如果日本把这里建成一座军港，增建炮台、堡垒和兵工厂，中国、英国和西班牙势必也要被迫增加各自的防御力量。如果日本把这里建成一座大的商港，就有可能将现在汇聚香港的航线转移至此，那么香港的重要性会大为减弱。事实上，在香港的英国人也多次提出抗议，希望伦敦政府能有力地反对日本占领台湾岛，并认为如果保持沉默的话是对英帝国威望的打击。不管怎样，日本人都会大力发展岛上丰富的矿产和农业资源，这也会使台湾岛成为一个大的生产和消费中心。台南和淡水是早在《中英天津条约》签订时就开放的对外通商口岸，台湾岛整个为日本所占有后，中英之间有关这方面的约定就废止了，日本政府赶快在这些港口推行和日本国内港口同样的国际贸易准则，不过仍然保障外国人继续在港口居住和进行贸易。② 对于第三点，罗声电交代了日本一直向清政府施压要求开放湘潭为通商口岸的背景，并分析了湘潭、洞庭湖和湖南优越的自然条件，但由于湖南民意激愤，这一要求没有得到满足，最终在湖广地区开埠的是沙市。另外三个开埠通商的城市重庆、苏州和杭州，罗

---

① 1895年4月17日，中日签订《马关条约》，条约中原本规定清政府要割让辽东半岛给日本，但俄国、法国和德国因认为此款有损三国自身的侵华权益，遂联合起来对日本进行军事威胁和外交干涉，日本当时迫于压力，接受三国要求，归还辽东半岛，史称"三国干涉还辽"事件。日本因此获得清政府额外款项补偿，俗称"赎辽费"。日本虽未能获得辽东半岛，但通过《马关条约》获得了台湾岛及其附属各岛屿和澎湖列岛。

② 参见 L. Nocentini, La situazione presente dell'Asia orientale. *Nuova Antologia*, Serie 4, v. 64, 1 Agosto (1896): 413–419。

声电也对其一一做了介绍,他认为苏州和杭州的开放将进一步提升上海的贸易地位,使其与香港相比肩。① 第四点在他看来也会迫使清政府开放新市场以增加海关税收。除此之外,罗声电也说明了《马关条约》后英、法、俄三国进一步与中国议定的条约和从中取得的权益。

　　罗声电考察的目的是为意大利开拓在中国的殖民经济利益提供事实依据,例如他指出意大利商人大约15年以来都通过其他国家商行从中国进口大量皮革,这些皮革来自西藏地区,经重庆、汉口到达上海,而且进口量逐年增长②,这在前面讲到的他1884年给意大利外交部寄送的上海皮革出口情况报告中已有印证。他认为,重庆的正式开埠将更大地促进意大利进口皮革贸易的发展。上海租界区里在意大利人指导下的缫丝厂也获得了很大发展,蚕茧都是在收获的时节由各厂的经理在无锡附近的产地直接购买,这一情况也同样反映在他1883年的领事报告中。他建议意大利若建立新的缫丝厂可以选择在苏州而非上海,因为按照以往的情况,每年工厂的经理或当地代理商和一些员工都要在一种船屋上度过20多天,往返于上海和江苏的蚕种产地之间进行采购,蚕茧一旦采买完,就要被晾干运回上海,如果缫丝厂建在苏州的话,就省去了这笔不小的旅费,而且建厂的土地费用也要比在上海少得多,当地的人工费也要少得多,这些都将大大降低生产成本。罗声电认为苏州开埠后缫丝厂数量的增加将会很大,随着生产费用的减少,也将会引起欧洲丝织大国的一些改变,意大利工业家不能忽视对这一问题的研究。不管怎样,在中国的丝织中心设立缫丝厂始终会对这些国家有利。杭州附近最大的蚕茧产地是绍兴,但因为距离问题,上海缫丝厂的采买者往往不会到那里去,杭州的开埠也为未来各国扩大在浙江的丝织工业提供更多可能。在罗声电看来数字是最吸引人的,他说中国占据着世界蚕丝产量的第一位,每年出口量在52000包到85000包之间,1893—1894年度

---

① 参见 L. Nocentini, La situazione presente dell'Asia orientale. *Nuova Antologia*, Serie 4, v. 64, 1 Agosto (1896): 429。

② 参见 L. Nocentini, La situazione presente dell'Asia orientale. *Nuova Antologia*, Serie 4, v. 64, 1 Agosto (1896): 427。

仅从上海港出口国外的量就为 65149 包，1894—1895 年度为 58170 包，1895—1896 年度为 59152 包。根据《意大利贸易考察协会简报》(*Bollettino dell'Associazione per l'Esplorazione Commerciale*) 提供的信息和罗声电去信意大利丝织工业和贸易协会（Associazione dell'Industria e del Commercio della Seta）得到的回复，意大利从中国的直接进口量还不到 1 万包，反而从里昂和伦敦市场上购买的中国丝更多，因为价格更优惠①，这正是他强烈建议意大利要像英国、法国和日本那样，也在苏、杭等蚕丝产地附近设厂的原因。

　　罗声电还谈到刚刚结束的李鸿章在欧美主要首都的游历，认为此行将有利于西方列强与中国保持良好关系，但李鸿章没到罗马，再次证明了意大利与中国政治和贸易关系的疏离。如今列强们都争着以各种理由扩大在中国的势力范围，要求租借地、港口和对贸易的便利条件，只有意大利无所作为，在一些重要城市没有领事，少有战船或商船在海面上活动，任由自己国家的贸易往来依赖别国的航运公司，自己的国民受他国保护，没有自己的商行和工业公司，要求助德国或英国公司来购买需要的商品，也从不向中国政府提要求来改善现状，这些表现都让人觉得意大利对中国事务完全无动于衷，这又怎么能让李鸿章有意愿来意大利呢？② 罗声电呼吁意大利应该把对中国的关注提上议事日程，尽快采取一些有直接益处的紧急措施。

　　虽然 1900 年罗声电又为奥地利外交官、旅行家海司（E. von Hesse-Wartegg, 1854—1918）的《中国和日本：经历、研究、观察》(*China und Japan: Erlebnisse, Studien, Beobachtungen*) 一书的意大利文版③写了题为《中国和日本》④的书评，但在其中并没有多少对中日之间双边关系

---

①参见 L. Nocentini, La situazione presente dell'Asia orientale. *Nuova Antologia*, Serie 4, v. 64, 1 Agosto (1896): 430–432。

②参见 L. Nocentini, La situazione presente dell'Asia orientale. *Nuova Antologia*, Serie 4, v. 64, 1 Agosto (1896): 433–435。

③Hesse-Wartegg, E. Cina e Giappone. Il Celeste Impero e l'Impero del Sol nascente. Versione e riduzione con note originali per il capitano Manfredo Camperio. Milano: Ulrico Hoepli, 1900.

④L. Nocentini, Cina e Giappone. *Rivista d'Italia*, anno III (1900): 623–649.

的论述，而仍然是对中国国情和国际时局进行的分析，特别是在书评开头部分他对到那时为止西方有关中国的论著进行了一番总结和分类。他认为这些著作可以划归为三个时期：第一个时期是从传教士的报告开始到鸦片战争结束，此时清政府正式认可了对外通商和外国人在通商口岸居住；第二个时期到《马关条约》签订时为止，以西方人走马观花、千篇一律的游记为主；之后开启了第三个时期，在这一时期有关中国的著作内容发生了很大变化，它们往往需要提供广泛而确切的消息以帮助西方国家增加在中国的贸易和工业利益，巩固政治影响，继而决定行动。[①] 他猜测出版社推出海司这本书的意大利文版是要唤起意大利对西方列强在远东的总体情况的关注，警告意大利如果坚持置身远东事务之外的话将会受到痛苦的打击，但海司的书在他看来并不能实际起到这种作用，因为这本书是在中日战争之前完成的，对中国国内情况及其与西方列强之间关系的认识都不充分，即不符合进入第三个时期的中国研究著作应具备的条件。不过罗声电指出书中有关中国军队和贸易的章节相对来说更能吸引想要了解现今中国和对意大利政府的作为是否适当进行判断的人的注意，他断言最为明智的政府和开通的人民都会有一种坚定不移的看法，即在东亚的海面上将决定西方各国的经济命运。[②] 罗声电认为在他所谓的第三个时期中满足在华活动需求的著作有柯乐洪（A. R. Colquhoun, 1848—1914）的《转变中的中国》（*China in Transformation*）、克劳斯（A. Krause, 1859—1904）的《衰败的中国》（*China in Decay*）、海军司令贝思福（C. Beresford, 1846—1919）的《中国的分裂》（又译《瓜分中国》，*The Break-up of China*）等。[③]

罗声电结合海司书中内容和贝思福的考察记录，详细谈了有关八旗兵和汉兵的人数、建制、武器配备、薪金、地区分布和训练情况，还有北洋水师和南洋水师的舰艇配置、清帝国主要炮台、七大兵工厂、船政

[①] L. Nocentini, Cina e Giappone. *Rivista d'Italia,* anno III (1900): 623-624.
[②] L. Nocentini, Cina e Giappone. *Rivista d'Italia,* anno III (1900): 626-627.
[③] L. Nocentini, Cina e Giappone. *Rivista d'Italia,* anno III (1900): 628.

学堂的情况。他又在海司对晚清贸易情况介绍的基础上，补充了自己对清交通道、货币制度和关税制度的了解，特别是说到铁路时，他慨叹意大利还没有在中国的浙江或别的地方获得任何权益，也没有取得任何修筑铁路或采矿的特许权。① 罗声电认为今日在中国发生的种种事件都缘于它起初确立对外贸易关系的方式，中国是被英国用武力强制打开的对外通商的大门，它的国内贸易条件和各种体制还没准备好适应这一强烈的变化，"中央政府缺乏权威性，财政力和使交通便利、采用造币所来改革货币体制、控制各省政府滥用税收、保障外国人特别是在帝国内没有任何防御能力的传教士的生命和财产的方法。这种不足很快就显示出来，造成了悲惨事件，这些事件通向新的战争和新商议的条约，以巩固和扩大通过《南京条约》所强加的义务，因此使北京政府陷入越来越严重的尴尬中"②。在罗声电看来，中日之间的战争是获得了除俄国之外的西方列强的支持的，因为中国的衰弱和日本使它在自尊上遭受的耻辱让它们十分相信能夺取新的租借地。俄国大胆夺取中国领土的举动给了西方列强信号，每个国家都默契地选择了自己的活动领域，或是扩大已取得的土地，或是租借东部海岸的某处地方，而无力反抗的中国满足了它们的每个要求，与俄国、英国、德国、美国和比利时签署了每一个租地的条约，却只反对了意大利。罗声电鼓吹在意大利要有更多的人了解或想要了解国家扩展贸易的需要和方法，清楚地看到国家殖民政治如今经历的艰难时刻，他认为这是每个意大利人应该从心底迸发出的愿望。他的结论即是意大利若不想沦落为其他国家的经济附庸，就必须像其他国家一样在中国进行殖民，意大利政府要利用现在的时机弥补由于对中国的人和事缺少认识而对国家造成的损失。同时中国在这些国家的活动之下也将"贯穿铁路，开放矿山，改组军队，整顿行政，增加公共收入，复兴生机勃勃的新生活"③。

---

① L. Nocentini, Cina e Giappone. *Rivista d'Italia,* anno III (1900): 638–639.
② L. Nocentini, Cina e Giappone. *Rivista d'Italia,* anno III (1900): 647–648.
③ 参见 L. Nocentini, Cina e Giappone. *Rivista d'Italia,* anno III (1900): 648–649。

从这篇书评中可以看出罗声电对意大利应该在远东,特别是中国进行殖民扩张和开辟市场的呼声在10年中变得越来越迫切了,这是因为一方面国际形势的不断发展和刺激,欧美和日本在中国瓜分势力范围和攫取各种特权的活动愈演愈烈,而意大利却步步受挫,很难有插脚的地方;另一方面意大利在19世纪最后10年中,国内的经济危机和政治危机也不断加重,这些危机亟须转移。罗声电所秉持的态度与之前相一致,他对晚清中国丧失主权的命运有所同情,但这种同情需让位于意大利的国家和民族利益,他的殖民观没有变,他认为西方列强能为中国带来先进文明、对它实现改造的西方中心论观点也没有变化,甚至可以说是根深蒂固的,他美化了侵略行径和文化殖民,回避了殖民主义给被殖民国家和人民带来的破坏和伤害问题。罗声电认为即使意大利在三门湾事件上失败了,应该要做的也不是停止进一步行动,而是总结教训,继续在这方面争取和努力,因为这是意大利为了自身发展唯一能走的路,别无他选。那么在罗声电看来意大利究竟能在中国实现什么样的利益呢?他在多部论著当中也反复探讨了这个问题。

3. 意大利在中国的利益

(1)意大利在华利益的有关方面。

首先,在前面提到的第二届意大利地理大会上罗声电作了《由最近发生在远东的政治事件可期待的结果——对于欧洲,特别是意大利的经贸利益》(Delle conseguenze che possono aspettarsi dai recenti avvenimenti politici che si sono svolti nell'Estremo Oriente, per gli interessi commerciali ed economici dell'Europa e specialmente dell'Italia)的会议报告,与会的殖民地问题专家们受报告启发,决定通过一项旨在维护和发展意大利在远东贸易利益的决议,它有如下几方面内容:①根据东方的特殊需要,增加和改组领事人员;②在下一年(1896)续订《意朝条约》以改进现有安排,获取在半岛建立工业企业的权利;③邀请在东方的领事人员提供总体和专门的贸易消息,在意大利大为传播;④在意大利工业和贸易中心的关注对外关系发展的商会和协会中设立信息办公室。他们还希望在私人的发起下能尽快在上海兴起重要的商行，以及意大利的蒸汽船舶能用自己的办法创立一条从热那亚到横滨的新航线。这份决议虽然没有得到在政府层面的实行，但受到了当时的驻华公使巴尔迪（A. Bardi）等个别使领馆人员的重视，对中国市场一无所知的意大利工业家通过他们获得了必要的信息，使得意大利对中国的贸易有一定的增加。这些工业家要求在中国的主要城市都设立领事，以获取他们不知道的有关市场情况的消息。[1]

此后一篇集中阐述意大利在中国实现经济和政治利益的必要性和紧要性的论文是1896年的《意大利在中国的利益》[2]，在文中罗声电指出意大利必须发展自己的对华殖民政策，政府的漠然正在损害意大利的经济，因为进行贸易的人将大量的关税付给了其他国家，英国就掌握着同中国进出口贸易的60%和相应的关税利润。[3]罗声电特别希望政府的在华干预能在一定程度上阻止意大利丝织工业在英国、法国和日本竞争下走向衰退，因此他提出可以通过控制浙江来实现这一目的。他描绘浙江是中国最富裕的省份之一，富有石油、铁和铜，出产漆木、纸张和绿茶，还有著名的丝织工业，主要的中心在杭州，有大约6万工人。他强调控制浙江不仅有利于意大利保护和支持国家的丝织工业，而且如果因此建立一条中意之间的直航线路将允许意大利收回对运往国内的商品的关税征收，还可以通过增设领事馆来保护意大利天主教传教士，增强意大利的国家威望。[4]罗声电相信意大利在地理位置上具备其他欧洲国家所没有的优势，它位于地中海中央，靠近亚洲和中欧，如果意大利政府负责任地支持企业家对中国进行投资，将帮助国民工业实现繁荣，国家

---

[1] 参见 L. Nocentini, L'Europa e la Cina. *Rivista geografica italiana*, anno V, Fasc. II–III, (1898): 14–16。

[2] L. Nocentini, Gli interessi italiani nella Cina. *Rivista di Studi Geografici e Coloniali*, anno III, Fasc. X (1896): 1–18.

[3] L. Nocentini, Gli interessi italiani nella Cina. *Rivista di Studi Geografici e Coloniali*, anno III, Fasc. X (1896): 10.

[4] L. Nocentini, Gli interessi italiani nella Cina. *Rivista di Studi Geografici e Coloniali*, anno III, Fasc. X (1896): 13, 16–18.

因此会强大幸福。如果错过了与中国进行贸易的最后机会的话，意大利将不再能"恢复在殖民主义之路上的尊严"。①

1899年，意大利政府决定向中国要求租借浙江三门湾、参与到东亚争夺中来，被罗声电看成其认识到了"获得幸福的路径和保持建设一个繁荣强大的祖国的崇高理想的表现"。②当年意大利地理和殖民地研究学会邀请身为罗马大学教授的罗声电担任学会主席，为此他在该学会作《意大利和中国》的报告，谈了意大利应该在中国采取的行动。与他以往的观点相一致，他认为在中国存在着意大利的利益，并且这种利益在逐日增加。第一是意大利传教士，方济各会会士和嘉诺撒仁爱会修女超过百人，如果政府坚定地保护他们，他们将成为扩展意大利利益的有益力量；第二是在上海、吴淞和苏州由意大利人经营或投资的缫丝厂；第三是在西江和广州到香港间的意大利轮船的航运；第四是由米兰的康采恩和都灵的工业联合会在中国建立的商业代理处；第五是在英国和意大利合作创立的辛迪加（Sindacato Anglo-Italiano）工作的意大利工程师，尽管他们的作用十分有限。罗声电再一次强调了发展意大利到中国的航运的重要性，因为当时的海关统计不依据货物来源地或到达地，而是依据船运公司的国籍，到达热那亚、威尼斯、那不勒斯和布林迪西港的货物由于是由外国船运公司③承运的，不被算作本国海关贸易数据。如果能有自己的航运线路，不论是运输本国货物，还是承运外国货物，都将计入意大利的贸易额。英国海关收入之丰不是因为那些进出口贸易都是英国的，而恰恰是因为大部分轮船都是由它发往东亚各个港口。④

罗声电推崇英国的自由贸易政策，在他看来这比俄国的领土攻占策略要更有价值，当时英国领土面积是俄国的1/4多，人口却是俄国的13

---

① L. Nocentini, Gli interessi italiani nella Cina. *Rivista di Studi Geografici e Coloniali*, anno III, Fasc. X (1896): 12-13.

② 参见 L. Nocentini, L'Italia e la Cina. *Rivista Geografica Italiana*, a. 6, Fasc. 6 (1899): 1。

③ 主要有德国的北德意志劳埃德公司（Norddeutscher Lloyd）、英国的半岛和东方蒸汽航运公司（Peninsular and Oriental Steam Navigation Company）等。

④ 参见 L. Nocentini, L'Italia e la Cina. *Rivista Geografica Italiana*, a. 6, Fasc. 6 (1899): 9-10。

倍，英国的亚洲殖民地的贸易额为每年 40 亿里拉，再加上其他国家的殖民地贡献给英海关的贸易额总共为 52 亿里拉，而其他国家的贸易总额仅为 3 亿里拉。① 罗声电认为从古罗马时代到现代的世界历史证明了每个国家走向繁荣和强大都是由于贸易的发展，而走向衰败也是缘于贸易的减少。贸易衰落时，艺术和科学也随之黯淡；贸易重生时，知识、文学和艺术也随之复兴。② 他希望意大利学习英国，像历史上那样走自由贸易之路，发展海上力量，利用自己有利的地理条件，通过和远东的贸易关系推动国内工业生产以及物质和精神的繁荣。因此，如果能占领浙江沿海，把它变为势力范围将对意大利十分重要。

罗声电分析了浙江、甘肃和贵州是当时中国仅剩的三个未成为列强势力范围的省份，而浙江省对于意大利最为合适。在对浙江省的地理位置、面积和行政划分、地形地貌、气候、人口、少数民族、自然资源、植物、动物、主要城市和工业、太湖、钱塘江、大运河等进行了全面介绍的基础上，罗声电具体说明了意大利政府选择租借三门湾的目的：从地形上来说，被群山环抱的海湾可以很好地容留和隐蔽舰船，湾口又有多座小岛作屏障；从地理位置上来说，它与台州湾和温州湾相连，且位于浙江海岸线的中间，可以吸引全省的贸易，如果从石浦港直接通航到热那亚，行程和费用都会缩减，届时浙江全省的贸易都可以汇集到热那亚港，如果意大利能通过铁路将势力范围扩展到浙江周边地区，将会吸纳更多贸易。但光开通贸易是不够的，罗声电认为还要通过向浙江引入欧洲的方法来改进生产。总之，选育蚕种，建立缫丝厂，为丝上色，建棉纺织厂，从芝麻和菜豆中提炼油，采茶，开矿，利用木材、铁和煤，修筑铁路等都是意大利可以在浙江追求利益的领域，在公共事务上，意大利可以帮助浙江省推行行政和军事改革。③ 至于意大利能否做成这些事，要取决于它的准备工作是否充分，计划是否切实可行，资本家和工业家对此的认识是否深入，其他

---

① 参见 L. Nocentini, L'Italia e la Cina. *Rivista Geografica Italiana*, a. 6, Fasc. 6 (1899): 6。
② 参见 L. Nocentini, L'Italia e la Cina. *Rivista Geografica Italiana*, a. 6, Fasc. 6 (1899): 11。
③ 参见 L. Nocentini, L'Italia e la Cina. *Rivista Geografica Italiana*, a. 6, Fasc. 6 (1899): 20—22。

列强是否有所阻挠以及清政府的态度等多方面因素。但对于清政府的态度罗声电估计错误了，他抱有了过分乐观的信心，认为中国人已经掀起改革运动，有了求改革和进步的思想，如果在欧洲人的活动中发现有益之处，就会欣然接受外国的影响，而清廷也不会拒绝意大利的要求，因为它只有依仗欧洲人才能延续自己的存在，其统治才不会被叛乱推翻①。只是最终的事实证明，意大利租借三门湾的行动没有成功，这一结果可以说出乎了罗声电的预料，带给了他很大失望。

（2）意大利对华活动遇阻的原因及对策。

当时意大利政府对在东亚开拓殖民地和进行贸易表现不力的根本原因在罗声电看来是缺乏了解、受错误认识的支配，导致决策迟缓、行动不坚决，其中也有"黄祸论"的影响。一些反对派保守势力害怕意大利占领三门湾会招致中国人的暴乱，而且害怕如果中国人涌入意大利的工厂，将给经济带来损害。在19世纪末到20世纪初，"黄祸论"在欧美甚嚣尘上，罗声电虽然主张殖民扩张，但对这种极端民族主义的理论并不赞同，并给予了驳斥。在《意大利在中国的行动》②一文中，他指出中国人具有无可争辩的美德，热爱创新、节俭、勤劳，西方人看到的一些中国人的恶习实际上来自官员的贪婪和腐化，而出于人道感情，应该让中国人也享受到西方法律和制度的庇护，每个民族在人类大家庭中都有其位置。③三门湾事件失利之后，罗声电认为意大利应该支持美国政府提出的在中国实行"门户开放"的政策，这样意大利的海上力量才有重振雄风的可能性，事实也是这一次意大利政府认为美国提出的要求对它有利无损，1900年1月它表示无条件欣然接受美国的建议。罗声电还主张意大利不佳的财政状况和公共债务问题正是要靠推动贸易、确保外国市场、将资金用于生产性花费来解决，因此殖民地的行动应优先于整顿财政的工作。而获得殖民地的话首要任务之一就是鼓励中产阶级进行移民，因为这些人善于接受管理，能为

---

① 参见 L. Nocentini, L'Italia e la Cina. *Rivista Geografica Italiana,* a. 6, Fasc. 6 (1899): 22-23。
② L. Nocentini, L'azione italiana in Cina. *Rivista Politica e Letteraria,* maggio (1899): 3-16。
③ L. Nocentini, L'azione italiana in Cina. *Rivista Politica e Letteraria,* maggio (1899): 6-7。

国家创造一流的效益，如果使他们更好地了解当地的生产和市场的话，将促成国民工业和贸易的增长，在殖民地和母国之间缔结起坚固的联系，英国就是可效仿之师。英国的商人、工厂主和自由职业者移民殖民地，为留在国内的工人谋得工作，增加生产，也确保了移民者自身的福利，这可能是在国内很难获得的，这些人才是英国强大和繁荣的真正原因。因此意大利如果想要在经济上复兴的话，就要制定一个贸易和殖民地政治规划，坚定、强干地去实践它，这是唯一能走的路。[1]

罗声电从担任驻华外交官开始，经过20年的持续关注和研究，形成了自己对于围绕中国问题的国际局势和国家间关系的整体认识，建构了自己的一套殖民话语。集他的上述研究大成的是他的专著——1904年出版的《欧洲在远东及意大利利益在中国》[2]，他在书中再次强调他的两个目的：一是通过对从古至今西方和亚洲之间的关系进行总体概述，使读者能正确评价近年来在远东发生的一系列事件，特别唤起他们对中国的注意；二是通过对比意大利的行动和其他国家的行动来证明意大利当权者在关涉海外利益的一切事务上表现得是多么的被动。[3]全书分为十章，涉及中欧间早期的贸易关系，近代后欧洲人在中国海岸线上的商业、军事和外交活动，欧洲人在中国以南的印度和印度支那的殖民情况，俄国在中国北方的领土扩张，欧洲人在日本和朝鲜的活动，中日战争及其后果，意大利在中国的行动，戊戌变法和义和团运动，西方文明在中国的渗透等内容，书的最后还附有中国同列强签订的条约一览表和1902年中国开放的港口及贸易量一览表。实际上该书是罗声电在陈述历史的基础上，对自己以往在多篇论文中就有关问题表达的主要观点的更成体系的、更全面的整合，引证也更加丰富，一些论据体现了20世纪最初几年里国际政治和经济形势的新的发展和变化。如在谈到高度自

---

[1] L. Nocentini, L'azione italiana in Cina. *Rivista Politica e Letteraria,* maggio (1899): 15–16.

[2] L. Nocentini, *L'Europa nell'Estremo Oriente e gl'Interessi dell'Italia in Cina.* Milano: Hoepli, 1904.

[3] L. Nocentini, *L'Europa nell'Estremo Oriente e gl'Interessi dell'Italia in Cina.* Milano: Hoepli, 1904: Prefazione.

由主义的贸易政策的优势时,罗声电再次用英国的数据来说明,此时英国在亚洲的贸易额已经增长到约 80 亿里拉,其他国家的总贸易额达到 20 亿里拉①,比他在 5 年前的报告《意大利和中国》中提供的数字有了大幅提高。再如,他注意到日俄之间的一场大战正在酝酿中,俄国在满洲尤其是在朝鲜取得租借地的行动让想要在朝鲜享有绝对优势的日本极为担心②,但日本的军事实力也有进一步的增长,它不仅与和俄国有宿仇的英国签订密约,成为英国在东亚的盟友,在各自维持在中国和朝鲜利益上达成一致,而且其自身的舰队在东亚水域也足以威胁任何欧洲国家的舰队,它的部队可以在 48 小时内完成组织动员和上舰,在宣战 5 天至 6 天内登陆西伯利亚或满洲海岸,它的鱼雷快艇负责保卫该水域上的岛屿,其实力已强过俄国③,这场战争一旦爆发,很可能演变成一场以英日和俄法两个联盟为中心的世界大战。

(3)意大利对华活动取得的一些进展。

意大利在同其他列强一起参与了镇压义和团的行动后,终于在天津取得了一处租界,而后天津和汉口有了意大利本国的专门领事。米兰殖民银行(Banca Coloniale di Milano)在上海开办了分行,意大利商会也在中国设立起来。④由意大利传教团负责的天主教中国教区除香港外从原来的 8 个上升至 12 个,分别为河南北部、河南南部、陕西北部、陕西南部、山西北部、山西南部、山东北部、山东东部、湖南南部、湖北东部、湖北西北部、湖北西南部教区,其中河南省的两个教区由米兰外方传教会教士负责,其余由方济各会会士负责。⑤1901 年 1 月 31 日,

---

① L. Nocentini, *L'Europa nell'Estremo Oriente e gl'Interessi dell'Italia in Cina.* Milano: Hoepli, 1904: 296-297.

② L. Nocentini, *L'Europa nell'Estremo Oriente e gl'Interessi dell'Italia in Cina.* Milano: Hoepli, 1904: 261.

③ L. Nocentini, *L'Europa nell'Estremo Oriente e gl'Interessi dell'Italia in Cina.* Milano: Hoepli, 1904: 298.

④ 参见 L. Nocentini, *L'Europa nell'Estremo Oriente e gl'Interessi dell'Italia in Cina.* Milano: Hoepli, 1904: 191。

⑤ 参见 L. Nocentini, *L'Europa nell'Estremo Oriente e gl'Interessi dell'Italia in Cina.* Milano: Hoepli, 1904: 203。

意大利出台的有关移民的法律对学习传教的志愿生给予了优待，条款规定他们可以在和平时期将服兵役的时间推迟到满26周岁，如果他们满足外交部规定的条件、以传教士的身份前往国外的话，也将享受与出生和旅居国外的意大利人同样的优待。①可以说罗声电长期以来最关心的几大问题，也就是他认为意大利在中国的几大利益问题部分地得到了解决，但还有一些事情没有太大进展：英意辛迪加的意大利工程师在山西省指挥修建铁路的工作因为义和团运动中断了②；1901年，意大利航运部门派出视察员考察远东，提出要开通从热那亚到上海航线，中途停靠科伦坡时分流一部分乘客和货物到澳大利亚，可该计划还没有被上呈至议会就搁浅了。罗声电指出没有必要一定要满足客货两运的需求，可以先发展主要用于货运的较小吨位的轮船运输，这样建造成本也较低，意大利通航远东的目标也比较容易实现，政府在给予补助时不应该只想着保障股东的收益，更应该着眼于增加国家的财富。③

总体来说，罗声电在《欧洲在远东及意大利利益在中国》这本著作中显露的是对意大利政府的批评态度，他希冀意大利能学习英国的榜样，始终从发展和捍卫国家经济和政治利益着眼，而不是一直受党派斗争的牵制陷入泥潭中，以致牺牲掉国家的未来。

罗声电见证了清末中意外交关系发展的一段很不完备的时期，在这一时期有时意大利驻华公使只是名誉性的，有时担任领事或代理领事的并非合格的专业人员，也并非意大利人，作为专门研究中国事务的意大利汉学家，罗声电却很遗憾地没有在代理领事的职务上工作很长时间。他认为一些外交问题的处理在某种程度上常常取决于外交人员的共情，而不是协定和条约的干巴巴、冷冰冰的话语，但是共情要在外交人员对

---

① 参见 L. Nocentini, *L'Europa nell'Estremo Oriente e gl'Interessi dell'Italia in Cina.* Milano: Hoepli, 1904: 206–207。

② 参见 L. Nocentini, *L'Europa nell'Estremo Oriente e gl'Interessi dell'Italia in Cina.* Milano: Hoepli, 1904: 194。

③ 参见 L. Nocentini, *L'Europa nell'Estremo Oriente e gl'Interessi dell'Italia in Cina.* Milano: Hoepli, 1904: 190–191。

派驻国的语言、风俗、习惯、制度和历史熟悉的基础上才能获得。英国的很多外交官都能出版分析中国政治和贸易情况的论著，可以直接为英国发展在华利益指明道路，在意大利就缺乏旨在启发工业家和商人重视中国市场的出版物，领事们发送给外交部的报告尽管有时会刊登在公报上，但传播范围有限，起不到推动工业家去考察新的产品销路和原材料市场的作用。他希望报纸或杂志的文章以及游记类的著作能更多地向意大利生产者渗透他们以前没有的知识，激起他们从官方出版物和商会等部门获取更准确消息的愿望，从而可以派考察团到中国实地考察[1]，这也是罗声电在结束了外交生涯并成为汉学教授后在各类报刊、会议上发表大量有关中国和东亚现况、中国和欧洲间国际关系和国际时局问题的论著的原因，在19世纪末和20世纪初欧洲这一学术领域他作为意大利的代表，发出了意大利的声音。

对于中国来说，这是一段十分动荡的时期，它的版图逐渐为西方列强和日本所瓜分，而意大利则经历了19世纪80年代的工业起飞和扩张以及90年代的严重危机，在罗声电看来意大利本应在中国实现更大的利益或找到解决危机的出路。意大利曾有公开干预法国以收回对它本国传教士保护权的机会，很多意大利人到中国作为英意辛迪加的工程师或缫丝厂和纺纱厂的专家和经理工作，它也有借此大力发展对外贸易的机会，但它因为非洲忽视了中国，错过了这些机遇。罗声电常常引用意大利建国元勋马志尼支持殖民主义的话来抗议意大利政府的不作为，同时表明自己的立场，正如德·安杰利所说，"诺臣蒂尼的言论证明了他对左派理想的信念：将殖民政策优先于预算平衡之上，并为了国民经济的发展向本国企业家提供国家支持……诺臣蒂尼在他的整个职业生涯中用左派的政治视角认清了意大利的命运"[2]，但意大利的海外政策带给他的

---

[1] 参见L. Nocentini, *L'Europa nell'Estremo Oriente e gl'Interessi dell'Italia in Cina.* Milano: Hoepli, 1904: 183–185。

[2] A. D. Angeli, At the Dawn of Modern Italo-Chinese Relations: Ludovico Nocentini's Experience. In *Italy's Encounters with Modern China. Imperial Dreams, Strategic Ambitions*, a cura di M. Marinelli e G. Andornino. New York: Palgrave MacMillan, 2014: 42.

只有进一步的失望和幻灭。

在资本主义世界殖民体系的发展背景下,作为汉学家的罗声电仍不可避免地构建了他的殖民观,罗声电将解决意大利本国经济和政治问题的希望寄托于对中国的殖民扩张中,抱有征服者的心态,忽视了殖民活动将给殖民地人民带来的巨大灾难。他不能跳脱出西方支配性的殖民话语,对于他的思想矛盾和局限应当给予理性、辩证和审慎的认识。

第四章　罗声电的中国观：
《在东亚——印象和游记》
以及对于中国政治、社会、经济的研究

19世纪末20世纪初，资本主义世界殖民体系的最终形成裹挟、搅动着复兴的意大利的国家发展，因为这一原因再加上自身外交工作经历的影响，罗声电更多地聚焦于探讨意大利如何能在纷繁复杂的国际形势中找到走出困境、在世界舞台上树立威信的办法，而他给出的答案是中国市场。尽管他对于国际关系和中国的外部环境的论著较多，但他也从未忽视对中国内部特定的政治制度、经济状况、社会现象、民风民情等的了解、思考和研究，在中国的直接经历更深化了他的各方面认识，也正是在这种对晚清中国的深入体悟的基础上，才有了他对于意大利应该在中国谋求利益及如何谋求利益的判断。

比较集中体现罗声电对晚清中国全面认识的一本著作是他回意大利后于1894年出版的《在东亚——印象和游记》[①]。罗声电以历史研究的视野和文学性的笔法翔实描述了他1883—1887年渡过大洋，途经东南亚，来到东亚的航行经历，以及在东亚多个城市生活的观察和感受，全书分为24章，其中包括对锡兰岛、新加坡、西贡、香港、上海、汉口、天津、北京、汉城、东京（日本）等地区和城市历史、地理、贸易、风俗和居民生活的细致考察[②]，以及对19世纪下半叶在西方殖民扩张影响下

[①] L. Nocentini, *Nell'Asia Orientale. Impressioni e Note di Viaggio*. Firenze: successori Le Monnier, 1894.

[②] 锡兰岛今称斯里兰卡岛，西贡即今越南胡志明市，汉城即今韩国首尔市。

东亚社会各个方面特点的深入思考。对于中国的评价占了全书的大部分，除了介绍中国城市的风貌和民情之外，还展示了中国的哲学、宗教、文学、政治制度、科举制度、经济形态、近代化进程、婚嫁丧葬等方面，也从侧面反映了太平天国运动对晚清社会造成的巨大影响，构成了一幅19世纪晚清中国的生动图景。《在东亚——印象和游记》一书虽然不是纯粹的学术著作，但也并非简单的回忆录或游记散文，而是将系统的、理论的思考和文学书写很好地融合在一起的一部重要作品。除此之外，罗声电在早年发表的《中国女人》和后来的《中国铁路》《中国人之间的结社精神》《苏州城和它的丝织工业》《秘密会社和中国王朝》《欧洲在远东及意大利利益在中国》等论著也是他对于中国的妇女问题、传统文化问题、传统经济和近代化发展问题、秘密结社组织和农民运动问题、资产阶级政治运动问题等进行研究的有益成果。

一、晚清中国政治制度

罗声电在《在东亚——印象和游记》中概括了他眼中的晚清中国政治制度的主要特征：以孝道为基点；政府机构人员组织形式相对简单；皇帝以维持和平和秩序为主要职责；中央对各省的管理十分松散；官员贪污贿赂和装门面之风盛行；选拔官员不计出身并有一套教育和考选程序。[①] 可以说他的概括是比较准确的，作为政治制度核心的孝道反映出宗法关系和儒家学术思想对古代政治制度建设的长期、深刻的影响，父权的观念渗入国家政治制度中，居家为孝，事君为忠，借助父权来加强君权和行政权，随后儒家经典成为君主专制制度的理论基础，政治制度与伦理道德结合在一起。相比于西方政治体制中的政府组织结构来说，中国行政机构的架构不那么复杂。罗声电做了进一步说明，组成中央政府的职能部门可以分成两类：辅佐皇帝个人的部门和更直接地监管各省及藩属国的部门。第一类

---

① 参见 L. Nocentini, *Nell'Asia Orientale. Impressioni e Note di Viaggio*. Firenze: successori Le Monnier, 1894: 104–105。

主要包括军机处和大学士内阁，在设立了军机处之后，内阁几乎失去了意义。1860年《北京条约》签订后，由于允许外国使团进入北京，于是又在皇城外设了总理各国事务衙门。第二类包括吏、户、礼、兵、刑、工六个职权分明的部门，后来又增加了海军衙门。全国分为18个行省，每个省下分道、府（州）、县，在东北边疆、蒙古、新疆和西藏设将军辖区或办事大臣辖区，行政体制与内地不同。公共行政的最显著特色就是不同的职权常常汇集到同一个人身上，他可以同时兼任或连续担任法官、军队武官、税官，因此公职人员数量不像西方行政制度中的那么众多。①罗声电还敏锐地注意到晚清中央集权的弱化，在镇压太平天国运动中，地方军事化的出现扩大了地方士绅的权力，开展洋务运动时中央又把改革权力下放到地方督抚，更加造就了地方利益，导致了中央和地方的疏离，中央政府无法对地方实行有效领导，省的行政职能大大扩展，独立意识兴起，逐渐形成了自己的财税体系、军事体系和外交体系，极大削弱了中央集权。②罗声电看到当时中央派驻各省的官员很少，仅有的这些官员还常常与各省督抚相互勾结，渎职腐化现象严重，这是晚清官僚政治腐败的表现。中国的官僚政治还有一套完善的考选制度，他也看到这种制度有一定的积极作用，即改善了用人制度，使得一些真正有才识的读书人能有机会到各级政府中担任职务，促进了社会公平公正和重学风气的形成。他用中国人中流传的诗句"将相本无种，男儿当自强"来说明在科举取仕上是不存在阶层和出身的分别的。当这套可以称为中国国家大典的科举制度在晚清面临不可避免的改革时，搅动了朝野上下每个人的利益，如果儒家学说不再享有绝对的统治地位，现有政治制度的整个根基就被撼动了，被迫邀游在其他领域的思想会引起所有制度的深刻和本质的变化，并为这些制度寻找新的基础。但中国近代社会的急剧动荡和西方文明所带来的近代化浪潮，已经

---

① 参见 L. Nocentini, *Nell'Asia Orientale. Impressioni e Note di Viaggio*. Firenze: successori Le Monnier, 1894: 195–197。

② 参见刘伟：《重新认识晚清中央权威衰落的原因》，《华中师范大学学报（人文社会科学版）》1998年第6期，第41—47页。

使清政府和人民不可能再继续使用弊端尽显的旧制度,这个改革直至废弃的过程充满了矛盾和斗争。

在《欧洲在远东及意大利利益在中国》中,罗声电继续关注于晚清政治制度的最新变化,虽然清朝统治者渴望平静地生活在祖先留下的制度中,敌视可能会削弱他们权威的任何西式的改革,但甲午中日战争的耻辱已经使年轻的光绪帝意识到帝国处于严酷局面,他要求学习西方的学科和制度,准备着手改革。罗声电总结戊戌维新改革的主要内容有改组军队、建立新学、设立议会制度。但对如此彻底和快速的变革,帝国显然还没有做好准备,康有为认为在邻国日本能实行的改革在中国也同样能实行,却没有仔细考察两国国内情况的差异有多大,在日本成功的改革在中国是不成熟的,与人民的思想和需要冲突强烈。① 按照康有为的想法进行军队的改组不仅会引起整个帝国内的军事暴动,真的推行起来也异常艰巨,教育改革给知识阶层带来的震动也不亚于秦始皇焚书坑儒的影响。议会的创立尤为仓促,中国的民众对西方的公共政治生活还完全没有概念,只要地方政府能给居民提供平静、安全的环境,不征收过多赋税,他们并不关心官府里发生了什么,也不关心皇权是如何运作的。② 因此,政治制度的改革没有实质上的进展,但这场运动对中国社会还是起到了思想启蒙的作用。

二、晚清中国社会现象

1. 妇女问题

罗声电认识到中国人的婚姻关系不是建立在爱情基础上,而是建立在义务基础上,婚姻的目的不在于两个相爱的人的自然结合,而在于子嗣的延续。女性地位大大低于男性,女儿需受父亲支配,妻子需受丈夫

---

① 参见 L. Nocentini, *L'Europa nell'Estremo Oriente e gl'Interessi dell'Italia in Cina.* Milano: Hoepli, 1904: 224–225。

② 参见 L. Nocentini, *L'Europa nell'Estremo Oriente e gl'Interessi dell'Italia in Cina.* Milano: Hoepli, 1904: 227–229。

支配，寡母需受长子支配，妾的产生最能体现对生育的看重和男尊女卑的社会观念。但因为中国视家庭为社会秩序的根基，女性在家庭中又往往发挥着不可忽视的作用。①

（1）妓女。

罗声电记叙上海开埠后，在租界中的外国人纳中国女人为妾是被默许的，但生的孩子不被法律承认，男孩儿会跟母亲生活在一起，完全接受中国习俗，女孩儿或由母亲抚养长大，或被卖到妓院，再被妓院转卖给他人做妾。有的父亲为了避免女儿做妓女的命运，会把孩子送到徐家汇的修女院去，让修女们教育她、给她找婆家。②上海自开口通商后，随着商业的繁荣、人口的聚集，特别是大量女性流民的流入，"这里的娼妓业也很快兴旺起来，在短短的二三十年间，发展成为江浙一带乃至全国娼妓业最为兴旺的地区"③。罗声电用了不少笔墨来描述租界中的这一现象，整条福州路（又叫四马路）都做的是这种堕落的生意，"每当青楼的客人们来的时候，优雅的美人鱼们便微微低首，好像要入洞房的处女一样……她们通常都善抚琴吟唱；以令人钦佩的熟练玩猜拳，很会用活泼和卖弄风骚保持热烈的谈话氛围……让她们陪着去戏院或宴席上坐一刻钟要付12到15里拉。她们全部操苏州方言，即使不是生在苏州的也说。她们梳着苏州女人的发式，脚非常非常小……她们经常乘马车在静安寺涌泉兜风，陪着她们的有一个女仆，手里少不了拿着银质的蒙古烟斗，她们会凑上嘴唇吸几口烟，还有等着她们去茶馆的爱慕者和朋友。这些人肆意地大笑而过。当在大街上发现被某个欧洲人注视，她们会立刻用刺绣的彩色丝绸手绢遮住脸，不让人看见她们开玩笑似的微笑"④。静安寺路上有时会有上百辆马车，停靠

---

① 参见 L. Nocentini, *Nell'Asia Orientale. Impressioni e Note di Viaggio.* Firenze: successori Le Monnier, 1894: 103–104。

② 参见 L. Nocentini, *Nell'Asia Orientale. Impressioni e Note di Viaggio.* Firenze: successori Le Monnier, 1894: 73。

③ 李长莉：《晚清上海社会的变迁——生活与伦理的近代化》，天津人民出版社2002年版，第316页。

④ L. Nocentini, *Nell'Asia orientale. Impressioni e note di viaggio.* Firenze: successori Le Monnier, 1894: 78–79.

在茶楼和寺庙前面,"黄昏时分由于涌向那里的人潮,路几乎无法通行。众多的轿子将名妓们从一地送到另一地,人力车和马车也加重了通行的困难。无数的酒馆、茶馆、烟馆和赌馆在挂在游廊和大厅棚顶的大红灯笼的华丽照射下投射出一种光来,与煤气灯和公共租界政府供应的电灯灯光混合在一起,产生一种迷幻的景象"①。娼妓业的兴盛离不开租界当局的庇护纵容,罗声电流露出对这一现象的鄙视态度,但娼妓业成为女性谋生的一种职业是晚清上海特殊的社会生活环境造成的,在当时也有存在的合理性,一些女性还得到了社会舆论的同情。

(2)缠足。

罗声电还在《在东亚——印象和游记》中详细描述了自己在汉口参观由米兰嘉诺撒仁爱女修会设立的育婴堂的情景,该育婴堂收留抚养的女童有几百人,有时也达到过上千人,他着重谈了中国女性自小缠足的陋习,也对中国人重男轻女的现象发表了自己的看法。当时修女告诉他女童如果不缠足就没有出路,也就是没法嫁人。这样萎缩的脚被诗意化地称作三寸金莲,中国人以女人缠足后步态摇摇欲倒、神色疲弱、楚楚可怜为美,可能也想用此强制女人留在家中,但中国人也无法准确地说出这一习俗兴起的时代和原因。这一习俗在欧洲人眼中是中国人的文化劣根性和野蛮性的一个表现,但中国人也用欧洲女人束胸导致胸部变形的事实来反驳。罗声电无法探查人们追求一种对大自然的作品进行破坏和损害后的人造畸形美的原因,但是他肯定无论是欧洲女人的束胸还是中国女人的缠足都对身心健康没有好处。他还注意到社会下层的妇女出于劳动的需要,缠足的程度反而不如富贵人家的女子,后者常常到了没有支撑物就无法走路的地步。因此在妇女缠足一事上有贫富之分,但所有的女孩儿无一幸免于这种折磨。罗声电认为育婴堂中收留的大量女童说明了抛弃女婴的情况比较严重,而这样的行为是由极端的贫困和根深蒂固的重男轻女思想造成的。当地的公共慈善机构或传教团体可以为她

---

① L. Nocentini, *Nell'Asia Orientale. Impressioni e Note di Viaggio*. Firenze: successori Le Monnier, 1894: 80.

们提供庇护。对男孩儿的情况就完全不同,他说清法典有明确规定,对由祖父母造成的杀男婴行为会处以 100 竹板的惩罚;若是父母亲犯的过错,则处以 160 竹板及一年的流放。之后为了预防这种罪行,在一些城市建有孤儿院,收留还在吃奶的孤儿或非常贫穷的家庭的男孩儿。而且据他考证,早在周朝时就出现了此类机构,汉朝时国家还会为他们分配供给品,天主教和新教传教会为被抛弃的女童建收容所,实际上是为在中国业已存在的一种制度扩充了对象。在一般家庭,男孩儿是家庭中最宝贵的财富,全家人的关心和钟爱都在传宗接代的男孩儿身上,有男孩儿出生,家里都会庆贺,孩子的父亲会邀请朋友熟人前来参加满月礼,这些亲朋则带来钱作为贺礼。①

(3)女性地位。

事实上,罗声电对中国女性的关注由来已久,他在 1879 年发表的第一篇学术文章②就是谈论中国女性的。在文章中他虽然承认中国之大使得对女性做一个完全的研究不可能,但他认为风俗的差异并不会阻碍对女性在社会和家庭关系中的考察,因为既然在整个帝国内保留的宗法制度是相同的,那么即便是在不同地区,女性的地位也是相同的。③他着重揭示了中国婚姻制度的无自主性、承嗣性、抑女性、买卖性、繁缛性的弊端,对中国女性受到落后的封建礼教的严酷束缚深感同情。他说中国女人不反抗,也不力图得到解放,很多人只是跑到庙里烧香拜佛,祈求来生做个男人。④他还谈到有中国文人说"女子无才便是德",中国人想要女人勤劳、顺从、耐心,女性往往在家中接受教育,自然与男性的教育很不一样。有很多杰出的、有才华的人从事于对女性的教育工作,给女性传授箴言和训诲,从古至今,这类作品极为丰富,在晚清时依然流行的有班昭的《女诫》、刘向的《列女传》、侯莫陈邈妻郑氏的《女孝经》

---

① 参见 L. Nocentini, *Nell'Asia Orientale. Impressioni e Note di Viaggio.* Firenze: successori Le Monnier, 1894: 130–134.

② L. Nocentini, La donna cinese. *La Rassegna Nazionale,* A.1, V.1 (1879): 228–244.

③ L. Nocentini, La donna cinese. *La Rassegna Nazionale,* A.1, V.1 (1879): 228.

④ L. Nocentini, La donna cinese. *La Rassegna Nazionale,* A.1, V.1 (1879): 243.

等，女子从这些书上自学处于不同身份时应尽的义务和本分，用必要的知识丰富头脑以便教育子女，便是女学。在富人家庭，女孩子可以学女红、书画、诗词和音乐，然而能读书的女性还是很少，占百分之一二，其中一些人成为女文人。不久以后，在中国也设立了女子学校，但上学的人不多。① 罗声电探寻到造成中国女性生存状况长久未变的根源，他认为如今汉人虽在异族的统治之下，但制度依然延续下来，古老的管理方式和儒家经典同样被征服者接受，这与欧洲每一次外族的闯入都会带来政治和思想上动乱的情况很不同。在中国，传统风俗很容易势弱，但从未没落过，而在欧洲风俗更易没落不见。在家庭模式之上对中国进行统治有助于风俗不至没落，由于家庭和社会联系的紧密程度强，女性对家庭之外的积极影响在中国比在别处更易感受到。在家庭的融洽和和谐中看到了国家的团结和和谐的中国人，不太容易去留心外界的声音，而是将全部感情都集中在自己的亲人身上，因为古代的贤哲教会他们家庭感越深的地方，人民越强大和幸福。②

2. 结社组织

罗声电注意到结社组织弥补了政府在采取措施满足公众利益方面的所有不足，并认为没有人能比中国人更好地实践"联合就是力量"的原则，几乎每个中国人都是某个社会团体的成员，都在社会团体之中，无论是出于什么需要，无论团体的规模大小，是公家性质的还是私人性质的，都能汇聚人们的资金和积蓄。③ 罗声电写道："存在着大量各种各样的团体，很多是政府在法律上认可的。农民们联合起来共同购买干活的牲畜；某个文人没办法继续学业和前去参加乡试或殿试，和他有亲戚关系的家族就会借钱给他，他再按照根据还款期限的长短为每个出借人事先定好的、成比例的还款额还钱。分为不同手艺的工人们组成与我们以

---

① 参见 L. Nocentini, La donna cinese. *La Rassegna Nazionale*, A.1, V.1 (1879): 334-335。
② 参见 L. Nocentini, La donna cinese. *La Rassegna Nazionale*, A.1, V.1 (1879): 343-344。
③ 参见 L. Nocentini, *Nell'Asia Orientale. Impressioni e Note di Viaggio*. Firenze: successori Le Monnier, 1894: 105-106。

前的手工业行会很相似的团体,以便订立劳动报酬和保证自己能被企业家和老板善待;在本地的商人和到别的地方经商的同乡商人联合起来以便他们的生意顺利取得成功,保证成员在需要的时候面对公众和法庭的诚实,提供一处场所作为戏院和会堂,还附带有他们孩子的学堂,承担将亡者运回故土的工作。乞丐、用人、脚夫、医生、文人,所有人都有他们的团体,从中他们获取帮助和力量。"①罗声电在这里谈到的是中国传统民间社会组织,如行会、公所、会馆等,是由血缘、地缘和业缘等关系形成的,具有封建性,并非近代意义上的新式社团,随着西方资本主义文明的侵入,中国社会的传统结构在逐步瓦解。按照中国史学界的普遍观点,近代意义上的中国社团组织产生于20世纪初,缘起于戊戌维新时期,由从士绅阶层中分化出来的资产阶级和新型知识分子担任结社的主体力量,但可以说其胚胎形成于晚清社会团体的发展变迁之中。

(1)会馆。

会馆在晚清都市中对于保护工商业者的自身利益起了某些作用,也常常是各界人士政治和文化活动的中心,当时大量的戏剧演出是在会馆的戏楼里举行的。罗声电回忆了自己1884年在上海时赶上广东会馆兴建的一幢建筑的落成仪式,那里进行了一连四天的戏剧演出,演出从早上9点持续到夜里1点,其中一晚,上海道台邀请各领事馆人员及夫人前去吃饭看戏,这可能也是第一次欧洲夫人们与当地官员同桌吃饭。②也正是在旧时代的会馆中诞生了革新政治的近代社团,康有为就是在北京的南海会馆撰写的《上清帝书》,在安徽会馆内成立了强学会(中国第一个具备近代政党雏形的政治团体),并创办了机关报《中外纪闻》,谭嗣同也是在浏阳会馆内开展的维新活动。

---

① 参见 L. Nocentini, *Nell'Asia Orientale. Impressioni e Note di Viaggio*. Firenze: successori Le Monnier, 1894: 106。

② 参见 L. Nocentini, *Nell'Asia Orientale. Impressioni e Note di Viaggio*. Firenze: successori Le Monnier, 1894: 88。

（2）哥老会。

以反对天主教和新教传教士及中国基督教徒而闻名欧洲的哥老会是晚清民间一大秘密结社组织，它活跃于四川、两湖、长江流域，组织遍布全国，在川军和湘军中影响很大。罗声电写武昌是哥老会的一大活动中心，这使得武昌被贴上了仇外城市①的标签。他认为这个会社披着互助的外衣，但隐秘的目的是摧毁清朝统治和外国势力，并且在近两个世纪中，中国的秘密结社组织风起云涌，在清帝国的不同地区制造混乱，它们或多或少都与洪门天地会（又叫洪帮）有关联。"白莲教、三合会和最近的被欧洲人叫作太平军的，都有着与现今的哥老会相同的目的……它通过攻击欧洲人，特别是传教士的住处开始对清政府的报复活动……计划是造成北京朝廷与欧洲各国政府间的尴尬，以此削弱清政府……"②在去拜访湖北巡抚的过程中，罗声电一行人就遭到过他们的威胁。实际上到20世纪初，这一旧式的会社被资产阶级革命团体和武装吸纳，在资产阶级领导下参加了旨在推翻清朝统治的辛亥革命，很多哥老会头目加入了同盟会，1911年发动武昌起义的主力之一的共进会是以哥老会成员为主体的，四川的保路同志军中哥老会成员也占了很大比重。哥老会在资产阶级革命派的联络和宣传下能迅速革命化，与它在晚清发展过程中组织体系日益成熟，反清革命的意识愈加清晰有关。

（3）结社组织的功能和历史局限。

罗声电觉得结社组织是观察中国社会的一个很重要的角度，便把它当作一个重要的主题专门进行了一番研究，又发表了论文《中国人之间的结社精神》③，他认为仅有的一些资料和信息使他确定尽管在中国民间团体中

---

① 由于清政府在外国列强欺压下实行屈辱外交，部分清廷顽固派和中国民众产生了对所有外国人恐惧、不满、排斥或憎恨的心理，即仇外心理。民间秘密结社组织哥老会尤以聚集和号召民众反对外国在华教会及人员，进而反对清朝统治为突出，因此哥老会活动频繁的湖北武昌被当时很多人视为仇外城市。

② 参见 L. Nocentini, *Nell'Asia Orientale. Impressioni e Note di Viaggio.* Firenze: successori Le Monnier, 1894: 135-136.

③ L. Nocentini, Lo spirito di associazione fra i Cinesi. *Nuova Antologia*, Vol. 60, Ser. 3, Fasc. 15 Nov. (1895): 298-314.

不存在像西方社会那样的劳动与资本的对抗，商人和店主联合只是为了便利于个体成员的经营活动，但其中仍然有那种能防止资本和劳动之间发生问题和矛盾的体制在，现代社会学家应对此多加关注。① 他主要说明了会馆和公所的形成历史、组织方式、一般的规章制度，他看到会馆或商会在为国家和地方监督征收税款、防范在买卖中的欺诈和舞弊行为、为百姓纾困解难、维护公共设施等方面起到了一定的社会作用；公所或行会在进行行业定价、维护同业利益中有重要作用，但其职能有违自由竞争，实际是限制了行业发展。罗声电指出稳固缔结的公所对生产的一大损害在于阻挠任何革新，当有的中国人从国外带回来改进和增加生产的机器时，就会有同业人来破坏减少了他们活计的新设备。② 通过强制性的行规，公所对行业生产和经营施加全面制约，其目的是力图消除行内成员在生产经营和佣工受雇方面可能引起的矛盾和竞争，使行业生产保持最大限度的稳定，虽维护了内部的简单再生产，但阻碍了扩大再生产。罗声电注意到没有任何律例禁止工人罢工，工人有权通过罢工来调整自己的薪水和劳动时间，但如果罢工扰乱了地方的总体安宁，地方官就会介入，地方官通常慑于工人人多势众，会尽量满足他们的要求，鉴于这种结果，老板也会避免与雇工之间产生问题，因此罢工的事情极少发生。与此不同的是，工人拒绝官府的差务则要按叛乱罪惩处。③ 可见这些团体中无论是老板还是雇工始终是要依附封建政权的支持进行活动。中国传统的公所、会馆对整个社会经济生活的运转有重大影响，在甲午中日战争后它们也发生了近代转型，"一些新建的同业会馆、公所从设立宗旨到会务同以往相比发生了明显变化，它们开始具有近代同业公会的性质"④。

---

① 参见 L. Nocentini, Lo spirito di associazione fra i Cinesi. *Nuova Antologia*, Vol. 60, Ser. 3, Fasc. 15 Nov. (1895): 299。

② 参见 L. Nocentini, Lo spirito di associazione fra i Cinesi. *Nuova Antologia*, Vol. 60, Ser. 3, Fasc. 15 Nov. (1895): 299。

③ 参见 L. Nocentini, Lo spirito di associazione fra i Cinesi. *Nuova Antologia*, Vol. 60, Ser. 3, Fasc. 15 Nov. (1895): 307–308。

④ 刘俊峰、张艳国：《同业公会在近代社会变迁中的作用》，《光明日报》，2008年4月13日07版。

除了会馆、公所等较为长期、固定的结社组织之外,罗声电还列举了其他参加人数有限、持续时间不稳定的多种多样的经济互助性结社及其运转机制,这些结社会员间相互救济金融,集资办事,具有勤俭储蓄、相互保险、扶危济贫等多方面功能。罗声电还观察到慈善团体在中国存在的历史也十分悠久,特别是超越民间范畴,从国家层面推行的慈善制度在历朝历代中都有持续发展。他着重谈及晚清上海的保育院、救生会、救济寡妇的慈善机构,反映了在官方和民间力量的共同作用下慈善活动的发达和涵盖慈幼、养老、恤嫠、助葬和疾病救助的多样化特点。最后,罗声电再次指明在中国人结社精神引领下形成和发展起来的结社体制虽有美好的传统,却在某种程度上妨碍了中国对如今已经围绕住它的西方文明的接受,对于遭受的失败的觉醒,它亟须在时代的演进中获取新的面貌。

(4)义和团运动。

1900年在爆发义和团运动的背景下,罗声电再次聚焦于中国的秘密结社组织问题,他撰文《秘密会社和中国王朝》[①],后又在《欧洲在远东及意大利利益在中国》一书中分析了秘密会社的成因和仇外问题。罗声电深知清朝的大部分秘密团体都以反对满族统治和"反清复明"为宗旨,从先秦就开始存在的秘密结社活动在清朝达到极盛,清廷很难压制住分布广泛的秘密会社的行动。他认为强有力地鼓舞中国人民的结社意识的源头可能追溯至史前时代的氏族部落,随着社会制度的进步,部落虽解体为保留了部落姓氏的家庭,但在个人身上仍然留存着古老联系的记忆,在他们之间就易于确立利益共同性,自然就增加了互助的需要。这种推论当然还被笼罩在神话的迷雾中,没有历史的明证,但有历史记载的,至少在公元前6世纪下半叶至公元前5世纪上半叶孔子生活的时代就已经能找到表达与结社有关事物的词语,此时还出现了最早的新兴地主阶级的政治结盟。在古代,政治性结社的形成往往是偶然的,是当下

---

① L. Nocentini, Le società segrete e la dinastia cinese. *Nuova Antologia*, Fasc. 1 luglio (1900): 123–130.

环境促成的，但它又常常出现。在罗声电看来，可能共同起源于洪帮的晚清现存的所有秘密团体在满族人实行统治之前也没有表现出来政治性或革命性团体的特点，满族人南下遭到了它们的抵抗，才使它们越发具有与政府统治秩序对抗的政治色彩。从那以后，不仅清朝刑律严厉对待秘密会社，而且如何采取镇压措施更成为朝廷日常议题，但事实证明清政府无法尽数摧毁秘密会社，它们可能暂时销声匿迹，但很快又复兴起来，换个不同的名称在不同的地区出现，因为在滋生它们的土壤环境条件下它们极易组织。① 罗声电强调到晚清时，随着外国势力的入侵，无论是由失意潦倒的文人学士，抑或是生活困苦的下层平民，还是佛教、道教信徒所缔结的秘密团体，基本上都有了仇外、排外的特点。②

罗声电简要概括了清廷联合外国武力才得以镇压太平天国运动的历史，他从太平军的活动中也认识到秘密会社常常被一些为非作歹之徒利用，他们在其中浑水摸鱼，在民众中制造恐惧、进行敲诈勒索，带有了类似黑社会组织的种种弊端，在遭到镇压时犹如一盘散沙，影响了组织的战斗性，成为最容易被攻破的部分。义和团是秘密会社在山东、直隶的组织形式，它也是由不同名称的民间团体组织逐渐发展而来，成分也极为复杂，不过这个反清仇外、具有爱国性质的团体得到了一些中国官员和士兵的支持。③ 罗声电清楚地意识到，对八国联军来说平息义和团的起义也并非易事，即便这场起义在短时间内被压制住了，在清帝国中也还将有新的骚乱的危险，虽然他看到中国民众对西方文明的仇视往往是盲目的，但站在西方殖民者立场上的他永远无法找到正确的解决办法，得出正确的结论，他寄希望于在西方武力干涉下强行施加近代文明于中国的做法恰恰会引发人民更大的抵触，导致秘密会社更加坚决的反抗。

---

① L. Nocentini, Le società segrete e la dinastia cinese. *Nuova Antologia*, Fasc. 1 luglio (1900): 123–125.

② 参见 L. Nocentini, *L'Europa nell'Estremo Oriente e gl'Interessi dell'Italia in Cina.* Milano: Hoepli, 1904: 234–237。

③ 参见 L. Nocentini, Le società segrete e la dinastia cinese. *Nuova Antologia*, Fasc. 1 luglio (1900): 126–127。

三、晚清中国经济状况和近代化

1. 社会经济转型和对外贸易

罗声电并没有对晚清经济状况做过总体论述，但他在谈到一些重要的通商城市的贸易和工业以及晚清的交通运输、财政税收、货币体系等问题时，反映了一些具体的经济数据、经济结构的主要特点、经济发展的痼疾和走向。中国的社会经济此时正在经历自给自足的自然经济逐步瓦解，向多种经济形式并存转变的过程。罗声电在19世纪80年代刚到香港时，就注意到即使是在英国人统治下的香港，工厂的数量也还很少，只有炼糖厂、酒厂等，一些由中国人开办的小工厂生产的产品仅够满足岛内需要。岛内生产和消费都不多，但中国南方地区对产品的进出口需求使作为港口的香港的贸易运输发展起来。① 此外，商业经济得到迅速发展，特别是上海、广州等城市开埠后，在传统的繁荣商业基础上，又开发新的商业区，商业店铺数量大增，罗声电在《在东亚——印象和游记》中主要描述了上海商业街热闹兴旺的景象。晚清对外贸易的主要商品体现出的是西方列强的需求，如在进口商品中的鸦片，在出口货物中的茶叶。汉口是晚清中国腹地最大的商品集散地，也是当时世界上最大的茶叶集散地之一，每年有大量的茶商用商船将这种散发香味的叶子运载到欧洲和美洲，特别是俄国茶商将汉口视作心目中的茶道起点。罗声电记叙"俄国人以前将茶叶发送到上海，然后从上海到天津，从天津用骆驼背的方式运送至俄国的亚洲地区和欧洲；而今天他们可以从上海将茶叶发送到符拉迪沃斯托克，再通过阿穆尔河②，穿过亚洲北部，以更便利的方法、更迅速地到达茶叶的消费地"③，同时俄国人在汉

---

① 参见 L. Nocentini, *Nell'Asia Orientale. Impressioni e Note di Viaggio*. Firenze: successori Le Monnier, 1894: 29-30。

② 即黑龙江。

③ L. Nocentini, *Nell'Asia Orientale. Impressioni e Note di Viaggio*. Firenze: successori Le Monnier, 1894: 127。

口还拥有多家茶叶加工厂。他们一般将茶叶加工成茶砖进行运输和销售,其中绿茶茶砖在俄国本土售卖。黑茶茶砖在蒙古售卖。在19世纪80年代中期俄国人的汉口工厂的绿茶茶砖的产量每年约为10万箱,每箱装36块1公斤多重的茶砖,黑茶茶砖的产量每年约为2万箱,每箱装64块不足1公斤的茶砖,一箱出厂价分别是50里拉和30里拉,销售价大概是出厂价的三倍。出口给英国人的是红茶,但由于在印度和锡兰大面积种植出优等的红茶,中国红茶的出口量逐年减少,意大利做的也是印度茶的生意。① 在1887年以后,中国贸易输出便不再以茶为首位,取而代之的是丝。

在《苏州城和它的丝织工业》②这篇论文中,罗声电对苏州丝织工业和贸易情况做了细致考察。太平天国运动对丝织工业中心之一的苏州城长期稳定繁荣的经济造成严重破坏,其人口从几百万减少到50万③,再加上大运河和漕运断行的影响,苏州原先发达的手工业和商业一度败落。战乱后清政府采取了一些恢复社会经济的举措,1880年时苏州有纺丝、染丝作坊400家,从业工人几千人,织机5500台,但远低于战乱前12000台的数量。④ 因为靠近上海,苏州的对外贸易有所发展,外国商品进口量比较可观,如铁、钢、锌、锡、棉织物、煤油、面粉等,墨西哥银圆在当地可以流通;根据海关对出口货物的统计,1878年丝为33120公斤,1879年增长为36570公斤,丝织品1878年为65376公斤,1879年增长为76572公斤,除了丝和丝织品之外,还有用上等木材制作的家具和工艺品、棉麻织品、漆器、象牙制品、玻璃制品、玉和

---

① L. Nocentini, *Nell'Asia Orientale. Impressioni e Note di Viaggio*. Firenze: successori Le Monnier, 1894: 127–128.

② L. Nocentini, La città di Succeu e la sua industria serica. *Esplorazione Commerciale*, Fasc. mar.–mag. (1898).

③ L. Nocentini, La città di Succeu e la sua industria serica. *Esplorazione Commerciale*, Fasc. mar.–mag. (1898): 3.

④ L. Nocentini, La città di Succeu e la sua industria serica. *Esplorazione Commerciale*, Fasc. mar.–mag. (1898): 11.

银质装饰品、鞋帽、乐器、镀银纸等。①到《马关条约》开苏州为商埠后，对外贸易的扩展又使得苏州的丝织工厂数量逐日增加，在采用原始方法生产的工厂之外有了外商开设的缫丝厂和引进欧洲工艺的本地华商工厂。由于丝织贸易对意大利的对外贸易极其重要，每年的贸易额大约达3亿里拉②，因此罗声电十分看重苏州及其周边和意大利之间的丝织贸易往来，并认识到日本捷足先登，直接利用苏州优质的基础和廉价劳动力扩大本国丝织贸易将给意大利造成巨大竞争压力。

晚清的商品经济和资本主义获得了一定发展，但财政却遇到了巨大危机，虽然财政收入的总额很高，但战争和军需开支、依据各种条约的赔款、维持人员日益冗杂的政府运转的费用和满足权贵奢华享受的钱款极大地加重了财政的困难，清政府只能靠打压农民、手工业者和商人，加征田赋，收取各种捐税、厘金厘税、过路费等或是减少官兵俸饷才能保持财政收支的基本平衡。晚清这种财政窘迫的情况也表现在对铁路修筑的迟疑上，罗声电在《在东亚——印象和游记》中详述了京汉铁路规划建设的曲折过程和各方反对的种种理由，并做出敏锐的分析，他指出无论是工人们害怕因铁路而失业，农民们害怕铁路污染农田，官员们担心铁路会损害他们在地方的权威，还是皇帝因天坛大火而担心铁路犯忌，都只是表面的理由，真正的根本原因是清政府财政的困乏，沿途各省富商不愿借钱给它，而向外国人借钱又会招致列强势力的进一步渗入，继而对铁路路权的掌控③，这使得清政府瞻前顾后、畏手畏脚。罗声电还看到对工业企业的税收压榨破坏了中国民族工业的发展，加速了民族资本的萎缩。

2. 交通运输情况和铁路近代化

交通运输跟经济发展之间是相互推进、相互制约的关系，在晚清中

---

① L. Nocentini, La città di Succeu e la sua industria serica. *Esplorazione Commerciale*, Fasc. mar.-mag. (1898): 9, 12.

② L. Nocentini, La città di Succeu e la sua industria serica. *Esplorazione Commerciale*, Fasc. mar.-mag. (1898): 4.

③ 参见 L. Nocentini, *Nell'Asia Orientale. Impressioni e Note di Viaggio*. Firenze: successori Le Monnier, 1894: 162–164。

国被迫开放海运和修建铁路之前,清朝的商品和物资转运依靠的是内河航运和畜力、人力的陆路运输。在《欧洲在远东及意大利利益在中国》中,罗声电概述了当时这两种传统运输途径的发展情况,他写长江直到那时为止仍是联系中国最富饶的省份和大海的主要通道,从大海到汉江口的680英里可以通行大型船只,从汉口到宜昌的370英里只能通行小船,而从宜昌到重庆的440英里由于峡谷急流极难通行,一家德国公司正在研究特制船只来应对这段航道,花费可能达125万里拉。另外一条南北向的通道是通州和杭州间的大运河,曾是漕粮运输的主体水道,在蒸汽轮船往来于中国各港口后,它便被废弃了。西江的商贸重要性仅次于长江,轮船可以在它的下游通行,将香港和长江沿岸的通商口岸连接起来。黄河虽然是北方最大河流,但水害严重,1853年、1887年、1898年都造成了巨大灾难,德国和英意辛迪加的工程师都研究过治理黄河泛滥的方法,能否通航轮船要取决于治理的可行性和效果。白河也是北方的重要河流,商船和一定规模的战舰可以溯河而上到达天津,小船甚至可能行至通州。黄浦江口和白河口泥沙淤积,经常阻碍船只的通行,因此居住在两地的商人不断要求当地政府改善通航条件,在《北京条约》中也加入了与改善内河航道相关的条款。南满洲通商口岸营口所在的辽河冬季结冰时不能通航,汉江在1月、2月由于水位过低也要中断航行,贸易活动都会受限。许多曾经是交通道的小江、小河一旦堵塞,在其周边繁荣过的城市就凋敝了。汉江、湘江、洞庭湖、鄱阳湖占据重要的地理位置,如果在这些地方通轮船、享有航运权,列强将进一步打开内地的市场。陆地交通道主要有官修驿路,大约有2万英里长,还有民间古道,其中一些已经荒废,需要庞大的工程才能使其复通,一些省份的陆上运输不便利,西方商品还很难进入[①]。清政府此时也意识到传统的水路、陆路运输方式对维护帝国安全和发展社会经济的制约性,看到了扩大内陆交通对增加国家财富的重要性,因此它承认修建铁路是必要

---

① 参见 L. Nocentini, *L'Europa nell'Estremo Oriente e gl'Interessi dell'Italia in Cina*. Milano: Hoepli, 1904: 268–271。

的，虽然屡经波折，但一些线路还是逐渐开始修筑起来。

　　罗声电接着总结了铁路建设的一些成果，已经建成的线路有北京到山海关线，该线路之后还要向东延长至营口，向西延长至太原，建设的资金和工程师都来自英国，路权属于中国；上海到吴淞线；俄国西伯利亚大铁路在满洲的支线，直通大连湾和旅顺港；北京到汉口线，又叫卢汉线，长 1200 公里，穿越直隶、河南、湖北三省，借用了比利时的资金。另外，计划兴建的主要铁路有 12 条：太原—正定线，由法国出资、设计；胶州—济南线，由德国控制建造；天津—镇江线；汉口—广州线，由英美出资建设；山西、河南境内的运煤铁路线，由英意辛迪加建造；广州—南宁—越南谅山线、越南谅山—云南线、南宁—北海线，均由法国建造；上海—南京线，由英国修筑；上海—南京线在河南省的延长线上，同样由英国出资；苏州—杭州—宁波线；缅甸铁路延长至大理线，由英国出资。其他被提议的线路还有武昌至重庆线、重庆至成都线、杭州至广州线等。这些铁路几乎都由外国工程师设计建设，尽管清政府不情愿，但由于自身财政状况捉襟见肘，还是不得不求助外国资本[①]。晚清铁路的困局就在于一方面清廷已经认识到铁路对国家的重要意义，像罗声电指出的那样，"新的交通工具将给帝国带来的转变是会超过各种预期的。至今由于大的商路都是水道，商品交易又贵又慢。当季节的严酷阻碍了某个省份的田地丰收，成千上万的人、整座整座的城市和村庄都会死于饥饿，因为中央政府的救助到得太晚。许多蕴含巨大利益的矿山，由于缺乏运输工具而未被开发。由于目前的交通状况，每个城市、每个村庄只消费自己十分有限的地区的产品；不了解，也不在意去了解其他地区的产品"[②]。确实，铁路将扩大商品流通范围，加快全国范围内人员、物资的调动，加强城市和村庄应对各种自然灾害的能力。另一方面，由于国力有限，铁路修建主要由外国资本承办，大量铁路权益、沿线采矿权和政治利益也被外国侵占，这又是中国

[①] 参见 L. Nocentini, *L'Europa nell'Estremo Oriente e gl'Interessi dell'Italia in Cina.* Milano: Hoepli, 1904: 271–276。

[②] L. Nocentini, *Nell'Asia Orientale. Impressioni e Note di Viaggio.* Firenze: successori Le Monnier, 1894: 168–169。

的民族自尊和情感所不能接受的。从客观结果上讲，罗声电在这里提到的铁路线绝大部分最终都得以建成，到1911年清政府垮台前，全国建成铁路9000余公里，奠定了中国近代铁路交通网的基本格局，对传统交通运输方式形成了冲击，中国交通业进入了新的历史阶段，同时铁路推动了沿线新城市的兴起、人口流动和经济发展，少部分由民族资本参与官督商办的铁路促进了中国近代工商产业的发展。但清政府因建造铁路欠下的外债高达3亿多两白银，进一步加剧了财政问题，而收回铁路利权的运动不断发展，也成为引燃辛亥革命、结束清王朝统治的导火索。

3. 海关近代化

到20世纪初，中国沿海、陆上边境和主要内河上共开放港口和市场40余座，海关关税成为国库收入的主要来源之一。1861年，清朝按照以英国为首的列强要求，在全国各海关设立税务司制度，任命英国人为总税务司，特别是赫德（R. Hart, 1835—1911）掌管中国海关管理权40多年（1863—1909），他精选海关人员并高薪聘用，建立海关专有法律通令、审计制度和惩戒机制，在他的领导改革下，清朝海关管理成功实现了近代转型，海关收入有指数级的增长。但罗声电清楚地看到这些海关收入全部要被用来偿付或抵押中国与列强签订的各种赔款、兴办实业和军事的借款和利息，不足的部分有时还需要动用国内税收来偿还，越来越无法有效增加中国的国家财富、保障国内安宁。他给出了一个海关总税务司署统计科发布的1902年中国各通商口岸贸易数额表（换算后）：

1902年中国各通商口岸贸易数额表[1][2]

对外贸易开放口岸	贸易总额	单位
营口（南满洲）	139,329,349.25	里拉
秦皇岛（直隶省）	14,642,325.75	里拉

---

[1] L. Nocentini, *L'Europa nell'Estremo Oriente e gl'Interessi dell'Italia in Cina.* Milano: Hoepli, 1904: 316–317.

[2] 此表根据原参考文献格式呈现。

续表

对外贸易开放口岸	贸易总额	单位
天津（直隶省）	7,456,676.50	里拉
烟台（山东省）	125,089,123.25	里拉
胶州（山东省）	33,722,731.25	里拉
重庆（四川省）	80,214,238.00	里拉
宜昌（湖北省）	85,049,484.00	里拉
沙市（湖北省）	4,907,535.75	里拉
岳州（湖南省）	4,000,717.50	里拉
汉口（湖北省）	326,047,924.75	里拉
九江（江西省）	64,812,884.50	里拉
芜湖（安徽省）	62,159,675.50	里拉
南京（江苏省）	22,122,841.00	里拉
镇江（江苏省）	98,145,619.00	里拉
上海（江苏省）	1,124,899,308.00	里拉
苏州（江苏省）	8,265,881.00	里拉
杭州（浙江省）	46,556,321.00	里拉
宁波（浙江省）	63,546,535.00	里拉
温州（浙江省）	6,232,135.00	里拉
三都澳（福建省）	4,941,288.00	里拉
福州（福建省）	55,227,812.25	里拉
厦门（福建省）	69,860,209.25	里拉
汕头（广东省）	146,568,876.00	里拉
广州（广东省）	262,365,814.75	里拉
九龙（广东省）	152,048,900.00	里拉
拱北（广东省）	54,919,728.50	里拉
三水（广东省）	7,116,105.75	里拉
梧州（广西省）	21,456,071.00	里拉
北海（广东省）	10,721,233.25	里拉
龙州（广西省）	250,441.75	里拉
蒙自（云南省）	23,970,469.25	里拉
思茅（云南省）	596,803.00	里拉

（长江沿岸：重庆、宜昌、沙市、岳州、汉口、九江、芜湖、南京、镇江；西江沿岸：三水、梧州；东京边境：龙州、蒙自、思茅）

续表

对外贸易开放口岸	贸易总额	单位
腾越（云南省）缅甸边境	2,150,508.75	里拉
亚东（西藏）	5,125,810.75	里拉
合计	134,521,385.25	里拉

1,024,632,691.25 里拉为进口额
696,090,148.00 里拉为出口额

总计 1,720,722,839.25 里拉为中国全部对外贸易额
其余 1,413,798,546.00 里拉为中国各口岸间贸易额

两者相加 3,134,521,385.25 里拉为中国贸易总额

注：里拉为意大利货币单位。

当年关税收入达 3000 万海关两。罗声电也给出了《辛丑条约》签订后中国从 1902 年到 1940 年须归还各项借款和庚子赔款数量的图表，总数达到 14 多亿海关两。如下表所示：

中国从 1902 年到 1940 年须归还各项借款和庚子赔款数量的图表[①]

时间	数额	单位
从 1902 年到 1910 年	381,865,500	海关两
从 1911 年到 1914 年	170,797,200	海关两
1915 年	41,783,300	海关两
从 1916 年到 1931 年	511,740,800	海关两
从 1932 年到 1940 年	371,251,350	海关两
总计	1,477,438,150	海关两

虽然清政府对外债务的总数因范畴问题争议和计量单位的差异等因素很难有一个确切的统计数据，罗声电提供的数据也只能代表一种衡量标准和观点，但引出的结论却是清晰的，海关收入的极大增加只能暂时延缓清政府的财政崩溃，庞大的外债最终还是让海关税收走向入不敷

---

① L. Nocentini, *L'Europa nell'Estremo Oriente e gl'Interessi dell'Italia in Cina.* Milano: Hoepli, 1904: 279.

出，抑制了其对经济发展的助推作用。

4. 货币体系情况

另一个左右经贸发展的因素是货币体系，清政府一直未实行中央统一铸币，铸币权长期散落于地方，同时也缺乏防止铸币造假的办法，故清朝使用的所谓细丝银和铜钱来自不同的省份，重量千差万别，形状也不同。罗声电列举最轻的银锭来自云南省，重1.8两，每两为37.058克，最重的来自营口，约合56两。金属纯度各省都不同，价值也依地方而变化，北京、上海和汉口的银两价值就可相差到10%，铜钱的成色区别就更大，市场购买力往往相差甚多。在通商口岸，还流通有各种外国银圆，天津、广东、安徽、湖北、江苏和福建的铸币所也可以铸造和发行银圆。货币体系还因纸币的流通而更加繁杂，清政府和一些外国银行都发放纸币，清政府发行了代表银两和制钱的纸币，外国银行发行了银圆票。多国银行的存在导致议价货币种类多样，常出现洽谈时以中国的两为单位，付款时以银圆为单位，之后商人们还要用英镑或里拉和欧洲的公司结算。罗声电指出晚清中国的货币流通状况很混乱，给商品交易带来很大困扰，而且由于银的年产量在25年间从200万公斤增长到550万公斤，但很多国家已实行金本位货币制度，故银贬值严重，给贸易造成极大损害。他从出口和进口两方面来说明，25年前中国市场上100银圆的商品在欧洲能卖500里拉，到20世纪初只能卖200里拉，而25年前中国花20银圆购买的价值100里拉的欧洲商品在20世纪初要花费50银圆才能买到。①由于中国民族工业不发达，在很多方面需要长期依赖进口外国产品，因此银的贬值导致的价格上涨使晚清商业贸易备受损失，也减少了清政府的财政收入。总之，晚清货币体系的复杂混乱极大地束缚了金融市场和政府金融管理作用的发挥，对整个社会经济都有很大不利影响。

面对经济和商业发展方面的痼疾，清廷在"新政"中也力图进行改

---

① 参见 L. Nocentini, *L'Europa nell'Estremo Oriente e gl'Interessi dell'Italia in Cina*. Milano: Hoepli, 1904: 280–282。

革,但没有取得太大进展。在罗声电看来,晚清几十年中为了自救、自强的目的,在社会经济层面实行的各种改革是更浮于表面而非本质的,并不符合欧洲人的期望,但中国毕竟开启了逐步向近代化迈进的过程。开埠通商促使中国城市从传统落后走向现代,在上海,1882年电灯开始在租界内出现,1883年租界进入自来水时代,这些都刺激华界开始兴建自己的照明和供水设施。天津的"多条道路按欧洲的方式铺上了石板,被遮盖的沟渠可以集水。连接租界和李鸿章府邸的道路可通行马车"[1]。

5. 军事近代化

军事近代化经历了几个重要步骤,在军事装备和技术、军队编制体制和训练、国防军事观念等方面有所发展。多省军队的武器装备换成步枪,多地兴建起兵工厂。罗声电援引贝思福的记述,说明了编练新式陆军的一些情况:京师所在的直隶省相比于其他省的军队配备更好,在天津组建的一小支精良部队,拥有10组6门炮,炮弹重量从1磅到6磅不等,7400人配有毛瑟枪,骑兵配长矛和步枪。另有1万人在德国军官指导下进行训练,13000人由俄国军官训练。北京城内有1万人武装,北京周边加上南满洲和蒙古约16万武装,虽素质参差不齐,但从数量上看足以保障京师安全。湖广地区有总督张之洞的军队6000人,虽缺乏训练,但装备较好,还有1万八旗兵。两江地区名义上有2万武装,实际只有8000人左右,配有新式步枪,但得不到训练。两广地区和四川省各有一支2万人的队伍,但缺乏组织,大部分士兵都是结日薪的雇工,在广州、成都驻扎的八旗兵长期不进行操练。闽浙地区的情况较差,8000名士兵既缺少武器,又缺少组织。海军中的北洋和南洋两支舰队直接从欧洲购买了军舰,前者主要有三艘在德国制造的3400吨巡洋舰、两艘鱼雷快艇和两艘4800吨铁甲舰,后者有六艘在德国制造的3500吨巡洋舰,一艘来自英国造船厂的1800吨巡洋舰,四艘400吨老式炮舰,

---

[1] L. Nocentini, *Nell'Asia Orientale. Impressioni e Note di Viaggio*. Firenze: successori Le Monnier, 1894: 148.

同样是在英国制造，四艘德国制 130 英尺鱼雷快艇。全国形成了天津、上海、南京、汉阳、福州、广州和成都七大兵工厂。其中天津机器局在英国人指导下进行生产，除了制造军火之外，还内设造币厂，在它旁边还设有两所学堂，一所是培养海军人才的北洋水师学堂，青年人在这里完成 5 年课程，学习英文，另一所是培养俄语翻译人才的俄文馆；上海的江南制造总局规模最大，有各式机器，在外国人技术指导下可为海军和陆军供应各种军工产品：各口径大炮、毛瑟枪、各种规格子弹和无烟火药等；南京的金陵机器制造局亦有良好的设备；汉阳兵工厂虽建成时间晚，但从德国引进了先进设备制造毛瑟枪和小口径炮；作为军舰生产基地的福州船政局逐渐失去了重要性；广州机器局（石井兵工厂）生产步枪、无烟火药和子弹；四川机器局生产毛瑟枪和子弹。除此之外，各主要炮台也配备了仿英式或德式大炮。① 罗声电在讲述晚清军事的这些变化时并不持褒扬的态度，他认为存在的弊病还很多，在西方文明刺激和渗透下已有的发展还远未达到清帝国的需要。

6. 教育近代化和新闻业的兴起

1897 年，美国传教士李佳白（G. Reid, 1857—1927）在北京创建了一所社会文化机构，即中国国际学会（The International Institute of China），汉名为尚贤堂，目的是在各国政府资助下联络中外人士、调和中西文化，将其办成中外上层人士的高级学术团体，该机构在庚子之变后于 1903 年迁址上海重办。罗声电侧重于讨论该机构开设的学校、科学实验室、博物馆和图书馆在传播西学上的意义，认为其和天主教传教团体设立的学校一样会对推进晚清中国政治社会发展和科技教育革新起作用。他指出这些学校的青年人入读率是超出预期的，而且中国人在学习英语上取得持续的进步。他援引一份中文报纸的评论说当还不存在与西方的商贸关系时，英语是一种完全不为人知的语言。而后传教士到来，用汉语翻译了很多科学著

---

① 参见 L. Nocentini, *L'Europa nell'Estremo Oriente e gl'Interessi dell'Italia in Cina*. Milano: Hoepli, 1904: 283–287。

作，可他们学习了中国的语言，却没注意去教他们的语言，直到广州成为清朝唯一的对外贸易口岸，才有一些当地人开始讲英语，但经常造成误解和严重的后果。英国占领香港后立刻建了英文学校，随着对外通商口岸和在华外国人数量的增加，中国人感到英语对他们生意的重要性，时至20世纪初，香港和上海的多所英文学校学生数量都达到数百人。罗声电还谈到除了京师大学堂之外，天津北洋大学堂和山西大学堂等近代新式高校的产生是因为很多中国人如今相信只学习英文是不够的，还需要有专业教育。为了满足这一需要，即使缺少相应的技术和教学人员，一些官员也力图创立这样的场所。他特别提到江西巡抚李兴锐向清政府奏请在江西各州县建新式学堂一事。① 同时期两江总督刘坤一和湖广总督张之洞联名上奏《变通政治人才为先遵旨筹议折》，为清末新政的重要政治文献——《江楚会奏变法三折》的重要组成部分，主张建新学、改科举、奖励留学。可见从京师同文馆至此，中国教育近代化开启了新的阶段。

　　罗声电在《在东亚——印象和游记》中还简要提到了上海租界中报纸发行的情况，反映了晚清近代新闻业的兴起。他写道："租界里出版三种英文报纸和一种德文报纸；一个只接收路透社的电报，两个周报、一个月报，另外一个是由亚洲文会不定期出版的报纸。中国人这边也有三种报纸、一种画报。这些当地报纸如今在最重要的港口发行，目的是在本地人中间扩大欧洲的影响。报纸很畅销，但传播幅度较小。在欧洲人驻扎港口之前，中国人只有发布中央政府公文的《京报》。它是最古老的报纸，因为自从唐朝（618—907）时就存在，唐朝正是以推广了印刷术，继而发展了文学而闻名。"② 罗声电反映的还是19世纪80年代末的情况，说明那时在以上海为代表的一些重要的对外通商城市，中国人已开始习惯通过报纸了解外界信息和各种观念，报纸成为西方文明在晚清社会重要的传播媒介之一，90年代中期以后在海外留学生和流亡群

---

① 参见 Nocentini, L. *L'Europa nell'Estremo Oriente e gl'Interessi dell'Italia in Cina.* Milano: Hoepli, 1904: 287-288。

② L. Nocentini, *Nell'Asia Orientale. Impressioni e Note di Viaggio.* Firenze: successori Le Monnier, 1894: 75.

体的强力作用下,报刊的创办十分活跃,中国新闻业有了迅猛的发展。

四、晚清中国城市面貌和民风民情

罗声电主要是以他所到的代表城市为线索来组织《在东亚——印象和游记》一书的,"城市"成为整本书的关键词。"城市"是一种空间的社会组织形式,是文明特殊性的集中化表达,从某种意义上讲,历史发展的每一个侧面都在城市得以呈现。由于气候、地理环境、经济生活方式、政治统治、语言和宗教等影响因素的差异,不同城市所积淀形成的民风民情也迥然各异。

1. 香港和上海

香港和上海虽然在近代中国的城市中欧化程度很高,但世代生活在这里的穷苦百姓们仍然维持着他们传统的生活形态,体现出与水的最直接、最密切的渊源关系。罗声电观察了香港的疍民和上海的"水上人"。疍民,也叫疍家,是广东、广西、福建、海南一带以船为家的渔民,从唐朝有记载开始至少有1000年的历史,他们有自己独特的民俗文化。罗声电写"这样的人在清帝国超过2000万,在香港的水域大约有38000人,他们在自己的船上出生、结婚、死亡,并不为众人所知。也许没有人了解他们的风俗和习惯,他们似乎活在底层舱里与世隔绝,那里没有一缕阳光射进来,可以使如此悲伤、单调的生活变得愉悦起来……有两样东西经常被注意到:在船尾做饭的地方养在鸟笼里的一只小鸟以及一盆花草。这是船夫们的贫穷家庭所能允许的唯一的奢侈,但展现出在十分悲苦的生活中他们思想深处总有的一种温情"①。船与船相靠,漂浮在水上,"需要像乡下人在集市上互相推搡胳膊肘那样,这儿推一下,那儿推一下,开出一条路来,才能到达河岸"②。不论大船小船,"都在船头上绘上

---

①L. Nocentini, *Nell'Asia Orientale. Impressioni e Note di Viaggio*. Firenze: successori Le Monnier, 1894: 24.

②L. Nocentini, *Nell'Asia Orientale. Impressioni e Note di Viaggio*. Firenze: successori Le Monnier, 1894: 25.

睁着大大眼睛的鱼头。总是迷信的中国人认为，没有鱼眼，不论小船还是大船都是看不到航行的路的"①。上海的"水上人"则是黄浦江边和肇嘉浜等地的渔民，进入近代以后租界江面和华界江面不互通，"因此非军用的船只也只跟内陆进行商品交易"②。以水为居，出入城里城外都乘船往来展现的是中国南方许多城市生活的基本风貌。

但是近代社会的变迁也给中国城市打上了新的烙印，发展出新的风俗。除了生活在船上的上海渔民之外，从19世纪60年代开始，上海城内的百姓多住进了一种新型建筑——里弄房中。1860年，太平军攻克苏南浙北多个城市，这些地方的居民纷纷到上海租界避难，租界内人口急剧增加。为了解决难民安置问题，租界当局设计出里弄住宅的建筑样式。罗声电在书中也写了这段历史，"1853年城市（南京）陷落于反抗者手中，大量的居民请求获得欧洲人的庇护；七年后苏州也陷落了，苏州及其邻近地方的一部分人口同样躲避在外国国旗之下。因此这样被接纳的中国人在短时间内达到五十万。恢复和平后，不是所有的人都返回了故乡，还有一些人来自别的地区，特别是中国南方，他们被繁荣的贸易和金钱的丰厚吸引而留了下来"③。里弄房是中国传统庭院住宅和西方排屋的混合体，罗声电描述上海住宅区里"都是面向街道的几乎高两米的长长墙体，时不时被门隔断。这些门通向露天的过道，过道两旁，以同等的间隔隔开的是通向各家底层的门。这样形成的经济公寓被中国人叫作'里'，每一个里都有代替了我们的门牌号的自己的名字。名字总有些祝福的意味，永远和平、和睦、子女孝顺、长寿、高升和类似的事情"④。租界内华洋杂居局面的形成促使中国人接受了西方人的多种文化娱乐活

---

① L. Nocentini, *Nell'Asia Orientale. Impressioni e Note di Viaggio*. Firenze: successori Le Monnier, 1894: 24.

② L. Nocentini, *Nell'Asia Orientale. Impressioni e Note di Viaggio*. Firenze: successori Le Monnier, 1894: 33.

③ L. Nocentini, *Nell'Asia Orientale. Impressioni e Note di Viaggio*. Firenze: successori Le Monnier, 1894: 93.

④ L. Nocentini, *Nell'Asia Orientale. Impressioni e Note di Viaggio*. Firenze: successori Le Monnier, 1894: 37.

动,如体育项目、花展、音乐会、戏剧和歌剧等。

在驻足长江沿岸的镇江、南京等城市时,罗声电看到经历了太平天国运动的涤荡和大运河断航影响的这些古城断墙残垣、不复喧闹的景象。九江城的主要道路两侧都是瓷器仓库,罗声电记述这些瓷器来自鄱阳湖地区的窑厂,最著名的是景德镇的御窑厂,在太平天国运动之前景德镇有100万名窑工,运动中御窑厂几乎全遭破坏,如今恢复生产500窑。瓷器成为中外人民最喜爱的房屋装饰品,甚至用来制瓷的"高岭土"一词也进入了欧洲语言中[1]。在罗声电看来,扼汉水和长江咽喉之地的汉口在保留传统根基的基础上更多地呈现出开放型的国际性城市的面貌,租界面积仅次于上海和天津,特别是有人数众多的俄国茶商聚居区。从上海北上前往天津的航程使罗声电在山东烟台做短暂停留,他记述那里由于滨海的位置、如画的风光和宜人的气候已经成为在中国北方居住的外国人的度假胜地。他还认为天津在直隶总督李鸿章的管理下成为值得其他中国城市效仿的典范。

2. 北京

不过在罗声电眼中,最重要的中国城市还是北京,尽管它满是尘土,时常散发臭气,但这座皇城具有特色,这里的人也有着许多独特的嗜好。罗声电着重描述了北京的两城布局:"第一城,北城,被叫作'内城',第二城,南城,'外城'。内城成为了八旗官兵和他们家眷的地产和住所,由于帮助君主打下帝国江山,他们被视作单独的居民,虽定居于被征服的人民中间,但想要,也确实与之保持了距离。因此也有了欧洲人所采用的另一种'汉人城'和'满人城'、'鞑靼人城'的区分叫法。这种命名如今已不像从前那样显得十分准确了,因为征服者,那些依旧习武而不劳作的人,只能任由被征服者侵越、压制他们,占据他们的财产。"[2] 北京的城市格局最明确地反映了中国城市面貌所受的社会等级的

---

[1] L. Nocentini, *Nell'Asia Orientale. Impressioni e Note di Viaggio*. Firenze: successori Le Monnier, 1894: 122–123.

[2] L. Nocentini, *Nell'Asia Orientale. Impressioni e Note di Viaggio*. Firenze: successori Le Monnier, 1894: 188.

约束，但不只北京，罗声电注意到在中国其他城市，达官贵人的住处与平民百姓的聚居地也是分开的。北京还尤为明显地体现了中国城市的功能划分，除了遵循"仕者近公"和"工买近市"的原则之外，罗声电提到在北京城里有很多街道、胡同是以所贩卖的商品为欧洲人所知的，如书商一条街的琉璃厂等。

  对于北京城，罗声电反映了它独特的多个面向。一个方面是它具有的皇城风范，这里是天子所在，皇家举行祭礼活动的场所众多，每天都有大量从全国各地进京的车队、人群。罗声电写道，相比于南城来说，整天在内城的主要街道上涌动的喧闹的人群更加多姿多彩，可以看到被戈壁的烈日晒成古铜肤色的蒙古族人和藏族人，穿着深色的衣服、肥大的裤子，戴着宽檐大帽，在人群中骑马前行。有无数的马车载着官员或富人，在前面给他们开路的仆从穿着浅蓝色长袍，戴白色红缨帽，车上覆盖深蓝色帷幔，从车前面帷幔中开的窗子露出不同的人来。有时赶上节日也能见到黄色的马车，一行人身着黄衣，欢快地出城前往某个寺庙游玩。在街角还有大量驴车在等着拉人，驼队也在街上缓缓地来来往往，道路两侧是卖各种旧物件的货摊、供人喝茶抽烟的凉棚和杂耍卖艺之人。人流攒动、色彩多样、高声不绝的情景，令游客很是着迷。[①] 多样的市井生活和民俗活动也是北京城的一个方面，如赏花、养鸟、驯象、唱戏、拉爬犁、斗蛐蛐、围炉过冬、赋诗作画等，有一些是在其他地方看不到的。如罗声电描述大象是皇家仪仗的组成部分，北京有专门的驯象所，每临夏季，在内城西护城河畔观看大象洗澡，乃是京城酷暑中的一道风景。到冬天时，若东、西护城河结了冰，人们便将爬犁置于其上，爬犁可承载多人，可以像马车那样快速移动，有时人们把几个爬犁聚在一起，饮酒喝茶，就像身处一面银湖之上或是一间水晶大厅之中，令人倍感愉悦。每个月的不同日子都有庙会，逢三在土地庙，在那里最惹人注目的货品就是长度从30厘米到3米多不等的鸡毛掸子，逢七、八在护国寺，

---

① L. Nocentini, *Nell'Asia Orientale. Impressioni e Note di Viaggio*. Firenze: successori Le Monnier, 1894: 209–210.

逢九、十在隆福寺，除了家常用品之外，珍珠、玉石、刺绣品等珍贵稀有的东西也能找到。出了内城则有卖皮毛、衣服、桌椅和贵重物品的东市和西市，最漂亮的商铺集中在正阳门附近，它们外观往往装饰奢华，给人以生意兴隆的印象。①与浩大、热闹、奇趣形成反差的是，由于北京的古老、传统和保守，它又呈现出一派落后、令人心酸的面貌。例如，罗声电写北京的"丐帮"组织发达，"成员们分成不同的组，按固定的路线挨个商铺行乞，要是不能马上拿到施舍，他们就成群聚集在门口哼唱冗长、单调又悲伤的歌曲，以至于店家为了其不再长时间打扰自己和客人，能让门口空出来，只好赶快扔几个钱……为了避免这样的麻烦，店主们会付给帮会一小笔费用……"②为了要饭，乞丐们不惜摧残自己的身体，"使自己身体变成畸形，在身上留下伤口……有如此残忍的母亲会弄瞎她们孩子的双眼……"③行乞成为很多穷苦人从小的职业。罗声电还写了北京"无风三尺土，有雨一街泥"的景象。"风尘会穿透各处，人们为了防护，都用纸将窗户遮蔽起来……每当起沙尘的时候，遮天蔽日，人们互相之间都无法看清。沙尘天气一个月会有几次，也有超过十次的时候，持续一整月的情况也不少。"④"北京的街道，除了正阳门前的之外，都是不铺石板的土路；因此晴天时沙土高到能盖过脚面……雨天时满街都是泥塘……房屋的垃圾，像煤灰和碎瓦片，被堆放在门前，形成高过三米的小山。"⑤没有专门负责修缮道路、清理垃圾等治理工作的部门和人员，与租界里的先进城市管理模式形成了鲜明对照。

---

①L. Nocentini, *Nell'Asia Orientale. Impressioni e Note di Viaggio*. Firenze: successori Le Monnier, 1894: 225–231.

②L. Nocentini, *Nell'Asia Orientale. Impressioni e Note di Viaggio*. Firenze: successori Le Monnier, 1894: 202.

③L. Nocentini, *Nell'Asia Orientale. Impressioni e Note di Viaggio*. Firenze: successori Le Monnier, 1894: 202–203.

④L. Nocentini, *Nell'Asia Orientale. Impressioni e Note di Viaggio*. Firenze: successori Le Monnier, 1894: 226.

⑤L. Nocentini, *Nell'Asia Orientale. Impressioni e Note di Viaggio*. Firenze: successori Le Monnier, 1894: 227.

此外，罗声电看到每个城市都有自己的代表商品，如北京的铜珐琅，天津的驼毛毯子，苏州的丝绸和刺绣衣服，宁波的木雕，温州的肥皂草制品，江西的瓷器，广东的瓷器、漆器、玳瑁制品和象牙制品。他特别指出，只有广东人注意研究西方人使用的物品并且结合中式风格进行仿制，再把它们卖给西方人，他们做迎合西方人品位和用途的扇子，他们不喝咖啡，却生产咖啡杯。这充分说明了与西方通商的深入程度对商业模式的影响，相比于囿于本土环境的其他地区来说，广东更加适应了西方的冲击。

3. 民俗文化

罗声电除了体察到晚清城市的不同风貌和民情之外，对中国人的看皇历、供城隍神、祭孔祭祖先、婚丧嫁娶仪式和节日娱乐等宗教文化生活也颇有感触。他认为中国人确实极其迷信，在做一生中最重要的行为，如选媳妇、结婚、送葬、搬新家、动工盖房子等类似的事情时，都必须先找个好日子、配上供品、举行驱魔仪式以防范不好的影响靠近。但他反问道："当谈到东方时我们如此强调的这种迷信，西方就真的没有吗？"[1]他所思考的真正区分中国人和西方人文化特征的根源不在于迷信问题，而是宗教情感问题。他认为中国人，从皇帝到平民百姓，往往只是追求宗教的外在表现，即形式上的盛大，而并非对宗教有真诚的情感和信仰，就更不太可能为了证明神的品质而进行理性推理和实验活动，就像近代西方科学从基督教中脱胎那样。因此，宗教情感在中国就像是生长在贫瘠土壤中的植物，宗教只沦为一种迷信的仪式，人们用宗教形式上的东西去包装和美化的其实是世俗制度的唯一基石——家庭情感，也就是儒家伦理的核心精神。这也就是中国人会邀请和尚和道士参加庆祝店铺开张、乔迁新居等家庭隆重仪式的原因，在父母的葬礼上若是请和尚和道士走在棺材前也被视为子女的孝顺，会受人尊敬。罗声电生动地描写道："婚轿是用刷成红色的刻木做的；轿子后面跟的是新娘收到

---

[1] L. Nocentini, *Nell'Asia Orientale. Impressioni e Note di Viaggio*. Firenze: successori Le Monnier, 1894: 101–102.

的聘礼盒子。结婚时能听到的乐器与丧礼时听到的是同样的,如果不看行进队伍的话,没人能说是在笑还是在哭。"①

对于中国民间特有的一些供奉习俗,罗声电有不少记述:"所有的官员都会在一年的第一天黎明以郑重的形式前往离湖和佛寺不远的城市(上海)的守护神庙那里去,完成庄重的三跪九拜的跪拜仪式。城市的守护神是1206至1367年间蒙古人统治中国时的一位地方官。②人们讲述着有关他的堪当人民保护者的伟大奇绩。在每年三月他的诞辰日,女人和女孩们都会穿着节日的衣服前往为纪念他而建的庙里,这庙在所有的细节方面都与其他寺庙无异。每座城市,几乎每个村庄,都有保护神,一般来说,都是曾经的一位好地方官。"③他还记叙:"在城隍庙的外墙边有一种井,人们会往里面扔写了字的纸片,中国人对此极其崇敬。字纸是神圣的,就像不好好用它会被怪罪一样,保管好它的人则值得称赞。发明字的仓颉,被看成是一个神,或者更确切地说,他会在庙里收到供品。在上海,就像在每个城市一样,会有某个虔诚的人留下遗产来雇用沿街收集印刷或书写的纸张,并把它们拿到指定的地方焚烧的人。烧过的灰烬被运送到海边,倒入海水以平息暴风雨……除了当地城隍庙之外,每个城市还都有一座献给孔子的庙。那里不竖雕像,但取而代之的是置一块红色牌位,上面用金色字写着这位中国大哲学家的谥号;在两边的墙壁上有其他小的牌位,写的是孔子的哲学家弟子或追随者的名字。这些庙事实上没有什么神圣或宗教的意味,为了文人和官员的舒服,它们总是被建立在非城市中心的地方,因为这样这些人就不会路过那里,避免了下轿子或下马行礼仪的麻烦。"④

---

① L. Nocentini, *Nell'Asia Orientale. Impressioni e Note di Viaggio.* Firenze: successori Le Monnier, 1894: 41.

② 即秦裕伯(1296—1373),元末明初政治家、文学家、书法家。

③ L. Nocentini, *Nell'Asia Orientale. Impressioni e Note di Viaggio.* Firenze: successori Le Monnier, 1894: 44-45.

④ L. Nocentini, *Nell'Asia Orientale. Impressioni e Note di Viaggio.* Firenze: successori Le Monnier, 1894: 47.

春节的风俗自然是罗声电不能错过进行一番详细描述的。"一年的头一天是唯一一个所有人都承认的可以中断劳作的节日。在新年开始前很多天，街上就到处都能听到爆竹声；孩子们，至少在上海是这样，都使劲儿吹喇叭，喇叭与主显节时佛罗伦萨孩子们吹的那种东西的形状有着奇特的相似性。中国的喇叭是用白铁皮做的，但与佛罗伦萨的一样，都发出同样尖锐、烦人的刺耳声音。店铺会关门几天，在关闭的遮板上张贴和悬挂着红色或黄色的纸，写着福字，或寿字，以及经常是跟买卖兴旺和平常的幸福相关的格言……各省官员会封印八天，是新年前四天和后四天。而中央政府会在新年前二十天封印，新年后二十天再重新启封。封印意味着在整个这段时间不管多重要的事务都不处理。随着适逢一月末或二月的新年的临近，街上有了不寻常的活动。那是运送礼物的脚夫和匆忙跑着的人们。很多人手中拿着满是含苞待放的蓓蕾的嫩枝，这是春天的征兆。之后在新年这一天，中国人穿上正式的衣服到四面八方去做拜访。也许这是一年之中能看到他们干干净净的唯一的日子。我在其中一个这样的日子在散步时遇到了我的裁缝，他穿着官服，帽子上有顶戴。当他看见我时，立刻表现出传说是孔子在庄重的场合所走的步态。顶戴是官的特征，其颜色和材质都指明了品级。最低等级的是黄铜做的，那些因为没参加过科举考试，因此没有资格戴它的人也能花七十或八十里拉买来……新年的第五天是献给商人们特别崇敬的财神爷的。第八天就开始了灯节，或是像中国人说的，叫起灯；第十五天是灯节正日子，第十八天散灯。整个节日确实就是在一片彩灯中。中断多日的公共生活随着店铺的逐渐开张而慢慢地恢复了它的进程。每个商人都会用鼓声以及和尚和道士在祭坛边唱的祷文，让恶灵逃得远远的，让新年的生意繁荣起来。整年中没有其他的节日是所有人都认同的；也没有任何其他情况会停下工作或关闭店铺。"①

仔细观察并记录宗教、民间信仰和民俗活动是罗声电深入理解和分

---

① L. Nocentini, *Nell'Asia Orientale. Impressioni e Note di Viaggio*. Firenze: successori Le Monnier, 1894: 45-46.

析中国社会和文化的很重要的切入点，同时也是他见证和传播文化多元性的方法，《在东亚——印象和游记》中还有专节展现中国的服饰文化、戏剧文化、司法文化等，更是丰富了西方人认识和了解中国的内容。如他在第六章中用大量篇幅描述不同阶层、不同身份的中国人在一年四季、各种重要场合穿着的服装式样，显示了服饰背后中国的政治制度和伦理思想特色。

有卖丝绸衣服的店，也有卖棉布衣服的店。文人和商人分别代表了社会等级中的最高和最低一等，却都穿丝绸的衣服；前者要炫耀高贵，后者则炫耀富裕。农民和工人构成了两大中间阶层，他们穿棉布的衣服。妇女们也像男人一样，总是按照符合她们经济条件的习惯来穿衣。文人和商人的夏日着装中有两个护带，一个系在腰间，一个系在脚踝，脚上穿白色粗布的袜子、黑色的小鞋，鞋底是白色的、硬底，大约高两厘米。只是完全包裹住了小腿部分的护带下面可以看见白色的、十分宽大的裤衩。年轻人会穿一件颜色很浅的长衫，他们偏爱天蓝色，长衫几乎落到脚面，袖子长到几乎盖住整个手；头是露在外面的。春秋时节长衫被一条垂下的窄带在腰间束紧。还加了丝领和一件到膝盖上面的或无袖或有袖的短外套。有袖的外套偏爱用深蓝色、栗色或深紫红色。到了冬天在较为温暖的地区，这些外套会被絮上棉花或包上山羊皮，而在北方地区还会包上外面的羊毛。帽子是一种没有帽檐的，圆顶形的硬帽，黑色缎子做的，帽顶带一个红色的结。

服重丧时，帽顶、发辫上的缨、束住衣服的带子和鞋都是白色的，即用粗麻布制成；服轻丧时，帽顶是深蓝色。送父亲或母亲入土的儿子要穿一件粗麻布的衣服，着草编的凉鞋和帽子。

政府官员的礼服是一件带有宽大袖子的又长又宽松的深色丝制外褂。在胸口处和两肩后缝有一块四方形的，用丝线和金线刺绣的布。这块丝布的图案和绣花指明了等级和品阶，是文官还是武官。文官的各种等级是由十种不同的鸟来表示的，武官的等级则是由十种四足动物来表示。第一房太太，也就是正室，穿戴有与丈夫同样的标志物。

作为礼服,或是像我们说的制服,要求配高靴,而非矮鞋。

冬天的官帽呈低的斜截棱锥形;黑色,垂下的红缨盖住了帽顶。夏天则是白色的无檐帽,也带同样的红缨。

如今当政的王朝想要给文武官员一个共同的新标志,就是镶在帽顶上的一个扣,根据等级不同,分别由红宝石、珊瑚、天青石、宝石、素金或镀金的金属构成。之后皇帝再赐予花翎,缀于冠后,垂到肩膀上。分为两级:孔雀翎,根据功绩大小会装饰上双眼或三眼,以及乌鸦[①]羽毛的蓝翎。要是对国家的功绩卓著、贡献极大,还会被赐予穿黄马褂的权利,黄色代表的是皇家的颜色。

农民和工人穿的是一种到膝盖上面的深蓝色棉布短衣。下雨天他们会用一个形似盾牌的竹帽遮挡,并且用缝成斗篷形的草编物蔽体。

文人和商人家的女人喜爱丝绸刺绣的衣服,在这上面花费巨大。在上海的上流社会,有些女性穿着七八百里拉的裤子;自然,外衣的价格还要贵得多。整套衣装包括很宽很长、足以藏住小脚的裤子;用拆开的带子做的一个衬裙,一件到膝盖长度的短斗篷或披风。鞋也是丝制的。在女士的服装中也是浅的单色占支配地位。现任的皇朝为了终结被战胜的民族对他们的嘲笑,命令习满族人的风俗,但法令并未延及妇女;因此妇女的衣服仍然是汉式的,与今天男人的服饰不同。满族妇女穿着跟男人相同。女性的衣服很宽大,但领口很紧;袖子长到能把手全部遮住,按中国人的礼节,不论是男人还是女人,都应该尽量少让人看见自己的手。让一位太太露出她正在用着的手都很难,她会保持把手包裹在袖子里;文人也极少让人看见他的食指和中指尖。因此,形式的优雅不能吸引中国人的注意力,他们把欧洲女性的服装,特别是那些所谓的社交界的服饰看成是风俗败坏的标志。

中国一些女人爱奢侈和赌博,为了满足她们的任性,偿付她们的赌债,她们也经常被迫典当衣服,之后由于自身的疏忽或缺钱,也不再赎回,这些衣服就被卖给商人了。

---

① 实为鹖鸟,又名鹖鸡,属鸡形目,中国古书记载中一种善斗的鸟,今名褐马鸡。

这些衣服中的很多满是金线和刺绣，它们被带到欧洲，特别是法国，在那里，进行清洗和修补过后，式样都不见得变，就以昂贵的价格又卖出去。可能欧洲上流社会的某个夫人，从舞会或剧院出来的时候，会披上一件这样包了西藏山羊皮的中国衣服，漂洋过海之后衣服和某个名妓之间的接触已经得到了净化。①

再如，罗声电对中国戏剧文学进行了独到、精当的阐释，他认为开端于8世纪、繁荣于元代的中国戏剧与西方戏剧在情节上有很大区别，这种情况同样发生在中西浪漫主义文学的比较中，在西方"爱"永远是推动情节发展的动因，但在中国人这里，"孝"才是戏剧成立的根基。在一个父权左右子女婚姻的国家，"爱"只能在不正当的享乐中找到它的温床，因此只能在滑稽戏和小戏中找寻有罪的爱情童话。"孝"作为戏剧的动机和目的，在观众面前展现的是无关"爱"的家庭内部斗争。例如，很多戏剧讲述的都是这样一个核心故事：一个青年人不愿抛下年迈的父母进京赶考，他的思想会经历激烈的斗争，若他去了，可怜的父母若遭遇灾祸，世人会说他不孝；若他不去，无法进入官场，不能给父母提供富裕生活，他也未尽到孝。他该如何抉择？怎样选择他都可算得上不孝。父亲想要他去，母亲掩饰不住离开儿子的痛苦，于是戏剧中扭转局面的力量出现了，在家里一个朋友答应照顾他的父母后，他最终决定前往京城。戏剧布景往往十分简单，一张小桌、一个帘子、一把椅子就构成了全部舞台布置，演员会用肢体动作来弥补场景的缺陷。剧团人数从20人到40人不等，通常他们扮演的主要人物形象有达官显贵、年迈的父亲、赶考的青年、滑稽角色或浪荡子，女性人物有年迈的女人、小丫鬟、媒婆、名门女子、名妓。罗声电谈了京剧表演给他带来的实际观感，在他眼中演员的戏装很华丽漂亮，严格还原戏剧故事发生时代的面貌。他们经常头上戴两个长长的翎子或是在后肩插上小旗子。女人不允许上戏台，都是十六七岁的男孩子扮女人的妆，这种化妆法令人惊异，足以让人对他们的变装产生幻觉，甚至连女人

---

①L. Nocentini, *Nell'Asia Orientale. Impressioni e Note di Viaggio*. Firenze: successori Le Monnier, 1894: 53–56.

的小脚他们也不忘装得像模像样。他亲见一个演员将女人的小鞋子穿在大拇脚趾上，只用这个脚趾走路，以此来表现女人的步态，又长又肥的裤子遮盖住脚面，便完善了幻象的呈现。他们唱词的腔调很高，讲的是北京方言。舞台背景音乐嘈杂、震耳欲聋。因此，在罗声电看来观众若不是读过了戏词，是理解不了舞台上在说什么的。在一场戏和另一场戏之间或一出戏和另一出戏之间没有很长的间歇，舞台没有大幕，也自然没有幕的起落。总之，舞台的设置过于简陋，演员在戏词之外需辅以大量动作来说明情节使他对这种表演无法维持热情。①

罗声电确实抓住了中西戏剧区别的关键，西方戏剧强调"时间""空间"的特殊性，因此对舞台布景总有一番特殊规定和设计，剧中人物必有一套特殊的个性。"中国戏剧里，没有时间、空间限制，也没有特殊布景。所要表现的，不是在外面某些特殊条件下之某一人或某几人的特性上，中国戏剧所要表现的，毋宁可说是重在人的'共性'方面，这又即是中国人之所谓'道'。"②在罗声电眼中，过于空荡荡的戏台正是中国戏剧的意蕴和情味所在，因为它不必逼真，观众只集中于那人物身上即可。"深一层言之，中国戏剧也不重在描写人，而只重在描写其人内在之一番心情，这番心情表现在戏剧里的，也可说其即是道。因此中国戏剧里所表现的，多是些忠、孝、节、义可歌可泣的情节。这些人物，虽说是小说人物，或戏剧人物，实际上则全是'教育人物'，都从人类心情之共同要求与人生理想之共同标准里表现出来。这正如中国的诗和散文，也都同样注重在人生要求之'共同点'。"③中国戏剧注重对人物内心感情的处理，演员要靠肢体语言去表现时间的更替和空间的转换，通过人物内心和肢体语言的变化，使观众融入复杂的戏剧故事发展的过程，因此演员是被集中注意的对象，而非布景或其他东西。像钱穆先生所总

---

① L. Nocentini, *Nell'Asia Orientale. Impressioni e Note di Viaggio.* Firenze: successori Le Monnier, 1894: 90-92.
② 钱穆:《中国历史精神》，九州出版社2012年版，第146页。
③ 钱穆:《中国历史精神》，九州出版社2012年版，第147页。

结的，它反映的是中国文学艺术的内倾性，而西方文化是外倾的。罗声电能部分地理解和领悟中国传统戏剧文化，但已习惯于西方戏剧表现形式的他终究不能真正接受和欣赏中国戏剧的表现手法，特别是要理解唱腔、动作、伴奏乐器的精妙之处，即便对于一个以理性精神审视中国文化的西方人来说也是太难的一件事。

4. 司法审判文化

曾作为意大利王国驻上海总领事馆代理领事的罗声电也有机会在租界中见证晚清中国司法审判和刑罚制度的施行。晚清司法制度最突出的一个变化就是领事裁判权的产生，中国丧失了司法独立主权。为了处理外国人和中国人之间的民事和刑事纠纷，租界里又设立了混合法庭，混合法庭由中国法官和欧洲陪审官构成，陪审官是某位领事或领事委派的代表。混合法庭实际也审判只涉及租界里的中国居民的案件，处罚可以小到20下竹板，大到三四年的强制劳动，犯有严重罪行的中国人会交由华界的法官处理。罗声电特别写到在用作法庭的建筑外墙上，画着要对做了坏事的危险之人进行可怕的审判的城隍神的形象。他注意到了中国司法文化的这种表现，确实，城隍神在中国的宗教文化中不仅是城市的守护神，也是正义的守护神，国法加上神灵震慑会扩大正义的实现，不仅在生前，也延及死后，这是中国法律和宗教长久以来的互动模式。建筑内会暂时关押戴着枷锁的犯人，罗声电对此进行了描述："枷锁，一种刑罚工具，是一个边长大约60厘米的方形木板。这个木板根据罪行的程度有不同的大小和重量，它通过中间的一个圆孔可以分成两块，以便架在犯人的肩膀上。戴着这种像轭似的器械的犯人不能看到地面，也不能双手碰头；他们要等着家人或朋友行好给他们喂东西吃。黄昏时他们被系在枷锁上的铁链两两拴在一起，送往监狱，直到第二天黎明才能卸下这种不舒服的器具。"[①]在建筑内的庭院里有施行杖刑的地

---

① L. Nocentini, *Nell'Asia Orientale. Impressioni e Note di Viaggio.* Firenze: successori Le Monnier, 1894: 67.

方,"用来杖打犯人的一般用具是一个非常平滑的竹条。以前会使用两种竹条,一种沉些,一种较轻。沉的如今已经不再使用了;这证明了就算在中国刑罚也更加温和了。甚至 1661 年至 1721 年在位统治的皇帝①还下令只能杖打髋部以下的部位,以防损害肝和肺部"②。对行刑者的贿赂行为是很普遍的,"如果行刑者手里被偷偷塞了一些钱,杖罚就会很艺术,只会让皮肤变红而已;要是相反,犯人则会一辈子都带着受罚的痕迹。被判处同样刑罚的女性则是被一个长勺形的小竹条抽打脸颊。执行刑罚的时候,女犯人跪在地上,双臂被两个法吏抓着"③。

在罗声电看来,法庭并不显得严肃和宏大,"两个木栏杆将它分成三部分:中间的部分有被告、证人和法吏;两边是民众。法官脸冲着门口,坐在一张支撑在木台上的长桌前,右边是欧洲陪审官,左边是翻译们。政府任命的人员按规定都不能是所任职省份的人,因此他们生活在讲着他们不懂的方言的人民中间。在上海这样一个因为当地人来自不同的省份而使用多种方言的地方,法官总是需要不同的翻译。被告被抓着辫子,由两个看守带上堂;为表尊敬在地上叩过三次头之后,他在整个审判过程中都一直跪着。审判过程非常短,因为备了一杯茶和一支烟也没那么无聊;一个案件接一个案件都在巡捕作了声明,听了被告和证人的话之后立刻作出判决。如果判决与罪行不符,陪审官会提出反对。那样就会引发讨论,有时法官和陪审官之间的讨论会十分激烈,他们也许不总是受真正的正义感的支配,而是受减少本国或同种族人的罪过的愿望支配。贿赂也无耻地侵入法庭之内;因此就能理解为什么陪审官会很容易怀疑审判不公了"④。斩首示众是最严重的刑罚,罗声电写出的他对

---

① 即清康熙帝。

② L. Nocentini, *Nell'Asia Orientale. Impressioni e Note di Viaggio*. Firenze: successori Le Monnier, 1894: 68.

③ L. Nocentini, *Nell'Asia Orientale. Impressioni e Note di Viaggio*. Firenze: successori Le Monnier, 1894: 68.

④ L. Nocentini, *Nell'Asia Orientale. Impressioni e Note di Viaggio*. Firenze: successori Le Monnier, 1894: 68–69.

这一极刑的感想冷峻而犀利:"犯人双手绑在背后被带来,被迫使跪在法官面前;当一个人拽着他的发辫强迫他低着头的时候,行刑者在他的后颈挥下致命的一刀。从上半身砍下的头被放在一种从一侧打开的匣子里,这样置于城门前的立杆上,对于好人这是可怜的景象,对于恶人是短暂的儆戒,对于乌鸦则是满意的一餐。"①

五、罗声电的中国观

罗声电对中国有很多客观、敏锐的分析,在晚清中国的生活和对中国历史文化的研究使他对西方人对中国的既有认识和评价能够进行更深层次的反思:"有人只看到好的方面而赞扬之;有人意外地碰上了不好的事,就把这种不好毫无例外、毫无限制地推及至所有的人和事……民族,就像个人一样,每一个都有很多好的事情,混杂着很多不好的事情……就如同每个电流都有正极和负极一样。全世界的美德和恶习都是相同的,存在于民族和个人之间的不同是表面上的,而非本质上的。我们也研究语言、文学、习俗、宗教和制度;但如果我们探究人心的话,我们会发现它无论在何地都被同样的情感感动着,因为同样的激情而激动。只是表现的程度不同罢了。在那儿某些好的品质优于其他的品质,在这儿某些俗欲相较于其他的更为突出……需要对所有有助于构建出这些民族今天这个样子的要素做一番认真仔细的研究。"②罗声电主张从相同的人类情感和人性出发全面地了解一个异质文化的民族,设身处地地理解这种文化上的差异。例如,就他对中国城市和民情的体察来说,他能将西方人抱怨的中国城市建设得千篇一律进行换位思考,指出在中国人眼中的西方城市也可能是没有什么差别的;他也了解到在天主教会进入中国之前,在一些城市中就有收养孤儿的福利机构,慈幼制度和相关

---

①L. Nocentini, *Nell'Asia Orientale. Impressioni e Note di Viaggio*. Firenze: successori Le Monnier, 1894: 47-48.

②L. Nocentini, *Nell'Asia Orientale. Impressioni e Note di Viaggio*. Firenze: successori Le Monnier, 1894: 94-95.

律法在中国早已有之，因此他驳斥了西方人说中国人弑婴的传言。罗声电清楚地认识到中西传统文化的核心区别是前者基于道德，后者基于知识。中国政治和社会思想的核心是孝道，重伦理，追求善；西方文化的核心是契约精神，重科学，追求真。中国传统的儒家伦理观及以此为理论基础的政治制度和社会组织机制严重阻碍了它对西方先进文明的接受。在他看来，晚清为了自救自强的目的进行的社会改革没有取得实质成效。

　　罗声电在描述和记录中反映出中国历史文化的源远浩瀚，社会民生的千姿百态和民族命运的复杂多舛，反映出晚清中国的客观真实。但他也有主观的思考感叹和针砭评论，他向西方传递的是他眼中的中国形象。同时他对晚清中国政治、经济、社会的解读是带有他的国家意识形态的，也不可避免地带有欧洲中心主义的偏见。罗声电的一个关切点一直在于宣传西方先进的科技文明，希望中国能够接受和学习，他批评中国在近代科学技术发展方面的落后，但在批评的同时他流露出思想中潜在的西方种族优越观。罗声电看到的晚清中国已经是被列强的侵占改变了面貌的中国，他突出了租界对中国近代社会转型的客观作用，描述了租界对中国封建城市结构和功能的改变，对中国城市成长及近代化的促进，同时他把租界看成近代西方文明的扩散基地，是中国人躲避战火的庇护地，但他或美化或弱化了租界实为列强掠夺、控制中国的手段的本质。他回避了中国人对西方殖民侵略者的合理仇视和反抗问题，只强调西方文明对晚清中国的有益作用，而无视殖民掠夺对中国独立主权和社会经济的破坏及对中国人民的巨大伤害，所以他仍然是以殖民者的立场和逻辑来对中国进行评判的，他最终也寄希望于用武力强制中国接受西方文明，纳入西方的体系。可以说罗声电以学者的自觉、理性态度在全面介绍中国的同时，仍然以他所固有的西方意识形态、用他作品的文本形式对中国文化进行知识编码和制造，对中国形象进行再建构，这是他在其所处的特殊历史空间和社会环境中无法摆脱的。

第五章
罗声电的学术组织活动和贡献

在中国工作近 5 年后,罗声电于 1888 年回到意大利,这时佛罗伦萨高等研究院、那不勒斯皇家亚洲学院(那不勒斯皇家东方学院的前身)和罗马大学仍然是意大利对亚非国家语言进行教学和研究的三大主要机构。佛罗伦萨高等研究院的东亚历史地理教授讲席由普依尼主持,他兼授汉语和有关中国文化的课程。那不勒斯皇家亚洲学院的汉语讲席此时没有意大利人教授,而是由一位中国神职人员郭栋臣(Giuseppe Maria Kuo, 1846—1923)[①] 负责。罗马大学的远东语言文学教职则由汪瑟士担当。此时意大利汉学发展的总体特征是学院式汉学和实用性汉学相割裂,佛罗伦萨高等研究院和罗马大学属于前者,那不勒斯皇家亚洲学院属于后者。而且那不勒斯的实用汉语教学已经达到很高水平,所编汉语教材对意大利现代汉语教学影响深远。最先进行将两种汉学模式融合在一起尝试的人就是罗声电。

1890 年,罗声电获得了那不勒斯皇家东方学院的汉语教授职位,开始到此任教,并于 1891 年到 1895 年任该院院长,"以其积极开明的活动为学院开启了一段重要的复兴时期"[②]。他倡导用学术方法对亚非国家和其语言进行研究,而不是只满足于实用的基本要求。他希望改造学院,

---

[①] 郭栋臣少年时在武昌意大利方济各会士管理的圣方济·沙勿略神学院学习,1860 年被派往那不勒斯圣家中华书院深造,1871 年以优异成绩完成学业,并于次年获得神职,特准为留校教授汉语的老师。1873 年,他奉命回家乡湖北传教,1886 年重回那不勒斯接任因病不能继续执教的师长王佐才(Francesco Saverio Wang, 1842—1921)的工作。他为书院编写出版了《三字经》《华学进境》《华学进境——小引》等中文阅读教材,并翻译了《真福和德理传》。

[②] C. Schiapparelli, Necrologia. *Rivista degli Studi Orientali*, Vol. 3, Fasc. 1 (1910): 1.

使之更符合现代大学的定位,即把科学研究作为自己的主要职能,把增扩人类知识和培养科学工作者作为自己的主要任务,推崇学术自由,这在欧洲强调大学教学要与研究活动紧密关联、关心学科建设的时代背景下是进步的。曾经在佛罗伦萨高等研究院东方印刷所的特别的工作经历使罗声电对学术著作的印刷出版流程十分熟悉,他在那不勒斯也一直重视学术出版,他将学院的资金更多地用于资助教师出版教材、著作和创办刊物上,他在任期间使得一部印度语语法书[1]、一套两大卷本的丛书和6期《东方》刊物付梓,并在筹备一部阿拉伯语语法书[2]的印刷事宜。

一、罗声电在那不勒斯：东方学院及刊物《东方》

1. 那不勒斯皇家东方学院的历史沿革

那不勒斯地处意大利半岛西南海岸,12世纪成为诺曼人建立的西西里王国的一部分,该王国后由统治神圣罗马帝国的霍亨斯陶芬王朝继承,腓特烈二世在这里创建了世界上最古老的国立大学,使那不勒斯成为王国的知识中心。1282年,意大利南部与西西里分离,改称那不勒斯王国,先后受到法国安茹王朝（1266—1442）、西班牙阿拉贡王朝（1442—1504）、西班牙和奥地利的哈布斯堡王朝（1504—1735）、西班牙波旁王朝（1735—1806）的管辖。那不勒斯是地中海贸易的重要据点,也是文艺复兴和巴洛克时期的一个中心。1732年,传教士马国贤在那不勒斯创办圣家中华书院,旨在培育具有纯正天主教思想的华裔传教人员。圣家中华书院也接收了很多对中国和中国文化感兴趣的欧洲青年学习汉语,那不勒斯成为欧洲"中国热"时期研究中国文化的重镇。在拿破仑战争期间（1806—1815）,那不勒斯由法国控制,拿破仑的长兄约瑟夫·波拿巴（J. Bonaparte, 1768—1844）和妹夫缪拉（J. Murat,

---

[1] C. Tagliabue, *Grammatica della Lingua Indostana o Urdù*. Torino: Casa Editrice Ermanno Loescher, 1892.

[2] L. Buonazia, *Regole della Grammatica Araba Compendiate*. Roma: R. Accademia dei Lincei, 1900.

1767—1815）先后任那不勒斯国王。拿破仑本人对圣家中华书院非常重视，曾为书院专门订购过欧洲第一部《汉法拉词典》(Dictionnaire chinois, français et latin)①，并把书院纳入教育一体化改革运动②中。因此书院教学增加了很多世俗化的内容，相当于一所文科高中，开设课程有语言、修辞、历史、哲学、地理、几何，外语中有汉语。

1868年，书院被意大利政府接管，领导层分为两派意见，一派拥护取缔这一以培养中国天主教神职人员为创建目的的机构，另一派支持对其进行改革，使其变为对意大利国家的贸易渗透和殖民扩张有益的文化机构，后者占了上风。因此1869年的法令正式将圣家中华书院更名为那不勒斯皇家亚洲学院，学院许多管理部门不再由神职人员掌控，学生须是那不勒斯大学（Ateneo Napoletano）③在校生，所教授语言有汉语、阿拉伯语、波斯语、土耳其语、印度语言、日语、斯拉夫语、塞尔维亚语和现代希腊语④，增加了商业方面的教学内容，还增加了培养赴海外外交官的任务，由于缺少师资，来自中国的神职人员王佐才和郭栋臣被准许留校任教。为了让那不勒斯皇家亚洲学院的学生更好地做从事外交和领事工作的准备，1880年11月起那不勒斯大学增设了5门补充课程，分别是国际私法、外交和领事法、条约史、商业和殖民地经济、贸易史。几年后补充课程合并为3门，为国际私法、商业和殖民地经济及贸易史、外交学和条

---

① 这本词典于1813年由法国汉学家小德金在巴黎出版，但后来证实是他剽窃了17世纪意大利圣方济各会传教士叶尊孝在中国期间所编手稿《汉字西译》，又名《汉拉词典》(Dictionnaire chinois-latin)的成果。

② 从1800年2月开始到1815年统治结束，拿破仑在执政15年间颁布了一系列重要的教育法令，包括《国民教育计划》《有关帝国大学的构成法》《大学组织令》等，建立起中央集权教育行政体制，创办新型高等专科学校，重视人才培养，设立教育督导制度，实行政教分离，统一国家意识。1812年，那不勒斯王国公共教育部门决定对所有（公立和私立）学校进行统一管理，圣家中华书院也在其内。

③ 即现那不勒斯腓特烈二世大学（Università degli Studi di Napoli Federico II）。该大学于1224年由神圣罗马帝国皇帝和西西里国王腓特烈二世创建，旨在培养王国官员，是世界上最古老的国立大学，也是最古老的连续运行的学术机构之一，在政治和司法方面有悠久的学术传统。1978年9月7日，该大学正式以创始人的名字命名。

④ 参见 L. Nocentini, *Relazione sull'Insegnamento Coloniale Italiano*. Roma: Casa Editrice Italiana, 1905: 12.

约史。①此时那不勒斯皇家亚洲学院的宗教性质还没有完全去除，像王佐才和郭栋臣都担任神职，他们仍然要服从梵蒂冈传信部的支配。1888年，在意大利反教权和殖民主义情绪高涨的背景下，那不勒斯皇家亚洲学院的宗教修会②被取缔，学院正式关闭，至此它作为教会学校的近160年的历史终结了。与此同时，为了保留为意大利的东方活动培养预备人员的基地，意大利议院讨论了建立新的皇家东方学院的法案，提出皇家东方学院应以对现代东方语言的实用教学为宗旨，东方语言不能像以前那样只局限于亚洲，而应该扩展至非洲的语言，这是与意大利的对非殖民扩张政策密切相关的。在语言课程之外，还可以开设涉及这些国家的历史和现实以及它们与欧洲特别是意大利之间关系等内容的课程。王佐才和郭栋臣先后离开意大利回到中国③，于是在1890年11月罗声电担纲了新的那不勒斯皇家东方学院汉语言文学课程教授，由他恢复了中断的汉语教学传统。

2. 罗声电的学术理念和办刊始末

由于罗声电的丰富资历，除了作为汉语教授，他还被推选为学院学术委员会的负责人和院长，并参与行政委员会的工作。当时东方学院的领导分在这两个委员会中，其中行政委员会负责管理从圣家中华书院至今积累的资产，并利用这些资产的收益为教授们支付工资、支付教师著作出版费用和学院整体运营费用④。罗声电有心想要让东方学院成为意大

---

① 参见 L. Nocentini, *Relazione sull'Insegnamento Coloniale Italiano*. Roma: Casa Editrice Italiana, 1905: 13。

② 即圣家修会（Congregazione della Sacra Famiglia）。

③ 王佐才由于受到梵蒂冈传信部派驻那不勒斯皇家亚洲学院的上司压制，于1886年被迫离开学院，到罗马附近的甘道尔夫城堡（Castel Gandolfo）修道院做本堂助理神父，工作劳累和身心压力使他精神失常，1891年夏被送回中国。郭栋臣在1888年意大利政府强制取缔圣家修会并关闭学院后，以圣家中华书院是来华传教士马国贤奏请康熙皇帝为培养中国神职人员而建为由上书清政府，请求出面交涉，未果。他于1892年处理完在意大利各项事务后回国。可参见任筱萌《汉语国际教育园地的先行者和守望者——以那坡里圣家中华书院汉语教师为核心》，《青海师范大学学报（哲学社会科学版）》2017年第6期，第94—95页。

④ 参见 M. Fatica, L'Oriente. Rivista trimestrale. In *Le Riviste a Napoli dal XVIII Secolo al Primo Novecento*, a cura di A. Garzya. Napoli: Accademia Pontaniana, 2008: 632。

利新的东方学著作出版中心,因此他多次在行政委员会进行这方面的提议。可以说他所代表的是学术研究派,但在学院内部还有一派人跟他持相反观点,他们主张东方学院的章程已经概括了它是对亚非语言进行技能和实践教学的机构,出版物限于实用的语法手册即可,将学院的经费用于纯学术著作的出版是不符合条例的。①事实上罗声电不满足于将东方学院只定位于一所教授外语实践技能的学校,他希望学院能成为像佛罗伦萨高等研究院那样的学术性高等院校,从多方面都可以看出他想把佛罗伦萨经验应用到那不勒斯来,但是他遇到的阻力很大。其实罗声电的想法是很先进的,也是符合时代发展趋势的,19世纪末自然科学和人文社会科学进一步发展,新的研究方法层出不穷,欧洲在历史学、法学、社会学、比较语言学、人类学领域的研究更加深化,如果能在东方语言教学的基础上进行学科研究的提升是有利于意大利东方学的发展并增加意大利的文化实力的,同时提升学校层次、兴办大学、增加教席也是发展潮流。但这似乎与要急速培养为意大利的对外政治和经济扩张服务的人才的初衷有所矛盾。

1893年,意大利教育部将东方学院财产管理权交予罗声电负责,他便开始着手创建可以为学院教师已经积攒的研究成果提供出版机会的平台,采取措施鼓励教师钻研学术。罗声电为了减轻学院负担,号召东方学者同事集资开展办刊、出书工作,待刊物或图书取得销售收益后再返还投资。1894年1月,教师们的文集,即《东方》季刊第一期出版,刊物由学者专论部分和6个专栏组成。罗声电撰写了刊首文章《中国的古老关系》,其他内容有印地语和乌尔都语教师所写的《印度女童婚姻》(Il matrimonio delle fanciulle impuberi nell'India)、土耳其语和波斯语教师的论文《关于巴布运动的笔记》(Alcuni appunti sul babismo)、讲授阿姆哈拉语和厄立特里亚方言的教授的文章《提格雷谜语》(Indovinelli Tigray)以及现代希腊语教师的《佩特拉塔(希腊传说)》[La Torre di

---

① 参见 M. Fatica, L'Oriente. Rivista trimestrale. In *Le Riviste a Napoli dal XVIII Secolo al Primo Novecento*, a cura di A. Garzya. Napoli: Accademia pontaniana, 2008: 633。

Petra（leggenda greca）]。6个专栏分别是"语文和文学消息"（Notizie filologiche e letterarie）、"考古消息"（Notizie archeologiche）、"商业消息"（Notizie commerciali）、"政治消息"（Notizie politiche）、"地理消息"（Notizie geografiche）和"各种消息"（Notizie varie）[①]，汇编最新的学界动态和政经要闻。这种设置体现了刊物将语言教学和学术研究相结合，将语言文学研究和殖民地概况研究相结合，服务于意大利东方活动的综合性质。在随后的几期中罗声电也不局限于本院教师的学术研究，如分别刊登过汪瑟士翻译的日本戏剧和塞韦里尼的日本诗歌集的部分内容。从1895年开始，期刊从季刊变为半年刊，但容量仍等同于两期季刊。[②③] 那不勒斯东方大学教授樊米凯对罗声电的这段经历有过较为详细的研究，他指出"如果我们必须给期刊一个评价的话，我们可以说《东方》杂志是杰出、正直的专家们的成果，他们不仅在那个期刊上公开他们的研究结果，而且在很多情况下，他们呈交给我们一种值得重新提出的文明的讯息"[④]。《东方》在两年时间中汇集了当时意大利最优秀的东方学家的论文，虽然刊物持续时间不长，发行的范围比较有限，但与东方活动有关的各个学会和院校都订阅了该刊，这些学术成果也在会员和教师中间得以交流，极大鼓舞了东方研究者，有力地推动了意大利的高水平东方学研究。罗声电以他的热忱和坚持为学术研究创造环境，他在东方学院期间也出版了自己的著作《在东亚——印象和游记》，发表了近20篇论文和译作，是他学术成果产出最多的一段时间。

[①] 参见M. Fatica, L'Oriente. Rivista trimestrale. In *Le Riviste a Napoli dal XVIII Secolo al Primo Novecento*, a cura di A. Garzya. Napoli: Accademia Pontaniana, 2008: 634。

[②] 参见M. Fatica, L'Oriente. Rivista trimestrale. In *Le Riviste a Napoli dal XVIII Secolo al Primo Novecento*, a cura di A. Garzya. Napoli: Accademia Pontaniana, 2008: 634–635。

[③] 对于罗声电办学理念的质疑和反对在1895年夏天重新浮现出来，反对者抨击他把经费用来出版文学和历史等纯学术研究成果以及东方学院以外人员的学术成果，8月以后他不再担任学院的领导和管理职务，《东方》也于1896年停刊。

[④] M. Fatica, L'Oriente. Rivista trimestrale. In *Le Riviste a Napoli dal XVIII Secolo al Primo Novecento*, a cura di A. Garzya. Napoli: Accademia Pontaniana, 2008: 636.

3. 对汉学人才的培养

虽然重视学术层面的发展，但在汉语教学上，罗声电也完成了培养未来能胜任商业、外交工作的口译人员的任务，这主要体现在他的学生威达雷身上。威达雷于1893年到1913年在意大利驻北京公使馆做见习口译员，后任参赞，并三度①担当署理使臣。他在北京方言和民间文学研究上的学术造诣很高，他收集、整理并翻译了一本《中国民俗——北京儿歌》(*Chinese Folklore—Pekinese Rhymes*, 1896)，共收录170首在北京民间儿童中传唱的童谣儿歌，向西方介绍了中国的民俗文化，反映了北京深厚的文化积淀和地方特色。此后，他还出版了《汉语口语初级读本——中国笑话》(*A First Reading Book for Students of Colloquial Chinese—Chinese Merry Tales*, 1901)，是为练习汉语会话的口译生编的阅读材料，他从数千民间故事中挑选出99篇，用北京官话编写，十分新颖而实用。这些材料客观上影响了中国现代民俗学者的学术理念，启发了新文化运动的白话文改革者，为语言学和文学研究保存了重要的语料和素材，传播了中国文化，促进了汉语在西方的推广，对于今天的汉语教学研究和北京方言发展研究都有着重要意义。威达雷还著有《蒙语（喀尔喀语）语法和词典》[*Grammaire et Vocabulaire de la Langue Mongole (Dialecte de Khalkhas)*, 1897]，在期刊文章中介绍过中国诗歌和戏剧。1899年，威达雷被清政府授以二等二级双龙宝星勋章，获得法国政府颁发的银棕榈奖。

威达雷在学术上的造诣是与老师的影响分不开的，他在那不勒斯皇家东方学院跟随罗声电学习汉语，罗声电对汉语的丰富知识和实践经验给了他进一步完善自己的基础。罗声电致力于将东方学院改革成为一个活跃的学术中心，自然也易于使学生养成学术意识。罗声电看到了威达雷身上的语言天赋，在他的推荐下，威达雷于1892年毕业后不久就走上了跟老师同样的外交职业道路，并且在这份工作上做了近20年。威

---

① 分别是1896年10月至1897年5月、1906年11月至1907年3月、1911年1月至3月。

达雷感念罗声电的培养，在北堂印书馆出版的《中国民俗——北京儿歌》的扉页上他写道："To Professor Lodovico Nocentini, in sign of esteem and friendship."将书献给罗声电教授。罗声电于1902年在《意大利亚洲学会学报》上也为威达雷的《汉语口语初级读本——中国笑话》写了评论。跟罗声电的学习和后来长期在华的经历使威达雷有了突出的语言能力，在这方面他有很多逸事流传下来。当他在中国期间，有一个在火车上听到他讲话的中国人，跟同行的同伴说："你们瞧瞧那个长了一张欧洲人面孔的中国人！"[1]据说当时在北京，其他使团中最有经验的译员都竞相找他讨教，高官显贵和皇室的亲王们都喜欢与他交谈，因为确信他们的谈话能被准确地理解。[2]1912—1920年，任意大利驻华使馆头等参赞、公使的瓦雷（D. Varè, 1880—1956）在他的回忆录《微笑的外交官》(*Il Diplomatico Sorridente*)中也有一些证明威达雷汉语水平的片段。他在1913年1月3日的日记中记述，他同威达雷去参观了北京的孔庙，里面有一些侧院不对公众开放，但威达雷知道他想看，于是便隔着关着的门与里面的人说了什么，院门就开了。"真要看看那些庙僧发现他们的对话者是一个外国人时脸上那惊讶，甚至是真正慌张的神情！他们真的没料到。"[3]他还写"慈禧太后曾说威达雷是外国使团的翻译中唯一一个能完美地讲汉语的人"[4]。威达雷在返回意大利休假的间隙，也多次在那不勒斯皇家东方学院临时代课汉语。1913年，当时的意大利殖民地部（Ministero delle Colonie）部长贝尔多里尼（P. Bertolini, 1859—1920）召威达雷回国，起初让他参与东方学院重组委员会的工作，后任命他为汉语教授和俄语代课教授。[5]1916—1917年，他也短暂地担任过东方学院院长一职。十分可惜的是，1918年，威达雷遭遇黑帮街头火并，意外去世，否则他将会在意大利汉学领域取得更大的成就。可以说威达雷继承

---

[1] 参见 F. Beguinot, Guido Amedeo Vitale. *La Cronaca di Napoli*. 22 maggio 1918。
[2] 参见 B. Balbi, In *Memoria di Guido Vitale*. Brescia: Casa Editrice L'Estremo Oriente, 1918: 9。
[3] D. Varè, *Il Diplomatico Sorridente*. Verona: A Mondadori, 1941: 116.
[4] D. Varè, *Il Diplomatico Sorridente*. Verona: A Mondadori, 1941: 116.
[5] 参见 F. Beguinot, Guido Amedeo Vitale. *La Cronaca di Napoli*. 22 maggio 1918。

了罗声电的衣钵，但他们之间的关系又充分地体现出"青出于蓝而胜于蓝"的境界。

罗声电在那不勒斯皇家东方学院主张语言教学与中国研究并重，积极推动学院向现代大学转型，提升了学院的学术实力。他不仅在意大利汉语教学发展不稳定的状况下坚守自己的位置，而且为汉学研究培养优秀人才，他用亲身经验影响了威达雷对中国进行实地调查，到民间去进行搜集整理工作。他和威达雷对东方学院的近代发展都有重要作用。1895 年，因受经费使用风波影响而卸任东方学院院长后，罗声电依然留任汉语教授；1899 年，他离开那不勒斯，到罗马大学远东语言和文学专业任教授。

二、罗声电在罗马

罗马大学远东语言文学教学和研究的开创者是著名东方学家汪瑟士，他早年毕业于该校哲学和法律专业，富有语言天赋，在意大利大部分地区实现统一的 19 世纪 60 年代初对远东文明产生兴趣，开始自学汉语和日语，并且达到极其专业的水平。尽管他没有到过中国和日本，却能以一口流利的官话与中国外交官交谈。汪瑟士从 1876 年开始在罗马大学讲授这两种语言，1892 年成为正教授，是罗马大学远东语言专业的首位教授。他在日语和日本文学研究领域的成就最大，翻译了众多日本戏剧作品，代表作有《孝行往来》(*La Via della Pietà Filiale*, 1878)、《日本谚语》(*Proverbi Giapponesi*, 1897) 等。在这个岗位上工作了 20 年，汪瑟士于 1896 年去世，由于没人接替他的位置，这个职位一直空缺，直到 3 年后，罗声电被意大利教育部从那不勒斯皇家东方学院调来这里，汉语教学工作才可以重新展开。汪瑟士像塞韦里尼一样，对于罗声电是师长和前辈，在罗声电申请驻中国口译官工作时，汪瑟士为他写了推荐意见，罗声电也继汪瑟士之后成为第二位执掌罗马大学远东语言文学讲席的教授。罗声电到罗马的这一年正值第十二届国际东方学家大会在这座城市举行，这是继 1878 年的东方学家大会后，时隔 21 年意大利城市再次成为会议的主办地，说明在世纪之交罗马成为意大利东方学研究最活跃的中心，罗马大学东方学发展获得国际瞩目，代表了意大利东方学的最高水平。罗声电在罗马进行的汉学和东方学活动是多方面的，除了教学之外，最重要的活动一是承继汪瑟士为罗马维托里奥·埃马努埃莱二世图书馆丰富东亚藏书的工作，并做进一步的整理；二是 1903 年与罗马大学文学和哲学系的几位教授拉班卡（B. Labanca, 1829—1913）、顾拜尔纳蒂斯、斯齐亚帕莱里、古一迪（I. Guidi, 1844—1935）一起合作创办了罗马大学东方学校，并于 1907 年办了学术期刊《东方研究杂志》；三是筹建和主持国际中亚及远东考察协会意大利委员会的工作。

1. 罗声电与罗马大学东方学院图书馆、罗马国立中央图书馆的汉籍收藏

中国和欧洲的藏书文化都历史悠久，中国商周时期就有国家图书馆，古希腊和古罗马的国家藏书内容也极其丰富。在中世纪欧洲，修道院图书馆在藏书方面处于统治地位，大学建立以后，学校图书馆也成为藏书的主力。私人藏书家亦古已有之，他们往往是出于对书籍、文化和阅读的钟爱和狂热，想要坐拥对文明产生巨大影响的一切知识成就。文艺复兴以后，欧洲科技书籍涉及的学科领域和丰富程度远远超过中国，特别是 19 世纪后期西学东渐影响了中国传统的藏书文化。但从很多方面来看，藏书在东西方是相通的，书籍是文明的载体，东西方书籍的交流和珍藏反映了异质文明间的互通、互鉴性。图书的版本、装帧、藏书章、藏书票都是东西方藏书文化的重要组成部分。欧洲的学术文化视藏书为基石，十分重视藏书的建设，罗声电作为一位学者，深受欧洲学术文化的影响，同时作为汉学研究者，他自然对搜集反映中国人精神世界和文化特征的中国古籍十分上心，他个人从中国购买了大量涵盖经、史、子、集四大部类的经典著作，这些典籍在罗马大学东方学院的图书馆中留存下来。如在包括儒家经典和文字、音韵、训诂方面著作的经部

中反映中国人的世界观、自然观、总领中华传统文化的《易经》，反映周朝社会生活面貌的《诗经》，反映中国古代典章制度的《礼记》等①；史部中有中国第一部纪传体通史《史记》，第一部纪传体断代史《前汉书》和《后汉书》等②；属于子部的有记录孔子及孔门弟子思想言行的《孔子家语》，收集先秦至明代的子部著作100种的《子书百家》等③；集部中有文言短篇小说集《聊斋志异》，章回体长篇小说《红楼梦》等④，总共有书籍、地图2111册（详见附录一）。

这些书籍绝大部分是罗声电在中国任职期间购买的，也有少量是他回国后委托其他人代买的，他为从中国带回的181种书籍列了一份目录，即《藏书志》，帮他誊写的是一个署名为王承钧的中国人，而且这份书目和每一本书上都印有刻了罗声电的汉语名字和意语姓名的朱印（见附录二）。⑤在他去世后，他的后辈和朋友、汉学家华家于1910年4月又将他的全部汉文藏书整理成目录并进行了估价，其中乾隆时期（1736—1796）的《本草纲目》《尔雅正义》刻本，道光年间（1821—1850）的《大清律例新修统纂集成》和《康熙字典》刻本，初刻本《子书百家》《大清一统舆图》等都可视为汉籍珍稀本。清刻本由于校勘、刻印质量高，其学术价值普遍较高，特别是随着时代的迁移和地理距离

---

① 罗声电收藏的其他经部类典籍还有《书经》《左传》《周礼》《仪礼》《孝经》《四书古典林》《四书合讲》《四书正文》《小学》《尔雅注疏》《尔雅正义》《尔雅音图》《骈雅训纂》《说文》《说文解字注》《清文汇书》等。

② 罗声电收藏的其他史部类典籍还有《钦定陈书》《汉名臣传》《满洲名臣传》《大清缙绅》《大清一统志》《舆地图》《大清一统舆图》《小方壶斋舆地丛钞》《瀛寰志略》《历代钟鼎彝器款识》《博古图》等。

③ 罗声电收藏的其他子部类典籍还有《一切经音义》《翻译名义集》《教乘法数》《神仙传》《关圣帝君圣绩图志》《列仙全传》《通问便集》《广博物志》《子史精华》《三才图会》《本草纲目》《佩文斋书画谱》《御制耕织图诗》《风俗通义佚文》《大清律例新修统纂集成》《律例便览》《钦定钱录》等。

④ 罗声电收藏的其他集部类典籍还有《太平广记》《今古奇观》《水浒传》《子不语》《古今诗选》《儒林外史》《东周列国志》《封神演义》《唐代丛书》《夷坚志》《西游记》《三国志全图演义》等。

⑤ 参见 F. Olivotto, Il catalogo di libri cinesi di Lodovico Nocentini e la sua raccolta nella Biblioteca di Studi orientali della Sapienza. In *Nuovi Annali della Scuola Speciale per Archivisti e Bibliotecari* Anno XXXII. Firenze: Leo S. Olschki Editore, 2018: 117, 114。

及文化距离的加成,这些书籍的价值愈加显著。罗声电的这些个人藏书于20世纪30年代由罗马大学东方学校图书馆全部取得,使图书馆的汉籍资产极大丰富,推动了汉学研究的发展。近年来,现罗马大学东方学院图书馆对罗声电的藏书进行了更加系统的编目工作。

在罗声电的汉语藏书中也有一些西方传教士汉学家和海关工作人员在中国出版的研究著作,像利玛窦的《畸人十篇》《天主实义》,马礼逊的《五车韵府》,布列地(P. Poletti)的《华英字典》等。此外,除了在中国出版的汉籍,罗声电也收集了一些日本和朝鲜的汉籍,这些书是对中国典籍的增编、评注或重印,反映了中国传统文化思想,可以看成中国文化典籍的延伸,如《汉和大字典》《汉籍解题》《大藏法数》《诗经集注》《易经集注》《春秋集注》《礼记集注》《书经集注》《康熙字典》《四书俚谚钞》《山夭易说》《四书合讲》《绘本通俗三国志》《鳌头字林玉篇》《早引永代》《大明三藏法数》《全韵玉篇》《经典余师》《洗心洞劄记》《五伦行实图》等。

罗声电搜集汉籍的目的首先是出于自己学习和研究的需要,其次也是为意大利汉学机构积累图书资源,最后也是有意地要介绍中国古典文化。1892年,罗声电发表了论文《八世纪的中国传统》(Tradizioni cinesi nell'ottavo secolo),即是他通过阅读《唐代丛书》对唐代历史进行探究的成果。在文中罗声电认为"丛书"这种辑本形式还没有引起汉学家的关注,如果说正史记录了有关国家和朝廷的事件,那么丛书中所收的作者是日复一日地记录他们从朋友、民众、大大小小的官员中听来的事情,把这些事简单地写成一种文学形式,也许比旅行者在笔记本上记的游记也好不到哪里,但它的作用就是为在过去时代生活过的人们保存住了他们的记忆。① 罗声电简要介绍了《唐代丛书》的版本信息,他所收藏的是同治十年,即1871年版,共40册,收录164位唐代和唐以后具名或无名作者撰写的笔记小说和传奇故事。但罗声电混淆了订书人

---

① 参见 L. Nocentini, Tradizioni cinesi nell'ottavo secolo. *Rendiconti della R. Accademia dei Lincei*, Ser. IV, Vol. I (1892): 558。

周恩峰和编书人陈莲塘的身份。罗声电特别提到五代文学家王仁裕的以《开元天宝遗事》为总题的 145 篇故事，他认为相比于官修国史，这些逸闻遗事为人们审视那个时代的朝廷是什么样、朝廷对士大夫阶层的影响是什么样提供了珍贵素材，丰富了正史的叙述。① 他从《开元天宝遗事》的《玉有太平字》等故事中看到了唐玄宗统治初年国家的繁荣和幸福，文学获得大发展以及万邦来朝的盛世局面。但大部分故事的背景是在第二个时期，也就是帝王开始走向骄奢淫逸的"天宝"年间。罗声电说作者让我们透过迷雾般的庙宇、拥趸的婢女和朝臣看到了玄宗和杨贵妃陶醉于爱河，游山玩水、歌舞升平、挥霍无度的画面。"阴谋取代了忠诚，罪恶掩盖了美德；张说和张九龄的美好形象从历史舞台消失了。怠政使人猜测不远的叛乱即将令国家痛苦，和平的征兆终止了，继之而来的将是战争。"②《刀枪自鸣》《枯松再生》的故事反映了安史之乱、玄宗出逃、肃宗即位和平定叛乱的后续历史。罗声电认为在中国文学表现中，所讲述的事件往往不能只按字面意思去解读，如《记事珠》的故事，开元宰相张说收到一枚绀珠礼物，当把它紧握在手中时，则事无巨细，一无所忘。但字面之外，这个故事在罗声电看来可能寓意张说是真正关切国家命运之人，因此他能以自身的非凡能力和热情去应对一切③。在讲述奇异现象的故事中，罗声电最感兴趣的有两个。一是关于"瑞炭""凤炭"的记载，即唐帝王、贵宦的冬季取暖方式。罗声电结合《本草纲目》《马可·波罗行纪》和其他多种古籍上的内容，分析了中国人从西汉以来认识煤炭并把它作为书写工具和燃料使用的历史。二是关于"传书鸽"和"传书燕"的记载，罗声电同样结合《本草纲目》和中外各种文献，认为信鸽的使用无疑是从东方传到西方的，波斯作家的作品和元代刘郁的《西

---

① 参见 L. Nocentini, Tradizioni cinesi nell'ottavo secolo. *Rendiconti della R. Accademia dei Lincei*, Ser. IV, Vol. I (1892): 560。

② 参见 L. Nocentini, Tradizioni cinesi nell'ottavo secolo. *Rendiconti della R. Accademia dei Lincei*, Ser. IV, Vol. I (1892): 561。

③ 参见 L. Nocentini, Tradizioni cinesi nell'ottavo secolo. *Rendiconti della R. Accademia dei Lincei*, Ser. IV, Vol. I (1892): 561。

使记》在讲述蒙古人西征占领巴格达和摩苏尔的见闻时都证实了信鸽在战争期间的用途。王仁裕讲的燕子传书的故事也证实了在8世纪时中国人就有了用飞鸟作为信使的想法。① 罗声电在这篇文章中翻译了《开元天宝遗事》中的几个故事，他在译完《传书燕》的故事后被11个世纪前主人公绍兰和任宗在一个腐败和不幸的时代里纯真亲密的感情所深深感动。他认为这些故事经过多个世纪仍然很吸引人，他把它们介绍给意大利读者，同时他也揭示了《唐代丛书》所具有的保存唐代社会史料和民俗文化的价值。再如，罗声电对《圣谕广训》做过系统的研究和翻译，收藏有该典籍汉满文多个版本。1895年，他还从自己收藏的32册《家宝全集》中挑选出一部分喻理醒世故事，通过《东方》杂志翻译、介绍给意大利学界。罗声电利用收藏的汉籍，从官修典籍和民间文献两方面认识中国、研究中国文化，使得他对中国社会和历史的了解更加深刻和全面，他的论文为欧洲了解中国提供了多重视角。

其实罗声电的遗愿是想把他私人收藏的这些书籍卖给罗马维托里奥·埃马努埃莱二世图书馆②，因为他从到罗马任教以来也一直担任该馆东亚藏书部分的荣誉管理员，经手整理和组织购买了大量汉籍，他希望自己的藏书也能成为这些遗产中的一部分，但可惜在他去世后图书馆对此事没有表示出太大的兴趣。由罗马大学远东语言文学课程的教授兼任维托里奥·埃马努埃莱二世图书馆东亚部管理员的传统源于汪瑟士。该馆于1876年落成，这一年开始在罗马大学教授汉语和日语的汪瑟士建议图书馆从他的个人藏书中购买一批书籍以作为东亚语言的首批馆藏，在随后的时间里，汪瑟士又分批出售或捐赠了他的藏书，并从1881年开始在图书馆进行整理工作，包括来自耶稣会机构的书籍和他自己的书籍，他还建议图书馆继续开辟收集古籍的新渠道。罗声电在接任了汪瑟士在罗马大学的教职之后，也自然地继承了他在维托里奥·埃马努埃莱

---

① 参见 L. Nocentini, Tradizioni cinesi nell'ottavo secolo. *Rendiconti della R. Accademia dei Lincei*, Ser. IV, Vol. I (1892): 563–564。

② 参见 A. Campana, Studiosi toscani dell'Estremo Oriente tra Otto e Novecento. *Italia Contemporanea*, n. 223 (2001): 284。

二世图书馆中的工作,即继续整理东亚部分图书和文献,并不断丰富馆藏。[①]1902 年 7 月,罗声电在得知意大利驻北京公使馆保存了一批来自意军驻京司令部的汉籍[②]的消息后,遂写信给意大利外交部,请求将这批书运至维托里奥·埃马努埃莱二世图书馆,以便服务于日后可能在馆内建立的译员学校,但鉴于译员学校是否能建起来还是个未知数,罗声电在信中又陈述了其他的一些理由:首先,当时图书馆拥有约 15000 册汉语、日语和满语书籍,虽然已小有规模,但与柏林、伦敦和巴黎的图书馆中的东亚藏书量相比还有很大差距;其次,当时马上要成立的罗马大学东方学校的章程草案已经递交意大利教育部,该校旨在培养东方研究者并通过教学和出版传播东方知识,这批图书也会对东方学校大有助益;最后,由于在罗马有大量往来于远东地区的传教士、旅行者、外交官和政府官员,这些书也可供他们需要时查阅和学习之用。因此,罗声电提出将这些书运回罗马比留在北京的益处更大,可以惠及更多的人。[③]外交部同意了罗声电的请求,随后在他和当时意大利驻北京公使馆参赞兼署理使臣威达雷的共同作用下,这些共约 6000 册汉籍被分批运到罗马,保存在维托里奥·埃马努埃莱二世图书馆。这些书籍中有很多装帧精美的殿版书,学术价值和收藏价值极高。

从客观方面讲,在罗声电的努力下这些书得以妥善保存于意大利国家图书馆中,实为万幸,并有助于中国文化的西传,对意大利汉学学术发展也有实际的积极影响。今天的罗马国立中央图书馆能够以汉籍收藏的丰富性在意大利独领风骚,罗声电是做出了很大贡献的,罗声电私人收藏的汉籍更是他主动接受和传播中国文化的表现,可以说,这种作为和这些图书对中西跨文化交流和文明互鉴的影响深远、至今不衰。

---

① 参见玛丽娜·巴达里尼、邹雅艳:《卡罗·瓦兰齐亚尼收藏的汉学研究的词典及图书》,《国际汉学》第 20 辑,大象出版社 2010 年版,第 222—223 页。

② 这些汉籍是意大利军队在庚子年间侵华时掠夺所得,造成了中国文化典籍的破坏和流失,是需要受到谴责的。

③ 参见 Archivio Storico Diplomatico del Ministero degli Affari Esteri (ASDMAE). Archivio degli Affari Politici. Anno 1902–1906. Divisione III. Oggetto-Cina-Libri cinesi. No 041242, 16 luglio 1902。

2. 罗声电与罗马大学东方学校

在 20 世纪之前，包括希伯来语、阿拉伯语、古伊朗语、汉语、日语等在内的东方语言的教学活动是在位于卡尔佩尼亚宫的罗马大学文哲系里分别进行的，没有一个把这些语言的教学和研究整合起来的专门的东方学院系。东方学校建立的契机可能来自在外部力量推动下罗马大学的院系调整。[①]1901 年 12 月，意大利外交部出于东方活动和培养外交预备人员的需要，建议罗马大学从法学院分设出一个外交殖民学校（Scuola Diplomatico-coloniale），之后这一学校又被合并到文哲系。鉴于已经存在了这种跨学科的设置形式，1902 年 3 月，文哲系出台了一个具有法律效力的政令，即《特别条例》（Regolamento speciale），其中第 23 条规定相近学科的教师可以自行组织学院和学校，可以吸收其他系的教师加入和开设经教育部批准的历史和文学研究班。[②]1903 年，为了进一步发展和传播东方研究，依据上述条款，罗声电和文哲系其他四位教授一起自发倡议建立东方学校。1903 年 10 月东方学校的章程草案获得文哲系通过，1904 年 6 月获意大利教育部通过。因为是自发建立的组织，东方学校的设立和它的规章只是用简单的教育部文件，而不是皇家法令，或者说政府法令承认的，因此东方学校没有明确的法律地位。根据东方学校规章第 3 条的内容，学校通过简单的内部决议，无需其他人批准即可吸收本系或外系其他教师加入，只要这些教师的教学在内容、方法和直接使用原始材料上被学校认定是符合教学大纲的即可。因此，东方学校的存在取决于组成教师的集体意愿，组成教师也可商议将其解散，教师的加入仅取决于学校的意见和他们自己是否接受。其他任何人对东方学校都没有强制进行变化和改造的权利[③]。东方学校只是具有在行政形式上将东方学学科整合起来的性质，由理事会会议（Seduta del

---

① 根据意大利学者的有关研究，发起建立东方学校的真正原因还不甚清楚，无法进行准确的重构，只能依据现有的史料大致还原学校建立的背景，推测出它可能的起因。

② 参见 A. Bausani, B. M. Alfieri, A. M. Piemontese, Cronaca orientalistica. *Rivista degli Studi Orientali*, Vol. 48, Fasc.1/2/3/4 (1973–1974): 302。

③ 参见 A. Bausani, B. M. Alfieri, A. M. Piemontese, Cronaca orientalistica. *Rivista degli Studi Orientali*, Vol. 48, Fasc.1/2/3/4 (1973–1974): 303。

Consiglio della Scuola）开展工作，因此它早期的主要组织活动局限于管理图书馆和创办《东方研究杂志》上。图书馆于 1904 年建立，以创始人之一、希伯来语和比较闪米特语教授古一迪①的姓名命名。如前所述，罗声电的私人藏书也是图书馆馆藏的很大组成部分，通过 100 余年的积累，如今东方学院图书馆是意大利四大东方学图书馆之一。

1905 年，罗声电在国际殖民地学会②的会议上做了《意大利殖民地教学报告》（Relazione sull'insegnamento coloniale italiano）的发言，谈了他对语言学校设置目的的思考。他认为带有实用目的的语言教学应该是开启东方国家活动的其他教学的补充部分，这也是当年那不勒斯大学 5 门有关外交和殖民地经济的课程设立者们的初衷。但那不勒斯在培养赴东方工作的外交人员上受到地理位置的制约，学生无法利用在首都罗马的意大利外交部档案馆进行实践训练，也无法像在罗马那样有机会亲身接触来自世界各地的人，为日后的派外工作做好准备。但那不勒斯在海边，与东方有持续的贸易关系，因此他建议变更那不勒斯大学的部分课程内容，侧重商贸而非外交，这样与那不勒斯皇家东方学院一起可构建起针对东方贸易的高等教育课程体系。③培养意大利外交人员的任务则由罗马大学来承担，除了东方学校，外交殖民学校的课程设置有殖民地、条约和移民史，殖民地地理和人种志，土著民族历史、法律和制度，殖民地法律和经济。④在罗声电看来，罗马大学可以将两个机构的

---

① 古一迪，Ignazio Guidi，1844 年出生于罗马，意大利著名东方学家。早年学习古典文学，后到罗马大学神学院跟随传教士学习东方语言，掌握多种闪米特语言。1876—1919 年担任罗马大学希伯来语和比较闪米特语教授，也教授过希腊语和阿比西尼亚历史和语言。1878 年当选为林琴科学院院士，1914 年当选为参议员。1935 年于罗马去世。

② 国际殖民地学会，International Colonial Institute（ICI），由比利时、法国、荷兰和英国四国殖民地研究者于 1894 年在布鲁塞尔创立，是第一次世界大战前最重要的殖民地专家间进行国际合作的非政府组织。学会随后扩展丹麦、意大利、西班牙、葡萄牙、美国等国家为会员国，这些国家的殖民地研究专家被选为会员，参加本国和国际学术交流会议。该学会一直存续到 1982 年。

③ 参见 L. Nocentini, *Relazione sull'Insegnamento Coloniale Italiano*. Roma: Casa Editrice Italiana, 1905: 19-20。

④ 参见 L. Nocentini, *Relazione sull'Insegnamento Coloniale Italiano*. Roma: Casa Editrice Italiana, 1905: 20。

语言文化教学及有关外交和殖民地知识的教学充分结合起来，发挥身处首都政治中心的优势。对那不勒斯和罗马已有教育资源的如此安排将会更好地服务于意大利的政治和经济利益。

《东方研究杂志》则于1907年7月创刊，在发刊词中，东方学校的五位初创者认为，要想达到发展和传播东方研究的目的，最有用的就是创立一个纯科学性质，以发表原创研究和未出版过的文章，同时提供在东方研究各不同领域所取得的重大进步的消息为宗旨的季刊。他们还指出虽然当时欧洲的东方研究刊物众多，但不断增加的无限素材使得创办一本新的杂志在他们看来不仅对该学科的发展有益，也为意大利增光。刊物的发行工作由东方学校第一任理事会理事长顾拜尔纳蒂斯领导，东方学校的其他四位教授组成编委会。①《东方研究杂志》每年四期，一年形成一卷，设计约600页，实际有七八百页。每一期包含专题论文或笔记、书评和新闻简报，简报介绍最近出版的东方研究书籍或文章，是按不同地域分在四期里的，即第一期刊载有关非洲语言和文学（包括阿比西尼亚的闪米特语言）的简报，第二期刊载关于闪米特语言（除阿比西尼亚语言之外）和穆斯林文学的内容，第三期刊载印度、伊朗的语言和文学，以及达罗毗荼语言的消息，第四期刊载中亚和远东语言的最新研究成果。由于创刊的1907年只能出版两期杂志，所以第一卷实际是由1907年的两期和1908年的头两期构成的，而第二卷是由1908年出版的后两期和1909年出版的两期构成的，直到1910年期刊才在一年内出满四期，为第三卷。以1907年第一期为例，刊专题论文或译文五篇，有古一迪的《阿比西尼亚历史传说》、顾拜尔纳蒂斯的《朗曼出版社出版的惠特尼翻译和评注的第四部〈吠陀〉》、普依尼的《白法祖汉译的〈大般涅槃经〉和第一次王舍城集结会议》、罗声电的《〈明心宝鉴〉中国格言》等；书评四篇；简报部分综述了与非洲埃及、科普特人、阿比西尼亚、阿姆哈拉语等相关的在语法和词典学、宗教、历史和地理、考古等

---

① 参见 De Gubernatis, Guidi, Labanca, Nocentini, Schiaparelli. *Rivista degli Studi Orientali*, Vol. 1, Fasc.1 (1907): 3-4。

方面的最近研究消息。在第三期的书评中，罗声电为德国汉学家佛尔克（A. Forke, 1867—1944）1907年出版的《〈论衡〉：哲学家王充论文选编》第一卷、法国日本学家勒翁（M. Revon, 1867—1947）出版的《神道教》、汉学家夏德的论文《汉语语音音节》分别做了简介。在第四期中，罗声电连载了《〈明心宝鉴〉中国格言》的第二部分，并做了有关中亚、东亚和印度支那各方面研究的简报。在第二卷第四期上，罗声电继续连载了他翻译的《明心宝鉴》的第三部分，若不是第二年突然离世，他应该会在刊物上将《明心宝鉴》全部译完。

《东方研究杂志》的供稿人除了五位创始人和罗马大学东方学学科的其他教授之外，还广泛征集意大利国内外东方研究领域知名教授和学者为杂志贡献他们的研究成果，杂志的发展得到意大利教育部和罗马大学的有力支持，在学界有很大的影响力。大量机构和学者将他们出版的新书馈赠给东方学校，希望能在杂志上得到推介。如在1909年10月31日这一天，东方学校就收到来自世界各地的赠书66种，交换出版物36种。[1] 这些赠书和赠刊还同时充实了东方学校图书馆。《东方研究杂志》一直办刊至今，已有110多年历史，今天它位列意大利A类学术期刊之中，是国际著名东方学刊物，出版涉及东方学研究不同领域、涵盖以史前到当代的各个时期为研究对象的文章。刊物研究的地理范围是近东、中东和远东，主题包括考古、哲学、历史、语言学、文学、宗教、艺术史等。东方学校的发展虽非一帆风顺，却从未中断，经过1960年、1982年、2001年和2010年四次调整，历经东方研究系（Dipartimento di Studi Orientali）、东方研究学院（Facoltà di Studi Orientali），发展成为今天的罗马大学东方学院，从教授自发自愿结成的一种组织形式，最终变成了大学的包含多个相近专业、拥有相对独立的文化特征和管理权责、有相当规模的办学组织。罗声电作为东方学校和《东方研究杂志》的创始人之一，为罗马大学和意大利东方学研究发展更好的未来创造了条件，他虽然不能看到学校和刊物日后的发展面貌，但他同几位创始人

---

[1] 参见 Rivista degli Studi Orientali, Vol. 2 (1909): VII–XIII。

一起高瞻远瞩的意识，积极开放的学术精神，在今天的罗马大学东方学院得到了很好的传承和发扬。

3. 罗声电与国际中亚及远东考察协会意大利委员会

国际中亚及远东考察协会，全称为国际中亚及远东历史、考古、人种和语言考察协会，成立于1902年，总部在彼得堡，主席是彼得堡科学院院士拉德洛夫（Василий Васильевич. В. Радлов/F. W. Radloff, 1837—1918）[①]。创办该协会正是1899年在罗马举行的第十二届国际东方学家大会的闭幕式上提出的，创办的目的是推动各会员国合作，对在中亚和远东地区各国保存的物质遗迹进行考察，对具有科学性质的文献进行研究，并确定哪些文献是亟须专家进行人种学和语言学上的抢救性整理和研究的，与有关国家政府商讨采取保护措施。[②]1902年在汉堡举行的第十三届国际东方学家大会批准了协会章程草案，协会正式设立。19世纪中叶以后，欧洲技术的进步和机器大工业的发展，使西方列强之间的矛盾与竞争加剧。为了占有新的原料产地和销售市场，从而攫取高额利润，欧洲传统的探险活动得到进一步提倡，一大批探险家奔走于地球上各个人迹罕至的未知地带，搜集这些地区的地理、气象、人文、物产等各个方面的情报，成为殖民扩张的先驱。这些探险活动客观上极大地推动了世界地理学、考古学、人类学的发展，丰富了全人类的知识宝库。自古便是东西方往来通道的亚洲腹地吸引了各国的探险家。自19世纪中期至20世纪初，纷至沓来者超过50人次，如德国的李希霍芬（F. von Richthofen, 1833—1905）、俄国的普尔热瓦尔斯基（Николай Михайлович Пржевальский/N. M. Przhevalsky, 1839—1888）、瑞典的斯文赫定（S. Hedin, 1865—1952）等。同西欧列强相比，俄国具有前往

[①] 拉德洛夫是著名东方学家、突厥学家、人种学家、考古学家。1837年生于柏林，1858年在柏林大学毕业后来到俄国，初期担任德语和拉丁语教师，1860年前往阿尔泰地区考察，研究阿尔泰人的语言、民俗、考古，1884年被推举为彼得堡科学院院士，1885—1890年间担任彼得堡科学院亚洲博物馆馆长。

[②] 参见F. Ferraioli, Una dimenticata società orientalistica. In *Orientalia Parthenopea*, Vol. XIII. Napoli: Orientalia Parthenopea Edizioni, 2013: 80。

该地区的地缘优势，因而在学术方面和国家东方利益方面都希望拦截西欧列强前往该地区，但西方对中亚和中国西北部的兴趣和活动已势不可当，为此，俄国发起成立该协会，并将自身定位为协会的总委员会，以主导欧洲人的中亚及远东探险和利益争夺。

该协会在法国、英国、德国、荷兰、丹麦、瑞典、挪威、芬兰、奥地利、意大利、匈牙利、瑞士和美国分别设有联络代表，意大利的代表就是罗声电。1899 年，罗声电作为意大利远东研究领域的权威人士在罗马参加了国际东方学家大会，他长期以来一直致力于中国的国情研究，对中国和与中国比邻的中亚有深入了解，并在研究中结合社会学、人类学、政治地理学、国际政治经济学等新兴学科的理论和方法，形成了自己的学术特色，富有建树，因此当之无愧地成为担当国际中亚及远东考察协会意方代表的最佳人选。罗声电代表意大利加入该协会，为意大利以学术考察的途径融入欧洲列强对中亚和远东的利益争夺提供了契机，意大利可以通过促进汉学和东方学学术活动，同时谋求国家利益的更大实现。从 1903 年开始为了方便学者参与，协会筹划在不同的国家设立分委员会，而在意大利的设立工作也由罗声电负责，办公地点就在罗马大学东方学校。1906 年 1 月委员会正式成立，意大利参议员、病理学家和人类学家曼特加查（P. Mantegazza, 1831—1910）任主席，罗声电任副主席。但意大利委员会与俄国总委员会的很大不同在于后者受俄国外交部直接管辖，由财政部拨发经费，委员会成员的构成除了科学院、大学和各学会的代表外，还需有宫廷事务部、外交部、陆军部、财政部、国民教育部和内务部的代表[①]，意大利委员会成员 11 人则全部为大学教授或意大利地理学会会员，其中有两位议员，没有政府部门的官员代表，没有政府常规性拨款，国家政策对委员会的干预性很小。一些会员国在组织起本国委员会后，开始派遣考察队到中亚高原和中国进行考察，发现了大量新的史料，也引起了一拥而上的掠夺文物的行为，协

[①] 参见黄长著、孙越生、王祖望主编：《欧洲中国学》，社会科学文献出版社 2005 年版，第 943 页。

会章程中所谓的抢救性整理实质上就变成盗掘和抢劫。意大利委员会成立后组织的一个主要活动就是资助汉学家华家考察中国。

华家本来与中国和汉学没什么关系，他在热那亚大学学习数学，受他哥哥的影响在政治上十分活跃，1892 年成为意大利劳动党（Partito dei Lavoratori Italiani）的再创者之一。1896 年毕业后经常组织罢工活动，于次年被驱逐出热那亚。他选择到都灵做了数学家皮亚诺（G. Peano, 1858—1932）的助手。正是在这个时候他开始对汉语感兴趣，因为他研究了莱布尼茨和伟烈亚力（A. Wylie, 1815—1887），好奇表意文字的结构和使用与中国数学的发展历史。特别是在 1898 年参观了一个在都灵举办的中国艺术展后，他开始学习汉语，他的老师是从中国回来的两个传教士。1905 年，他到佛罗伦萨高等研究院跟普依尼学习汉语，之后向国际中亚及远东考察协会申请资助赴中国考察。在这个过程中，华家与罗声电有了比较密切的交往，罗声电也成为华家事业的重要支持者之一。

由于意大利委员会就设在罗马大学东方学校，因此在 1907 年《东方研究杂志》的创刊号上还刊发了委员会的第一次会议纪要，介绍了国际中亚及远东考察协会的总体情况、章程内容、意大利委员会的各项章程条款、组成人员名单、主席团名单和委员会组织的第一次活动，即派遣华家赴中国考察的筹资情况、考察的路线和目标以及华家到达中国的情况等。其中记载在 1907 年 2 月 17 日委员会在佛罗伦萨举行的会议上华家亲自阐述了自己此行中国的目的，是要在中国西部的一些大城市长期居住、学习语言、拍摄照片、继续进行已经开始的与科学史相关的研究工作。[①] 这项活动筹备了一年多的时间，因为华家需要准备 10000 里拉才能前往中国，而在筹集资金的过程中他遇到了很多困难。在罗声电的建议下，华家于 1906 年 1 月致信当时在中国的威达雷，看看能否让他以数学教师的身份到中国某个正在兴办的高中工作。他在信中说计划于 4 月去罗马，如果威达雷需要给他写信，可寄到罗声电那里。但这一

---

① 参见 Atti del Comitato italiano dell'Associazione internazionale per la esplorazione dell'Asia centrale e dell'Estremo oriente. *Rivista degli Studi Orientali*, Vol. 1, Fasc. 1 (1907): 121。

计划没能成行。于是罗声电又提议让华家参加当年由法国汉学家伯希和（P. Pelliot, 1878—1945）带领的赴远东考察团，伯希和在给罗声电的信中也表示了对华家的赞赏。罗声电还帮华家向意大利林琴科学院（Accademia dei Lincei）和地理学会申请经费资助。① 除此之外，罗声电还建议华家取道西伯利亚前往中国，因为"票价不贵，……横穿满洲将提供对这个国家和居住在那里的人们进行学术研究的机会"，并建议华家先到甘肃，再下成都和重庆。② 不过很可惜，华家参加法国考察团的事情最终没有获得通过。罗声电和委员会经过不懈努力，最后从意大利教育部等国内多个机构为华家筹集到资金6500里拉③，再加上华家个人筹措的经费，使他如愿完成了1907年到1908年的中国之行。

在华家对中国的考察活动之后，意大利委员会就再没有组织过官方的学术活动了，委员会的主席团也没有按章程规定进行两年一次的换届选举。委员会工作停滞的个中原因，根据意大利学者菲拉约里的研究，主要跟主席曼特加查和成员顾拜尔纳蒂斯之间的学术矛盾以及其他成员间的意见不和有关。1910年年初，罗声电去世也是极大地影响了委员会的发展，再加上资金上的困境，委员会已经没有存续下去的可能性了。④

国际中亚及远东考察协会意大利委员会组织的唯一的考察活动就是这次对中国的考察。在准备阶段时，华家在与罗声电的通信中谈及了上普依尼的汉语课时读庄子、《诗经》和《大清一统志》的情况，他对一些未出版的旅行手稿的研究情况和他设想的考察线路和目标。⑤1907年

---

① 详见 T. Lioi, *Viaggio in Cina 1907–1908 Diario di Giovanni Vacca.* Roma: L'Asino d'Oro Edizioni, 2016: 9-12。

② 详见 T. Lioi, *Viaggio in Cina 1907–1908 Diario di Giovanni Vacca.* Roma: L'Asino d'Oro Edizioni, 2016: 12。

③ 参见 Atti del Comitato italiano dell'Associazione internazionale per la esplorazione dell'Asia centrale e dell'Estremo oriente. *Rivista DegliStudi Orientali*, Vol. 1, Fasc. 1 (1907):121 和 Ferraioli, F. Una dimenticata società orientalistica. In *Orientalia Parthenopea*, Vol. XIII. Napoli: Orientalia Parthenopea Edizioni, 2013: 82。

④ 参见 F. Ferraioli, Una dimenticata società orientalistica.In *Orientalia Parthenopea*, Vol. XIII. Napoli: Orientalia Parthenopea Edizioni, 2013: 83-84。

⑤ 参见 T. Lioi, *Viaggio in Cina 1907–1908 Diario di Giovanni Vacca.* Roma: L'Asino d'Oro Edizioni, 2016: 14-19, 23-26。

2月，罗声电在罗马帮华家办理了出国的手续，3月14日，华家从热那亚坐船前往上海。①华家从上海先到汉口，后到北京待了4个月，之后又返回汉口，到宜昌、重庆，最后落脚成都，从1907年11月一直待到1908年4月，之后去了西安、太原，又到北京和上海，其间去过浙江，于1908年10月返回热那亚。②在整个过程中，华家都一直与罗声电保持着书信联系，向他汇报在中国的情况。

例如，1907年4月14日刚刚抵达上海几个小时后，他就写信给罗声电，谈他对中国人最初的印象。③在4月17日的信中他提到了很多事，如在一个宴会上见到了清政治家岑春煊（1861—1933），并与之进行了交流；从上海领事馆取得了中国护照；他接下来打算在北京住一段日子，专心学汉语；他观察到日本人对中国不寻常的文化入侵；等等。④1907年8月17日，华家从北京给罗声电写信，他已经在北京生活了3个半月，他说"您了解北京，我带着的您的书对它有很好的描写。名胜古迹还是那些……但深刻的、惊人的变化是在城市的清洁方面，在下水道，在笔直的、维护得很好的、有电灯照明的马路上，在欧式的马车上，在众多的大版幅日报和带插图的幽默小报上"⑤。9月4日，罗声电在给华家的回信中说他将华家的一封信发表在了《意大利日报》（*Giornale d'Italia*）⑥上，罗声电表达了与华家同样的看法，认为当时意大利天主教传教士没有在中国发挥出应有的作用。在信中罗声电同意华家为维托里奥·埃马努埃莱二世图书馆购买某些有关于中国研究的书籍，但他也抱怨图书馆并不

---

① 参见 T. Lioi, *Viaggio in Cina 1907-1908 Diario di Giovanni Vacca.* Roma: L'Asino d'Oro Edizioni, 2016: 29-32。

② 参见 T. Lioi, *Viaggio in Cina 1907-1908 Diario di Giovanni Vacca.* Roma: L'Asino d'Oro Edizioni, 2016: 7-8。

③ 参见 T. Lioi, *Viaggio in Cina 1907-1908 Diario di Giovanni Vacca.* Roma: L'Asino d'Oro Edizioni, 2016: 70-71。

④ 参见 T. Lioi, *Viaggio in Cina 1907-1908 Diario di Giovanni Vacca.* Roma: L'Asino d'Oro Edizioni, 2016: 74-75。

⑤ 参见 T. Lioi, *Viaggio in Cina 1907-1908 Diario di Giovanni Vacca.* Roma: L'Asino d'Oro Edizioni, 2016: 112-113。

⑥ 20世纪在意大利很有声望的一份日报，创立于1901年，于1976年停刊。

重视这些书。他还请华家帮他寻找戴遂良（L. Wieger, 1856—1933）的书，并要求华家发回一些可以刊在协会学报上的消息。①

1907年10月19日，华家到达了四川万县，他在给罗声电的信中主要说明了他在四川境内的旅程，特别是对三峡地区风光做了一些描述。②11月1日抵达重庆后，他又写信谈及长江上的滑索、重庆城和四川的自然和人居环境。他还附上一张自己用铅笔画的旅行草图，以供罗声电了解。③11月13日，华家到达成都，在当天的信中他向罗声电详细地介绍了这座城市。华家注意到了此时中国社会内部正发生着快速的转变，小学和中学兴办起来，甚至可以比照意大利国内的情况，还有兵工厂和铸币厂，也有一定量的欧洲商品在这个内陆城市流通。④12月7日的信中华家讲他会在天气晴朗的日子出外照些照片，跟一位中国老师每天上大概4小时的汉语课，他觉得成都比北京更雅致，更具日式风格。他还参观了两座佛寺，对中国的佛教僧侣有很好的印象，特别是他谈到了清末庙产兴学运动⑤的实况。他还提出中国需要兴建博物馆，以阻止文物的流失和破坏。他也听闻了有关革命党人的袭击和被捕事件，可这时他对革命党人是些什么人、要干什么事还完全不清楚。⑥12月14日，华家继续在信中记叙他在成都的生活，那里的天气、物价，他的学习和购书情况，他对选拔中国学生去意大利学习的设想和他跟一些中国青年人交往的感悟。他也持续关注着各国学界对中国天文、数学的新研

---

① 详见 T. Lioi, *Viaggio in Cina 1907-1908 Diario di Giovanni Vacca*. Roma: 'L'Asino d'Oro Edizioni, 2016: 118-119。

② 详见 T. Lioi, *Viaggio in Cina 1907-1908 Diario di Giovanni Vacca*. Roma: L'Asino d'Oro Edizioni, 2016: 147-148。

③ 详见 T. Lioi, *Viaggio in Cina 1907-1908 Diario di Giovanni Vacca*. Roma: L'Asino d'Oro Edizioni, 2016: 160-161。

④ 详见 T. Lioi, *Viaggio in Cina 1907-1908 Diario di Giovanni Vacca*. Roma: L'Asino d'Oro Edizioni, 2016: 174-176。

⑤ 19世纪末至20世纪中叶前后在中国发生的一场以创办新式教育为主要目的的运动。

⑥ 详见 T. Lioi, *Viaggio in Cina 1907-1908 Diario di Giovanni Vacca*. Roma: L'Asino d'Oro Edizioni, 2016: 199-201。

究，并认为中国的科学史应被重写。①

1908 年 4 月 20 日在成都生活了近 7 个月后，华家启程前往西安，像他在给罗声电的信中说的那样，"这是一条对旅行者来说著名的路，因为李希霍芬走过"②。华家认为在四川的重庆③或成都设立一个意大利领事馆是很有必要的，他说在中国对意大利有所了解的人只有革命党人，他们读过康有为的作品，或是军事学校的军官们，他们读了日本人写的意大利独立战争的历史。最后，华家也谈了他之后的一些计划。④

华家和罗声电两人在这段时间的通信中交流了很多内容，有生活上的，也有学术上的，自然是围绕着中国和中意关系的。他们经常谈论的一个话题就是涉足中国的意大利人太少，意大利对中国的关注太少，即便有意大利人，特别是传教士在此，也没有好好开展文化宣传工作，相比于其他欧洲国家、美国和日本，意大利对中国施加的影响力太微弱。这一问题也是罗声电自己的中国研究的重点所在。罗声电希望通过加强意大利在中国的文化影响力来发展中意之间关系的想法与华家的不谋而合，并且启发华家萌生了组织选拔中国优秀青年学生到意大利接受教育的打算，就像他当时注意到的中国人的留日风潮一样，这样学成回国的人就会成为传播意大利文化的有生力量。罗声电在中国任外交官期间，注重收集中国古籍图书，为汉学研究保存珍贵资料，这也影响了华家对于在中国购置书籍的重视，由于罗声电负责罗马国立图书馆的东亚文献编目整理工作，他委托华家继续为图书馆采选书籍，这对意大利汉籍的保存起到了巨大的推动作用。罗声电在研究中重视对中国现实社会的观

---

① 详见 T. Lioi, *Viaggio in Cina 1907–1908 Diario di Giovanni Vacca*. Roma: L'Asino d'Oro Edizioni, 2016: 205–207。

② 详见 T. Lioi, *Viaggio in Cina 1907–1908 Diario di Giovanni Vacca*. Roma: L'Asino d'Oro Edizioni, 2016: 227。

③ 重庆从南宋末年（1242）起，经元、明、清三代直至1939年皆隶属于四川省。1939年南京国民政府迁至重庆，将重庆升格为甲等中央院辖市（即直辖市）。1949 年 11 月，中国人民解放军解放重庆，重庆成为西南大区代管的中央直辖市。1954 年 7 月，重庆重新并入四川省。1997 年 3 月 14 日，重庆成为中华人民共和国直辖市。

④ 详见 T. Lioi, *Viaggio in Cina 1907–1908 Diario di Giovanni Vacca*. Roma: L'Asino d'Oro Edizioni, 2016: 227–228。

察和分析也对华家有很深的影响，华家与他交流了很多有关清末中国社会发生的变迁和孕育着新的变革力量的情况。罗声电没有亲身到过中国的西南地区，因此华家在信中对四川的描述也补充了他对中国内陆的认识。而且华家对中国的游历和考察与罗声电的相距整整20年，中国在这20年中发生的变化可以从两人各自的笔下呈现出来，形成一个有益的对照。

华家的中国之行形成了丰富的学术成果，他在回到意大利后，以国际中亚及远东考察协会意大利委员会的名义起草了一份《旅行报告》，概述了他对中国社会各主要方面的印象，并把他所见和所观察的现象与当时的意大利社会相联系在一起，使读者不仅理解20世纪初中国的状况，而且理解意大利和中国之间的关系如何，告诉读者对中国的认识直到那时为止是极为缺失和不准确的，需要进一步深入研究。这份报告也是意大利委员会向协会俄国总委员会做的科学工作成果汇报。华家个人在回国之前的1908年9月，为在上海发行的意大利商会每月新闻简报写了一篇《关于四川成都市使用的可纺带图案织品的中国织机》[①]的报道。华家回国后于1908年11月5日接受了热那亚《晨报》的采访，表示他将整理从中国带回的大量文献，出版一部或多部著作或回忆录，以期使意大利人能了解并赞赏中华文明。[②]12月27日，他在报纸上发表了《在中国和日本的欧洲科学》一文。1909年3月，他又接受《二十世纪》杂志的采访，讲述了他中国之行后对中国的印象，指出中华文明的价值因欧洲人的偏见而没有得到应有的欣赏。[③]1909年8月5日出版的热那亚日报《卡法罗》上刊登了华家给报纸写来的一封信《乔瓦尼·瓦卡和中国艺术》。[④]1911年，华家在《意大利地理学会学报》上

[①]G. Vacca, Sopra il telaio cinese per tessere stoffe figurate, adoprato nella città di Chentu (Szechuen). *Bollettino Mensile della Camera di Commercio Italiana di Shanghai*, settembre (1908): 14–16.

[②]参见T. Lioi, *Viaggio in Cina 1907–1908 Diario di Giovanni Vacca*. Roma: L'Asino d'Oro Edizioni, 2016: Introduzione XV。

[③]参见L. Campolonghi, Il viaggio di uno studioso nella Cina. *Secolo XX*, marzo (1909): 234。

[④]G. Vacca, Giovanni Vacca e l'arte cinese. *Caffaro*. 5 agosto 1909.

发表了《中国人的道德标准》①一文，文内配有他在中国拍摄的多幅照片，是他对中国之行思考的重要总结。他还在《意大利地理杂志》上发表《印度和西部中国间的新交通》②和《关于中国制图学史的笔记》③。同年，华家还发表了他对中国文学进行翻译和研究的两篇重要文章《韩愈一篇》④和《〈赤壁〉——苏轼的哲学诗》⑤以及论文《对佛教的思考》和《关于戈比诺的一些类推法——蛮族入侵和随后中国文明的发展》⑥。华家回国后于1909年到1912年间在意大利地理学会、意大利科学讲座和报告学会（Società di Letture e Conversazioni Scientifiche）、企业家和自由职业者联合会（Unione tra Imprenditori e Professionisti）、佛罗伦萨哲学图书馆（Biblioteca Filosofica di Firenze）等处做了多场以介绍中国地理、历史、人民、宗教、哲学为主题的单场或系列学术讲座。这些讲座的讲稿很多都没有公开发表，是以笔记手稿的形式保存下来，由意大利华家研究者里奥依女士细致整理，并独家收录在她于2016年出版的《1907—1908在中国的旅行——乔瓦尼·瓦卡日记》中。在随后一段时期内华家发表的文章《中国笔记》（Note cinesi, 1913）、《对中国人的研究和卡罗·普依尼的一本新书》（Lo studio dei Cinesi ed un recente libro di Carlo Puini, 1913）、《有关欧洲大学里的东亚学生和在东亚的欧洲学生》（Sugli studenti dell'Asia Orientale nelle Università Europee e sugli

---

① G. Vacca, Il valore morale del popolo cinese (Impressioni e riflessioni dopo un viaggio nella Cina Occidentale). *Bollettino della Società Geografica Italiana*, Serie IV, XII, Fasc. V, 1 maggio (1911): 569–590.

② G. Vacca, Nuova comunicazione tra l'India e la Cina Occidentale. *Rivista Geografica Italiana*, Anno XVIII, Fascicolo I–II (1911).

③ G. Vacca, Note sulla storia della cartografia cinese. *Rivista Geografica Italiana*, Anno XVIII, Fascicolo III (1911).

④ G. Vacca, Una pagina di Han Yü (filosofo cinese, 768–824 AD). *Anima. Saggi e Giudizi*, marzo (1911).

⑤ G. Vacca, La Roccia Rossa. Poemetti filosofici di Su Shih (1036–1101 AD). *Anima. Saggi e Giudizi*, 6 giugno (1911).

⑥ G. Vacca, Sopra alcune analogie di Gobineau. Invasioni barbariche e conseguente sviluppo della civiltà in Cina. *Archivio per l'Antropologia e la Etnologia*, Vol. XLI, Fasc. 4 (1911): 454–458.

studenti europei nell'Asia Orientale, 1915）、《贸易考察的新前景》(Nuovi orizzonti dell'esplorazione commerciale, 1915）、《东亚和目前问题》（L'Asia orientale e i problemi dell'ora presente, 1916）、《中国纪年法和历法知识》(Notizie sulla cronologia e sul calendario cinese, 1930）、《现代中国的理想》(Ideali della Cina moderna, 1934）、《中国和日本》(La Cina e il Giappone, 1936）、《现代中国哲学》(Filosofia cinese moderna, 1939）、《中国人的宗教》(Le religioni dei cinesi, 1939）等，他于1931年对《意大利科学、文学与艺术百科全书》的"中国"词条的撰写，包含三篇重要论文的《科学的起源》(Origini della scienza, 1946）等，也都可以说是他中国之行和其他学术积累所形成的直接或间接的成果。

华家回国后与罗声电继续保持密切的联系，从1908年12月6日和13日的信中可知，罗声电推荐华家到罗马为意大利各图书馆馆藏中国作品进行编目，而华家也欣然前往①，1912年，他为林琴科学院图书馆整理出一份日本和中国写本和印本目录。与此同时，华家也继续在佛罗伦萨学习，1910年获得汉学博士学位。这一年罗声电去世，罗马大学的汉语讲席空缺，1911年华家继任了他的这位前辈和朋友的教职。1922年，华家的老师普依尼已年逾八旬，卸任了佛罗伦萨高等研究院东亚历史和地理课程的讲席，华家被任命接替他。但第二年他又被调回罗马大学任教②，直至1947年。同时他也是意大利中远东研究所（Istituto Italiano per il Medio ed Estremo Oriente, IsMEO）③的负责人之一。在进行东亚历史地理和汉语言文学教学和研究的同时，华家也没有中断对数学的研究。他一生共发表了约130篇论文，其中47篇是有关中国的，38篇是关于数学研究的，45篇是数学史方面的。④

---

① 参见 T. Lioi, *Viaggio in Cina 1907–1908 Diario di Giovanni Vacca.* Roma: L'Asino d'Oro Edizioni, 2016: 254–256。

② 参见张永奋、白桦：《意大利汉学史》，学苑出版社2016年版，第203页。

③ 该研究所于1995年与意大利—非洲研究所（Istituto Italo-Africano）合并成为意大利非洲和东方研究所（Istituto Italiano per l'Africa e l'Oriente, IsIAO），已于2012年关闭。

④ 参见 J. J. O'Connor and E. F. Robertson, Giovanni Enrico Eugenio Vacca. http://www-history.mcs.st-andrews.ac.uk/Biographies/Vacca.html, 2019-10-30。

国际中亚及远东考察协会意大利委员会就像其章程所指明的那样，旨在会聚意大利各相关学会和学者，组织赴中亚和远东国家的考察旅行，与俄国总委员会和其他国家委员会保持联系，紧跟各国研究的发展，召开科学和行政会议，与其他协会或学会一起编辑资料性的学报，推动符合考察协会目的的作品出版，为意大利学者谋求参加科学活动的机会和途径，设法获得政府和科研实体的关注和支持，并募集资金以用于各项活动。委员会是联系意大利学界和政府机构、意大利学界和国际学界的重要纽带。特别是协会的目标地域是以中国为中心所连接和辐射的中亚和东亚，因此协会意大利委员会的存在意味着意大利对中国和中国研究的关注增大了，是对意大利汉学研究的极大促进。委员会是由罗声电一手创办的，罗声电是委员会的核心人物，负责各方的协调工作，可由于委员会内部斗争，人事纷扰，它只存在了4年，维持正常工作不足3年，只组织了一次正式的考察活动，没有来得及充分发挥出它应有的作用，而俄国总委员会的工作要持续到1918年。但不可否认的是，罗声电和意大利委员会对华家的汉学学术成长起过非常重要的作用，华家的中国考察活动取得了丰硕成果，对20世纪上半叶意大利的汉学研究做出了很大贡献，罗声电的提携和帮助以及两人之间的友谊也成为现代意大利汉学传承中的一段佳话。

除了上述的这些学术组织活动之外，1902年12月，罗声电还曾代表意大利政府，和博洛尼亚大学印欧语文学教授普莱伯爵（F. L. Pullé, 1850—1934）一起参加了在越南河内举办的第一届国际远东研究大会（Primo Congresso Internazionale degli Studi dell'Estremo Oriente），并作为中国和日本问题分论坛的主席之一。在会上，罗声电介绍了1626年到东京（越南）做传教士的来自意大利皮斯托亚的耶稣会士巴尔迪诺蒂神父（G. Baldinotti, 1591—1631）的东京游记的文本和翻译。[①]

[①] 参见H. Cordier, Nécrologie. *T'oung Pao*, Second Series, Vol. 11, No. 1 (1910): 137 和 Cordier, H. Congrés des orientalistes de Hanoï. *T'oung Pao*, Second Series, Vol. 4, No. 1 (1903): 60。

结 论

一、意大利汉学传统的优秀继承者

罗声电接受过汉语和汉学的系统教育，懂得古文，也懂得白话，还以日文和满文的学习作为阅读汉籍的辅助手段。由于他的师承关系，他的学术研究深受意大利传统汉学和19世纪法国汉学的影响。起始于耶稣会传教士利玛窦、罗明坚等人的意大利汉学提倡深入学习中国文化，充分肯定中国的古老文明，特别是在中国的哲学、文学、语言学、美学、历史学、地理学、宗教、在华天主教传教史等方面，形成了丰富的研究资料。罗声电在前人的基础上，始终以对中国文化的敬仰之心来接触中国和研究中国。正是由于意大利已有几百年汉学研究历史的积淀，其在19—20世纪之交汉学研究规模不是很大的情况下，仍能达到很高水平。而19世纪法国汉学家们的研究工作致力于两类对象——语文学和翻译，从这两个方面着手，再从其他角度予以补充。如法国汉学家从事汉文文法研究是通过对古文的注释来进行的，还借助比较容易理解的满文版本进行核对。早期罗声电从老师塞韦里尼那里接手对《圣谕广训》的翻译，也是想要继续通过翻译和注释，对汉语进行深入的语言学研究，同时参照满文版本以帮助对汉文的正确理解，这套研究方法正是从法国汉学研究中承袭而来。法国汉学家对于中国民间文学很感兴趣，翻译民间文学作品有助于他们了解中国人的思想气质。罗声电也重视对中国民间文学的译介，以期使意大利读者对中国传统社会的风俗习惯、中国人的道德思想能够有更进一步的认识。

19世纪，汉学还有一个主要方向是研究中国和周围文明的关系，就像戴密微（P. H. Demiéville, 1894—1979）所描述的那样，人们在从事着一种带有蔓延性的汉学。罗声电著有许多有关中国毗邻的各国地理、历史、文化方面的论著，如《在东亚——印象和游记》中的朝鲜和日本内容部分、《东京地理贸易消息与中国新市场》、《朝鲜民间传说和故事》（*Leggende e racconti popolari della Corea*, 1895）、《朝鲜概况》（*Notizie generali della Corea*, 1896）、《朝鲜地理名称》（*Nomi geografici coreani*, 1899）、《中国和朝鲜历史摘录》（*Brano di storia cinese e coreana*, 1903）、《印度支那文明》（*La civiltà nell'Indo-cina*, 1904）、《暹罗社会》（*Società di Siam*, 1904）等。但他并未像一些法国汉学家前辈那样因此损害对于中国本土的研究。其中一个很重要的原因就在于他是一个追赶潮流的人，他要到中国当地去学习和使用汉语，他有明确的从事比较研究的目标，愿意对中国现实社会提出问题，有真正钻研的精神和非常广阔的视野。

二、意大利汉学研究新方向的杰出开创者

为罗声电提供了从传统汉学思路走向新视野的条件，是19世纪下半叶中国沦为半殖民地社会的历史剧变。中国被迫与外国签订不平等条约，使西方国家可以派遣人员到中国长期居住，设立公使馆、领事馆，迫使中国开放商埠，于是就有许多口译人员来到中国。从未到过中国的伟大汉学家时代结束了，新形势下的汉学家就成长于这些口译人员当中。罗声电在这个时代潮流中，在他的口译和外交经验中获得了汉学研究上的第二次成长，也为意大利传统汉学带来了新气象，他在现代意大利汉学发展中承上启下的作用就凸显在这里。

由于罗声电在中国当地进行通商和外交活动，由此获得了对中国的现实认识，因此他会更加注意到英国汉学研究的成果，尽管英国汉学

那时不如欧洲大陆的汉学影响大。对当时的中国进行研究是19世纪下半叶英国汉学的一大关注点,出于进行经济上和政治上的侵略扩张的需要,英国的来华人员根据亲身经历和见闻以及现场的观察来做分析,撰写游记和对中国进行实地考察的纪实,这些著作为罗声电对中国的政治和经济研究提供了重要参考。但与英国传教士和外交官不同的是,罗声电接受过学术研究的训练,他在此基础上根据亲身在中国实际担任各项工作的体验,从不同角度对人们关注的当代中国进行了研究。他在中国长期居留,在中国考察旅行,并且写下了他对于所见之事的所有评论,在这种情况下把自己获得的资料和以前耶稣会传教士写下的记载联系到一起,进行比较研究,从而比前人更好地掌握资料,以更加优越的条件认识中国。他的著作对于沟通中意文化交流起到了很大作用,也使得他在19—20世纪之交的意大利汉学家中独树一帜。

罗声电的汉学研究也受到现代新科学发展的影响。如人类学研究方法的进展,特别体现在人种志(民族志)逐渐成为一门专业学科上。汉学家在中国实地调查基础上,通过亲眼观察和参与关于习俗的撰写,或者说是关于文化的描述,以此来理解和解释社会并提出理论见解,其实就是人种志的写作文本。这门学科要求研究者要完全置身于他所研究的民族的文化和日常生活之中,学习当地语言或方言,做全面的调查研究,他的文本描述是带有比较文化性质的。因此19世纪能有机会到中国生活的汉学家都或多或少、自觉不自觉地担负起一部分人类学家的工作,有些人的身份就既是汉学家、东方学家,又是人类学家,汉学家的著作可以为人类学家提供参考,人类学家的研究成果也可为汉学家带来启发。1858年法国创建了民族志学学会(Société d'Ethnographie),1871年曼特加查和芬奇(F. Finzi, 1847—1872)在佛罗伦萨高等研究院建立意大利人类学和民族志学学会(Società Italiana di Antropologia e Etnologia),1873年和1876年在柏林和维也纳相继设立了民族学博物馆(Ethnologisches Museum),说明人种志作为科学在欧洲获得了长足发展。罗声电基于对汉语、满语的精通和亲身在中国的生活经历,通过直接观察，写作《在东亚——印象和游记》《秘密会社和中国王朝》等论著，其描述的中国社会面貌、文化习俗，所阐释的对中国历史和现实的认识和观点，是汉学成果，同时也是出色的人种志文本，为欧洲人类学家研究中国和中国人提供了有益的范本。作为汉学家的罗声电和作为人类学家的曼特加查共同主持国际中亚及远东考察协会意大利委员会的工作，也说明现代学术的进步越来越需要多学科的融合，汉学研究从传统走向现代越来越具有丰富性和学科交融性，罗声电正是用他的汉学著作和学术活动诠释了这样一个承前启后的转变时期。

在罗声电看来，19世纪末的意大利汉学应该在政治上占有重要地位，根据国际政治形势的演变，意大利对中国的研究应取得相应进展，同时意大利政界也应真正重视和有效利用理论成果制定政策，达到扩展意在华势力的目的。意大利统一后逐渐走上帝国主义道路，想要成为塑造世界殖民体系的一员，但与跟它差不多同一时期完成统一的德意志帝国不同，意大利在经济上贫弱，不能只依赖自己内部的力量，它需要强大盟友的帮助，这决定了它在国际政治舞台上始终要找寻能进一步接近的强者。对于国际政治力量的权衡和各殖民帝国的分析，不仅仅是政治家的事，也是对国际政治和殖民地有深入研究的学者应做的工作，他可以从一个不同的视角为决策者提供建设性的意见。罗声电作为外交官秉持意大利左派的政治立场，他对中国的国际环境的学术研究鲜明地体现了他的政治主张：东亚，特别是中国，而非非洲，将为意大利完成工业革命提供理想的原料地和市场，因此殖民扩张的方向应该是远东；重视对中国和中意之间关系的研究，加强意大利在中国的影响应在政府的议事日程中；但在向中国进行经济和政治渗透的过程中，要避免损害盟友的利益，要借助盟友的力量打击敌人。

罗声电出版和留存至今的有关中国的著述、信件以及发表在各类刊物上的文章，是我们了解这位意大利汉学家观察中国的最佳切入口。他对中国悠久的历史和文化充满敬仰之情，他把中国社会各方面的大量信息带到了西方，他向西方读者呈现了自己在中国的亲身经历以及在此基础上形成的中国观。他的中国观和对中国问题的探讨有助于向西方传播中国的儒家哲学和文化思想，相对客观地展示一个现实的中国——既在内忧外患中求生存，又通过统治阶级的自救运动和资产阶级的改良运动求进步和发展。罗声电对中国的研究和评判不乏真知灼见，有助于我们民族自身的文化反省，但他也站在殖民者和民族主义者的立场上宣扬西方科学技术的优越，夸大和美化了西方文明入侵对中国近代化发展的作用，掩饰了意大利对中国近代通商关系的侵略实质。

19世纪欧洲汉学以两种汉学同时并存为特征，也就是说，既存在实践家（传教士、商人、外交官）的汉学，也存在着科学院式的汉学。罗声电即是实现了将这两种汉学融于一身的汉学家。他一贯主张要将培养商业和外交翻译人才的汉语实用教学和对中国文化的高水平汉学研究结合起来，他在那不勒斯皇家东方学院时就力图推行这样的办学和治学理念，一直希望能在那不勒斯优良的语言教学传统中融进佛罗伦萨的学术性研究方法，提升学院的科研实力，但可惜没有获得支持。他到罗马大学后也继续实践这一理想，并使这种理想在罗马大学的汉语课程中确立起来。罗声电具有先进的学术理念和开放的学术态度，因此他曾受到保守派的攻击和排挤。他认为学术刊物和图书馆是进行高水平研究的必备工具，所以他也极其看重兴办学报、图书馆和扩充藏书的工作。他积极参与安排和举办与汉学领域有关的各种研究课题的讨论会，给从事汉学研究的意大利学者提供帮助。

和一些领事官员和传教士不同，罗声电早年在从事外交工作之前就已获得佛罗伦萨高等研究院的远东语言和文学讲师资格，他有丰富的教学经验，而且对中国文化的知识水平和鉴赏能力都很高，因此他能很好地指导和培养学生，也能造就杰出的汉学家。受到罗声电影响并接替他在罗马大学中国语言文学专业任教的汉学家华家又把自己的知识传授给学生兰乔蒂（L. Lanciotti, 1925—2015）和白佐良，两人后成为意大利当代汉学研究的奠基人，因此可以说罗声电对意大利20世纪下半叶汉学的发展也有着深远影响。

19 世纪下半叶到 20 世纪初是西方参与中国事务最频繁的时期，人们想要探索东方知识的好奇心，想要进一步了解被征服国家的帝国主义欲望，推动商业往来的动力，使得各国都开始对中国进行广泛的研究。国际的会晤和与会者的交流越来越多，无论是在中国的租界、使馆区，还是世界范围内的学术会议，都为罗声电提供了与各国外交人员、政治家、学者交换认识、切磋研究成果的机会。罗声电也竭尽所能来推动此时相对滞后的意大利汉学的发展，扩大意大利学术的国际影响，并力图通过自己的研究为意大利的对华政策提供学术和战略支持。

在 19—20 世纪之交，罗声电在构筑现代中意文化交流通道中的承上启下的作用是显而易见的，他引领了现代意大利汉学发展的新方向。罗声电不仅有对中国传统的文史哲方面的学术文化研究，而且有研究近代中国社会、政治、经济、军事等多领域的内容，所以他实际上充分符合从 20 世纪 80 年代以后所提出的比"汉学家"更广泛的"中国学家"的概念，只不过他在 100 年前就已经实质上具有了这样的身份，这也是他在 19 世纪末超越意大利传统汉学研究的关键所在。

参考文献

基础文献

1. 档案文献

[1] Soprintendenza del R. Istituto di Studi Superiori.

Anno 1871. Filza N.23.

Anno 1872. Filza N.30.

Anno 1873. Filza N.37.

Anno 1880. Filza 94.

Anno 1880. Filza 95.

Anno 1882. Filza 120.

R. Istituto di Studi Superiori. Sezione di Filosofia e Filologia.

Affari Risoluti dal 1° Gennaio a tutto Giugno 1878. Filza XXXVII.

Affari Risoluti dal 1° Luglio a tutto Dicembre 1878. Filza XXXVIII.

Affari Risoluti dal 1° Gennaio a tutto Giugno 1879. Filza XXXIX.

Affari Risoluti dal 1° Luglio a tutto Dicembre 1879. Filza XL.

Affari Risoluti dal 1° Gennaio a tutto Giugno 1882. Filza XLVI.

Affari Risoluti dal 1° Gennaio a tutto Maggio 1883. Filza XLVIII.

Affari Risoluti dal 1° Giugno a tutto Dicembre 1883. Filza XLIX.

Annuario del R. Istituto di Studi Superiori Pratici e di Perfezionamento in Firenze.

 Per l° Anno Accademico 1876–1877.

 Per l° Anno Accademico 1877–1878.

 Per l° Anno Accademico 1878–1879.

 Per l° Anno Accademico 1879–1880.

 Per l° Anno Accademico 1880–1881.

 Per l° Anno Accademico 1881–1882.

 Per l° Anno Accademico 1883–1884.

 Per l° Anno Accademico 1888–1889.

 Per l° Anno Accademico 1889–1890 etc..

[2] Archivio Storico Diplomatico del Ministero degli Affari Esteri (ASDMAE). Archivio del Personale. Serie IX Interpreti. Ludovico Nocentini, Fasc. 29, pos. N1.

[3] Archivio Storico Diplomatico del Ministero degli Affari Esteri (ASDMAE). Archivio degli Affari Politici. Anno 1902–1906. Divisione III. Oggetto-Cina-Libri cinesi.

[4] Università degli Studi di Roma "La Sapienza". Archivio storico. Nocentini Lodovico, pos. AS181.

2. 罗声电论著

（1）著作。

[1] Nocentini, L. *Nell'Asia Orientale. Impressioni e Note di Viaggio.* Firenze: successori Le Monnier, 1894.

[2] Nocentini, L. *L'Europa nell'Estremo Oriente e gl'Interessi dell'Italia in Cina.* Milano:Hoepli, 1904.

（2）论文、译文。

[1] Nocentini, L. *La Ribellione di Masacado e di Sumitomo.* Firenze: Tipografia dei Successori le Monnier, 1878.

[2] Nocentini, L. La donna cinese. *La Rassegna Nazionale*, A.1, V.1 (1879): 228-244.

[3] Nocentini, L. La morale nella Cina. *La Rassegna Nazionale*, A.2, V.3 (1880): 541-557.

[4] Nocentini, L. *Il Santo Editto di K'añ-Hi e l'Amplificazione di Yuñ-Ceñ*. Firenze: coi tipi dei successori Le Monnier, 1880.

[5] Nocentini, L. *Il primo sinologo P. Matteo Ricci*. Firenze: succ. Le Monnier, 1882.

[6] Nocentini, L. Della lingua cinese come esempio di scrittura universale. *La Rassegna Nazionale*, A.5, V.14 (1883): 311-327.

[7] Nocentini, L. *Il Santo Editto di K'añ-Hi e l'Amplificazione di Yuñ-Ceñ*. (Versione mancese riprodotta.) Firenze: successori Le Monnier, 1883.

[8] Nocentini, L. Sinology in Italy. *Journal of the China Branch of the R. Asiatic Society*, Vol. XX (1885): 155-162.

[9] Nocentini, L. La Chine et l'Orient romain. *Revue Internationale*, année 3, t. 9 (1885).

[10] Nocentini, L. Nato Ridendo:novella tradotta dal cinese. *Giornale della Società Asiatica Italiana*, Vol. 3 (1889): 149-153.

[11] Nocentini, L. Il Tonchino le sue lotte e il suo avvenire. Ricordi di un interprete in Cina. *Nuova Antologia*, agosto (1890): 254-278.

[12] Nocentini, L. *Notizie Geografiche e Commerciali del Tonchino e dei Nuovi Mercati Cinesi*. Roma: presso la Società Geografica Italiana, 1890.

[13] Nocentini, L. Le strade ferrate nella Cina. *Nuova Antologia* (1891): 759-779.

[14] Nocentini, L. L'Asia centrale (Sul Turkestan orientale secondo le fonti cinesi, nell'opera di T. Nissi, ministro del Giappone a Pietroburgo e

Copenhagen). *Giornale della Società Asiatica italiana*, Vol. VI (1892).

[15] Nocentini, L. Tradizioni cinesi nell'ottavo secolo. *Rendiconti della R. Accademia dei Lincei*, Ser. IV, Vol. I (1892) : 558-565.

[16] Nocentini, L. La scoperta dell'America attribuita ai Cinesi. In *Atti del Primo Congresso Geografico Italiano*, Vol. II. Genova: Tip. sordo-muti, 1894.

[17] Nocentini, L. Le antiche relazioni della Cina. *L'Oriente*, n. 1, 1 gennaio (1894) : 3-12.

[18] Nocentini, L. Leggende e racconti popolari della Corea. *Nuova Antologia*, LVI, 15 Marzo (1895) : 328-349.

[19] Nocentini, L. Lo spirito di associazione fra i Cinesi. *Nuova Antologia*, Vol. 60, Ser. 3, Fasc. 15 Nov. (1895) : 298-314.

[20] Nocentini, L. Fatti antichi ogni giorno ricordati. *Giornale della Società Asiatica italiana*, Vol. IX (1896) : 155-170.

[21] Nocentini, L. Notizie generali della Corea. *Rendiconti della R. Accademia dei Lincei*, Classe di scienze morali storiche e filologiche, Vol. 5, Fasc. 5, seduta del 17 maggio (1896) : 234-249.

[22] Nocentini, L. Favole cinesi. *Giornale della Società Asiatica italiana*, Vol. IX (1896) : 171-174.

[23] Nocentini, L. La situazione presente dell'Asia orientale. *Nuova Antologia*, Serie 4, v. 64, 1 Agosto (1896) : 411-436.

[24] Nocentini, L. Gli interessi italiani nella Cina. *Rivista di Studi Geografici e Coloniali*, anno III, Fasc. X (1896) : 1-18.

[25] Nocentini, L. *Aneddoti cinesi*. Roma: Casa Editrice Italiana, 1897.

[26] Nocentini, L. L'Europa nell'Estremo Oriente dopo l'alleanza franco-russa. *Nuova Antologia, settembre* (1897) : 264-282.

[27] Nocentini, L. La città di Succeu e la sua industria serica. *Esplo-

razione Commerciale, Fasc. mar.–mag. (1898).

[28] Nocentini, L. L'Europa e la Cina. *Rivista Geografica Italiana*, anno V, Fasc. II–III, (1898) : 1–17.

[29] Nocentini, L. Relazioni russo-cinesi. *Rivista d'Italia*, Anno I, Volume III (1898) : 417–446.

[30] Nocentini, L. Vasco di Gama e l'espansione commerciale dell'Italia. *Nuova Antologia* (1898) : 148–159.

[31] Nocentini, L. La Spagna e le Filippine. *Nuova Antologia*, Fasc. 1, ott. (1898) : 538–552.

[32] Nocentini, L. *Confucio e la Decadenza Cinese. Prolusione al Corso di Lingue e Letterature dell'Estremo Oriente.* Roma: Casa Editrice Italiana, 1899.

[33] Nocentini, L. Attraverso il Ce-Kiang. *Nuova Antologia*, Fasc. 1 ottobre (1899) : 517–537.

[34] Nocentini, L. Nomi geografici coreani. *Giornale della Società Asiatica Italiana*, v. XII (1899) : 87–157.

[35] Nocentini, L. L'Italia e la Cina. *Rivista Geografica Italiana*, a. 6, Fasc. 6 (1899) : 1–24.

[36] Nocentini, L. L'azione italiana in Cina. *Rivista Politica e Letteraria*, maggio (1899) : 3–16.

[37] Nocentini, L. La Francia e i nostri missionari in Cina. *Nuova Antologia*, v. 81, Ser. 4, Fasc. 1° giugno (1899) : 489–503.

[38] Nocentini, L. Le società segrete e la dinastia cinese. *Nuova Antologia*, Fasc. 1 luglio (1900) : 123–130.

[39] Nocentini, L. Cina e Giappone. *Rivista d'Italia*, anno III (1900) : 623–649.

[40] Nocentini, L. L'azione inglese in Cina. *Rivista d'Italia*, anno III, Vol. II, Fasc. VII luglio (1900) : 432–459.

[41] Nocentini, L. La Relation sur le Tonkin du P. Baldinotti. Premier Congrès Int. des Etudes d'Extrême-Orient, Hanoi (1902): 29-30.

[42] Nocentini, L. Brano di storia cinese e coreana. *Rendiconti della Reale Accademia dei Lincei*, v. 11, Fasc. 11, seduta del 16 novembre (1902): 537-551.

[43] Nocentini, L. La civiltà nell'Indo-cina. *Rassegna Nazionale*, anno 26, Fascicolo 540, 16 feb. (1904).

[44] Nocentini, L. Il Reame del Siam. *Rivista Geografica Italiana*, anno XII, Fascicolo X (1905).

[45] Nocentini, L. *Relazione sull'Insegnamento Coloniale Italiano*. Roma: Casa Editrice Italiana, 1905.

[46] Nocentini, L. Elenco dei monosillabi cinesi trascritti dalla Commissione internazionale e riprodotti con ortografia italiana. *Bollettino della Società Geografica Italiana*, Fasc. 8 (1905): 627-629.

[47] Nocentini, L. Specchio prezioso del cuor puro. Massime cinesi. *Rivista degli Studi Orientali*, Vol. I (1907): 617-648; Vol. II (1908): 767-804.

其他参考文献（以出版年为序）

1. 中文参考文献

（1）图书。

[1] 萧一山：《清代通史》（卷上），商务印书馆，1932年。

[2] 张德泽编：《清季各国照会目录》（第四册），北平故宫博物院文献馆，民国二十五年（1936年）。

[3] 王铁崖：《中外旧约章汇编》（第一册），三联书店，1957年。

[4] 费正清、刘广京编：《剑桥中国晚清史》（上下），中国社会科学院历史研究所编译室译，中国社会科学出版社，1985年。

[5] 故宫博物院明清档案部、福建师范大学历史系合编：《清季中外使领年表》，中华书局，1985 年。

[6] 王喜绒、李新彬：《比较文化概论》，兰州大学出版社，1999 年。

[7] 浦野起央：《国际关系理论导论》，刘甦朝译，中国社会科学出版社，2000 年。

[8] 白佐良、马西尼：《意大利与中国》，萧晓玲、白玉崑译，商务印书馆，2002 年。

[9] 李长莉：《晚清上海社会的变迁——生活与伦理的近代化》，天津人民出版社，2002 年。

[10] 黄长著、孙越生、王祖望主编：《欧洲中国学》，社会科学文献出版社，2005 年。

[11] 克罗齐：《1871-1915 年意大利史》，王天清译，中国社会科学出版社，2005 年。

[12] 王毅：《皇家亚洲文会北中国支会研究》，上海书店出版社，2005 年。

[13] 周振鹤、顾美华：《圣谕广训：集解与研究》，上海书店出版社，2006 年。

[14] 张西平主编：《国际汉学》（第 20 辑），大象出版社，2010 年。

[15] 姚小平：《西方语言学史》，外语教学与研究出版社，2011 年。

[16] 钱穆：《中国历史精神》，九州出版社，2012 年。

[17] 北京大学国际汉学家研究基地编：《国际汉学研究通讯》（第九期），北京大学出版社，2014 年。

[18] 郭齐勇：《文化学概论》，武汉大学出版社，2014 年。

[19] 王彦威、王亮辑编：《清季外交史料》，湖南师范大学出版社，2015 年。

[20] 张西平、马西尼：《中外文学交流史：中国—意大利卷》，山东教育出版社，2015 年。

[21] 张永奋、白桦：《意大利汉学史》，学苑出版社，2016 年。

[22] 赵志强主编:《满学论丛》(第七辑),辽宁民族出版社,2017年。

[23] 复旦大学博物馆复旦大学文物与博物馆学系编:《文化遗产研究集刊》(第8辑),复旦大学出版社,2017年。

[24] 王苏娜:《20世纪中国古代文化经典在意大利的传播编年》,大象出版社,2017年。

[25] 赵荣耀:《近代世界格局下的中意交流》,山东大学出版社,2017年。

(2)报刊、期刊。

[1]《申报》,1884年6月28日。

[2] 刘伟:《重新认识晚清中央权威衰落的原因》,《华中师范大学学报》(人文社会科学版),1998年第6期。

[3] 图莉安:《意大利汉学研究的现况——从历史观点》,《汉学研究通讯》,2006年第3期。

[4] 廖振旺:《"万岁爷意思说"——试论十九世纪来华新教传教士对〈圣谕广训〉的出版与认识》,《汉学研究》,2008年第3期。

[5] 刘俊峰、张艳国:《同业公会在近代社会变迁中的作用》,《光明日报》,2008年4月13日第07版。

[6] 马西尼:《意大利汉语教学与研究概况》,《世界汉语教学学会通讯》,2009年第2期。

[7] 刘姗姗:《西方传教士眼中的〈圣谕广训〉》,《历史档案》,2015年第2期。

[8] 任筱萌:《汉语国际教育园地的先行者和守望者——以那坡里圣家中华书院汉语教师为核心》,《青海师范大学学报》(哲学社会科学版),2017年第6期。

(3)学位论文。

[1] 意杰作:《意大利汉语教学的历史和现状考察》,上海外国语大学,2018年。

2. 外文参考文献

（1）论著。

[1] Ministero per gli affari esteri. *Bollettino Consolare*, Vol. XX, Parte I. Roma: Libreria dei Fratelli Bocca, 1884.

[2] Hesse-Wartegg, E. *Cina e Giappone. Il Celeste Impero e l'Impero del Sol nascente*. Versione e riduzione con note originali per il capitano Manfredo Camperio. Milano: Ulrico Hoepli, 1900.

[3] Cordier, H. Congrés des orientalistes de Hanoï. *T'oung Pao*, Second Series, Vol. 4, No. 1 (1903): 53-69.

[4] Atti del Comitato italiano dell'Associazione internazionale per la esplorazione dell'Asia centrale e dell'Estremo oriente. *Rivista degli Studi Orientali*, Vol. 1, Fasc. 1 (1907): 117-121.

[5] Vacca, G. Sopra il telaio cinese per tessere stoffe figurate, adoprato nella città di Chentu (Szechuen). *Bollettino Mensile della Camera di Commercio Italiana di Shanghai*, settembre (1908): 14-16.

[6] Campolonghi, L. Il viaggio di uno studioso nella Cina. *Secolo XX*, marzo (1909): 234.

[7] Nocentini, L. Necrologia Antelmo Severini. *Rivista degli Studi Orientali*, Vol. 2, Fasc. 3 (1909): 716.

[8] Vacca, G. Giovanni Vacca e l'arte cinese. *Caffaro*. 5 agosto 1909.

[9] Cordier, H. Nécrologie. *T'oung Pao*, Second Series, Vol. 11, No. 1 (1910): 137-138.

[10] Schiapparelli, C. Necrologia. *Rivista degli Studi Orientali*, Vol. 3, Fasc. 1 (1910): 1-5.

[11] Schiapparelli, C. Necrologia. In *Annuario dell'Anno Scolastico 1909-1910 della R. Università degli Studi di Roma*. Roma: Fratelli Pallotta, 1910.

[12] Vacca, G. Il valore morale del popolo cinese (Impressioni e riflessioni dopo un viaggio nella Cina Occidentale). *Bollettino della Società Geografica Italiana*, Serie IV, XII, Fasc. V, 1 maggio (1911): 569–590.

[13] Vacca, G. Nuova comunicazione tra l'India e la Cina Occidentale. *Rivista Geografica Italiana*, Anno XVIII, Fascicolo I-II (1911).

[14] Vacca, G. Note sulla storia della cartografia cinese. *Rivista Geografica Italiana*, Anno XVIII, Fascicolo III (1911).

[15] Vacca, G. Una pagina di Han Yü (filosofo cinese, 768-824 AD). *Anima. Saggi e Giudizi*, marzo (1911).

[16] Vacca, G. La Roccia Rossa. Poemetti filosofici di Su Shih (1036-1101 AD). *Anima. Saggi e Giudizi*, 6 giugno (1911).

[17] Vacca, G. Sopra alcune analogie di Gobineau. Invasioni barbariche e conseguente sviluppo della civiltà in Cina. *Archivio per l'Antropologia e la Etnologia*, Vol. XLI, Fasc. 4 (1911): 454–458.

[18] Vacca, G. Asia orientale. In Gli studi orientali in Italia negli ultimi cinquant'anni (1861-1911). *Rivista degli Studi Orientali*, Vol. 5 (1913): 297–300.

[19] Balbi, B. *In Memoria di Guido Vitale*. Brescia: Casa Editrice L'Estremo Oriente, 1918.

[20] Beguinot, F. Guido Amedeo Vitale. *La Cronaca di Napoli*. 22 maggio 1918.

[21] Rovito, T. *Letterati e Giornalisti Italiani Contemporanei. Dizionario Bio-bibliografico*, 2 ed. rifatta ed ampliata. Napoli: Melfi e Joele, 1922.

[22] Castellani, A. *I Dialoghi di Confucio (Lun Yü)*. Firenze: G. C. Sansoni Editore, 1924.

[23] Vacca, G. Nocentini Lodovico. In *Enciclopedia Italiana*. Roma: Istituto della Enciclopedia Italiana, 1934.

[24] Vacca, G. Lingue e letterature dell'Estremo Oriente. In *Un Secolo di Progresso Scientifico Italiano 1839-1939*. Roma: Società Italiana per il Progresso delle Scienze, VI, 1939.

[25] Varè, D. *Il Diplomatico Sorridente*. Verona: A Mondadori, 1941.

[26] Tucci, G. *Italia e Oriente*. Cernusco sul Naviglio: Garzanti, 1949.

[27] Imperatori, U. E. *Dizionario d'Italiani all'Estero (dal Secolo Xlll sino ad Oggi)*. Genova: L'Emigrante stampa, 1956.

[28] Bausani, A., Alfieri, B. M., Piemontese, A. M. Cronaca orientalistica. *Rivista degli Studi Orientali*, Vol. 48, Fasc.1/2/3/4 (1973-74): 299-308.

[29] Smith, D. M. *Storia d'Italia dal 1861 al 1969*. Roma-Bari: Editori Laterza, 1982.

[30] Bertuccioli, G. Per una storia della sinologia italiana: prime note su alcuni sinologi e interpreti di cinese. *Mondo Cinese*, 74 (1991): 9-39.

[31] Bertuccioli, G. Gli studi sinologici in Italia dal 1600 al 1950. *Mondo Cinese*, 81 (1993): 3-22.

[32] Battaglini, M. I fondi orientali della Biblioteca Nazionale: le collezioni cinese e giaponese. In *Le fonti, le Procedure, le Storie: Raccolta di Studi della Biblioteca*. Roma: Biblioteca Nazionale, 1993.

[33] Romano, S. *Finis Italiæ. Declino e Morte dell'Ideologia Risorgimentale. Perché gli Italiani Si Disprezzano*. Milano: All'Insegna del Pesce d'Oro, 1995.

[34] Battaglini, M. Old Chinese Books: Reclaiming a Neglected Heritage. *Ming Qing Yanjiu*, 4 (1996): 13-27.

[35] Battaglini, M. Libri cinesi e giapponesi alla Biblioteca nazionale. In Biblioteca nazionale centrale, Roma. *Pagine dall'Oriente. Libri Cinesi e Giapponesi della Biblioteca Nazionale*. 13 marzo-30 aprile 1996. Roma: Bardi Editore, 1996.

[36] Corradini, P. L'opera di Antelmo Severini per la conoscenza dell'Asia Orientale. In *Le Marche e l'Oriente, una Tradizione Ininterrotta da Matteo Ricci a Giuseppe Tucci*, a cura di F. D'Arelli. Roma: Istituto Italiano per l'Africa e l'Oriente, 1998.

[37] Campana, A. Sino-yamatologi a Firenze fra Ottocento e Novecento. In *Firenze, il Giappone e l'Asia Orientale: Atti del Convegno Internazionale di Studi*, Firenze, 25-27 marzo 1999, a cura di A. Boscaro e M. Bossi. Firenze: Leo S. Olschki, 2001.

[38] Campana, A. Studiosi toscani dell'Estremo Oriente tra Otto e Novecento. *Italia Contemporanea*, n. 223 (2001): 259-296.

[39] Iannello, T. Il contributo di Angelo de Gubernatis agli studi estremo-orientalistici in Italia nella seconda metà dell'Ottocento. In *Angelo De Gubernatis: Europa e Oriente nell'Italia Umbertina*, a cura di M. Taddei e A. Sorrentino. Napoli: Istituto universitario orientale, IV, 2001.

[40] Surdich, F. Lodovico Nocentini e la penetrazione commerciale italiana in Asia Orientale. *Studi Piacentini*, 30 (2001): 339-364; 31(2002): 193-225.

[41] Iannello, T. I pionieri degli studi giapponesi in Italia. In *Italia-Giappone 450 anni*, Vol. II, a cura di A. Tamburello. Roma-Napoli: Istituto Italiano per l'Africa e l'Oriente-Universita degli Studi di Napoli "L'Orientale", 2003.

[42] Fatica, M. L'Oriente. Rivista trimestrale. In *Le riviste a Napoli dal XVIII Secolo al Primo Novecento*, a cura di A. Garzya. Napoli: Accademia Pontaniana, 2008.

[43] Smith, D. M. *Il Risorgimento Italiano*. Roma-Bari: Editori Laterza, 2010.

[44] Vicente, F. L. Orientalism on the Margins: The interest in Indian Antiquity in Nineteenth Century Italy. In *Res Antiquitatis Journal of An-

cient History Volume 1. Lisboa: Centro de História de Além-Mar, Universidade Nova de Lisboa / Universidade dos Açores, 2010.

[45] Zuccheri, S. Breve storia dell'insegnamento del cinese in Italia tra il XIX e il XX secolo. In *L'Insegnamento del Cinese tra Passato e Presente*, a cura di D. Antonucci e S. Zuccheri. Roma: Edizioni Nuova cultura, 2010.

[46] Pécout, G. *Il Lungo Risorgimento: La Nascita dell'Italia Contemporanea (1770-1922)*. Milano: Bruno Mondadori, 2011.

[47] Angeli, A. D. L'Estremo Oriente narrato da Ludovico Nocentini, diplomatico e orientalista. In *Orientalismi Italiani 2*, a cura di G. Proglio. Alba: Casa Editrice Antares, 2012.

[48] Ferraioli, F. Una dimenticata società orientalistica. In *Orientalia Parthenopea*, Vol. XIII. Napoli: Orientalia Parthenopea Edizioni, 2013.

[49] Stasolla, M. G. The "Orient" in Florence (19th Century). From Oriental Studies to the Collection of Islamic Art, from a Reconstruction of the "Orient" to the Exotic Dream of the Rising Middle Class. *Oriente Moderno*, 93 (2013): 3-31.

[50] Angeli, A. D. At the Dawn of Modern Italo-Chinese Relations: Ludovico Nocentini's Experience. In *Italy's Encounters with Modern China. Imperial Dreams, Strategic Ambitions*, a cura di M. Marinelli e G. Andornino. New York: Palgrave MacMillan, 2014.

[51] Masini, F. Giuliano Bertuccioli: la sinologia italiana fra modernità e tradizione. *Istituto Confucio*, No. 4 (2014): 19-23.

[52] Corsi, E. Puini Carlo. In *Dizionario Biografico degli Italiani*, Vol. 85. Roma: Istituto della Enciclopedia Italiana, 2016.

[53] Lioi, T. *Viaggio in Cina 1907-1908 Diario di Giovanni Vacca*. Roma: L'Asino d'Oro Edizioni, 2016.

[54] Daffinà, P. *Eurasica. Scritti Scelti. In Appendice l'Inedito: "La*

Scuola Orientale Romana dal 1870 al 1936", a cura di P. Cannata. Roma: Scienze e Lettere, 2017.

[55] Olivotto, F. Il catalogo di libri cinesi di Lodovico Nocentini e la sua raccolta nella Biblioteca di Studi orientali della Sapienza. *Nuovi Annali della Scuola Speciale per Archivisti e Bibliotecari* Anno XXXII. Firenze: Leo S. Olschki Editore, 2018.

[56] Paternicò, L. M. Le riflessioni linguistiche di Antelmo Severini in scritti editi e inediti. In *Atti del XVI Convegno AISC*, Milano, settembre 2017, a cura di E. Giunipero e C. Piccinini. Venezia: Cafoscarina, 2019.

（2）报刊。

[1] *L'Oriente*（1894-1896）.

[2] *Rivista degli Studi Orientali*（1907-1910）.

附录一　罗声电所藏汉籍书目[①]

部类	书名	版本年代	数量	刻印方式
经部	《易经》《诗经》《书经》《礼记》《小学》丛书	不详	28册	木刻本
	《周礼》《仪礼》	不详	10册	木刻本
	《小学》	不详	4册	木刻本
	《四书典林》	不详	20册	木刻本
	《四书古典林》	上海点石斋1884年	4本	石印本
	《四书古人典林》	不详	22册	木刻本
	《四书合讲》	1882年	6本	活字本
	《四书合讲》	不详	17册	木刻本
	《四书正文》	不详	5本	不详
	《骈雅训纂》	1881年	8册	木刻本
	《骈字类编》	上海同文书局1887年	48册	石印本
	《清文汇书》	北京三槐堂书铺	12册	木刻本
	《康熙字典》	1827年	40册	木刻本
	《康熙字典》	不详	6册	石印本
	《小学绀珠》	不详	4册	木刻本
	《尔雅注疏》	1882年	4册	木刻本
	《尔雅正义》	1788年	4册	木刻本
	《尔雅音图》	点石斋1884年	2册	石印本
	《说文》	1879年	10册	木刻本
	《说文解字注》	1888年	8册	石印本
	《左传》	不详	16册	木刻本
史部	《史记》	1882年	4册	石印本

[①] 根据华家1910年4月所列书目进行整理。

续表

部类	书名	版本年代	数量	刻印方式
史部	《史记》	1878年	16册	木刻本
	《史记》	上海蜚英馆1888年	12册	石印本
	《前汉书》《后汉书》	不详	32册	木刻本
	《钦定陈书》	不详	6册	石印本
	《碧血录》	1883年	5册	木刻本
	《圣庙祀典图考》	不详	4册	石印本
	《孪史》	上海申报馆1876年	8本	活字本
	《国语国策合编》	上海鸿宝斋1896年	8册	石印本
	《增补读史论略》	不详	2册	木刻本
	《东华录》	不详	16册	木刻本
	《汉名臣传》	不详	32册	不详
	《满洲名臣传》	不详	48册	不详
	《万寿盛典》	1879年	4册	石印本
	《大清缙绅》	1884年	6册	不详
	《圣武记》	申报馆1878年	10册	不详
	《中山传信录》	不详	4册	木刻本
	《大清一统志》	不详	60本	石印本
	《大清一统舆图》	湖北抚署景桓楼1863年	12册	木刻本
	《环游地球新录》	1877年	4册	活字本
	《舆地图》	不详	1幅	不详
	《滇系》	不详	40册	木刻本
	《东藩纪要》	上海申报馆	4册	不详
	《小方壶斋舆地丛钞》	不详	64册	不详
	《小方壶斋舆地丛钞补编》	不详	20册	不详
	《小方壶斋舆地丛钞》	不详	6册	活字本
	《同治上海县志》	不详	16册	木刻本
	《瀛寰志略》	不详	6册	活字本
	《乾隆府厅州县图》	不详	16册	木刻本
	《上江两县志》	不详	12册	木刻本
	《琉球地理志》	不详	1册	木刻本
	《长江图说》	不详	5册	不详
	《历代钟鼎彝器款识》	1882年	4册	石印本

续表

部类	书名	版本年代	数量	刻印方式
史部	《博古图》	不详	30册	木刻本
	《古金志存》	不详	4册	木刻本
子部	《子书百家》	武昌崇文书局1875年	109册	木刻本
	《孔子家语》	不详	5册	石印本
	老子、庄子、管子等中国哲学家丛书	1876年	92册	木刻本
	《一切经音义》	不详	4册	木刻本
	《翻译名义集》	不详	6册	木刻本
	《教乘法数》	不详	6册	木刻本
	《神仙传》	1885年	4册	木刻本
	《关圣帝君圣绩图志》	1876年	6册	木刻本
	《列仙全传》	不详	8册	木刻本
	《天后圣母圣绩图志》	不详	2册	不详
	《通问便集》	1887年	2册	不详
	《广博物志》	不详	32册	木刻本
	《子史精华》	1889年	8册	石印本
	《三才图会》	不详	80册	木刻本
	《本草纲目》	1784年	52册	木刻本
	《本草纲目》	不详	52册	木刻本
	《佩文斋书画谱》	同文书局1883年	16册	石印本
	《御制耕织图诗》	1879年	2册	石印本
	《风俗通义佚文》	1886年	1册	木刻本
	《大清律例新修统纂集成》	1826年	24册	木刻本
	《律例便览》《处分则例图要》	不详	6册	木刻本
	《钦定钱录》	1880年	4册	木刻本
	《鹿洲全集》	不详	17册	木刻本
	《韩诗外传》	不详	4册	不详
集部	《太平广记》	不详	64册	木刻本
	《聊斋志异》	上海著易堂书局1884年	8本	不详
	《红楼梦》	1877年	24册	木刻本
	《今古奇观》	不详	12册	木刻本

续表

部类	书名	版本年代	数量	刻印方式
集部	《绣像今古奇观》	不详	12 册	木刻本
	《笑咲录》	1879 年	4 册	木刻本
	《水浒传》	不详	10 册	木刻本
	《香咳集》	不详	4 册	木刻本
	《子不语》	不详	12 册	木刻本
	《古今诗选》	金陵书局 1866 年	10 册	木刻本
	《两般秋雨盦随笔》	1875 年	8 册	不详
	《儒林外史》	上海申报馆	10 册	不详
	《情史》	1848 年	12 册	木刻本
	《古文析义合编》	不详	16 册	木刻本
	《东周列国志》	1883 年	12 册	活字本
	《封神演义》	不详	20 册	不详
	《百孝图》	1881 年	2 册	不详
	《浇愁集》	1878 年	4 册	不详
	《第一奇书》	不详	24 册	不详
	《唐代丛书》	1871 年	40 册	木刻本
	《夷坚志》	不详	16 册	木刻本
	《西游记》	1782 年	20 册	木刻本
	《西游记》	1884 年	20 册	木刻本
	《李太白文集辑注》	不详	20 册	木刻本
	《三国志全图演义》	上海筑野书屋 1883 年	16 册	活字本
	《八铭堂塾钞》	不详	10 册	木刻本
	《家宝初集》《家宝二集》《家宝三集》《家宝四集》	不详	32 册	不详
	《文章游戏初编》	不详	4 册	木刻本
	《返魂香》	不详	4 册	木刻本
	《镜花缘》	不详	12 册	木刻本
	《茶余谈荟》	不详	2 册	木刻本
	《东厢记》	不详	4 册	木刻本
	《野记》	不详	2 册	木刻本
	《女才子》	不详	4 册	木刻本
	《笑史》	不详	2 册	木刻本
	《楚辞灯》	不详	4 册	木刻本

续表

部类	书名	版本年代	数量	刻印方式
集部	《日知录集释》	不详	16 册	木刻本
集部	《王文成公全集》	不详	16 册	木刻本
其他类	《天主实义》	1868 年	2 册	木刻本
其他类	《五车韵府》	1879 年	4 册	不详
其他类	《畸人十篇》	1847 年	2 册	木刻本
其他类	《华英字典》	1907 年	1 册	不详

另有《圣谕广训》《孝经》《幼学句解》等书籍以及各种地图和宣传册共百余册没有详细注明对应信息，因此在此处未列出。

附录二 罗声电藏书印

S. WELLS WILLIAMS, LL.D.

Fifth Edition.

HONGKONG:
PUBLISHED BY A. SHORTREDE & CO.
1863.

附录三
《在东亚——印象和游记》(1894年)书影

附录四
《东方研究杂志》1907年创刊号封面和目录

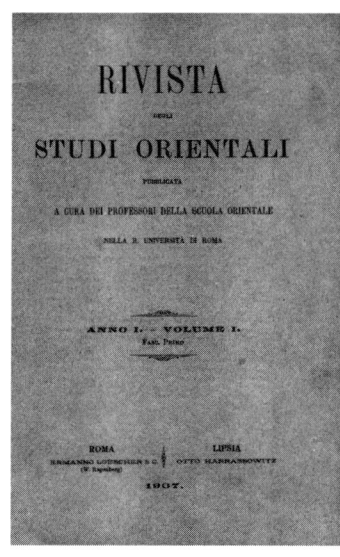